KB076553

확신의 심리학

The Confident Mind

확신의 심리학

세상의 성공한 멘토들이 사용하는 실전 마인드셋

네이트 진서 지음 | 박세연 옮김

세계사

일러두기

1. 단행본 및 정기간행물은 『 』, 영화와 TV 프로그램은 〈 〉, 노래는 ' '로 묶었다.
2. 원서에서 이탤릭체로 강조한 부분은 고딕체로 옮겼다.
3. 인용문 중 지은이가 덧붙인 부분은 [ ]로 묶었다.
4. 본문 중 '옮긴이'라고 표시한 주 외에는 모두 지은이 주이다.
5. 병기는 일반 표기 원칙에 따르면 최초 노출 뒤 반복하지 않으나 문맥의 이해를 위해 필요한 곳
   에는 반복해 병기했다.
6. 본문에 언급된 책, 작품, 프로그램이 우리말로 번역된 경우 그 제목을 따랐으며 그렇지 않은 경
   우 원문에 가깝게 옮겼다.

항상 최고를 선택하고 추구하는 모든 이에게

승리하는 전사는 첫 번째 승리를 거둔 뒤 전쟁터로 나간다.

반면 패배하는 전사는 전쟁터에 나가 승리를 구한다.

— 손자, 『손자병법』

차례

2011년 8월 17일, 뉴욕 자이언츠 쿼터백 일라이 매닝Eli Manning은 자이언츠 트레이닝캠프에서 훈련을 마친 뒤 ESPN 라디오 생방송 인터뷰를 위해 자리에 앉았다. 자신이 "톱 10 혹은 톱 5" 쿼터백이라고 생각하느냐는 질문에 매닝은 이렇게 대답했다. "그렇다고 생각합니다." 진행자는 다시 매닝에게 뉴잉글랜드 패트리어츠 쿼터백인 톰 브래디Tom Brady와 같은 급이라고 생각하는지 물었다. 매닝은 잠시 뜸 들이며 이렇게 대답했다. "네, 그렇게 생각합니다⋯ 물론 톰 브래디는 대단히 훌륭한 선수죠."

 매닝의 이 인터뷰는 많은 언론의 심기를 불편하게 만들었다. 칼럼리스트와 블로거들은 매닝의 말이 얼마나 허무맹랑한지에 대해 상세히 썼다. 슈퍼볼에서 겨우 한 번 우승하고 MVP를 받았으며 프로

볼(미국 풋볼의 올스타 게임―옮긴이)에 두 번 출전한 매닝이 어떻게 감히 프로볼에 여섯 번 출전하고 세 번이나 우승했으며 MVP를 두 번 받은 브래디와 자신을 비교할 수 있단 말인가? 2010년 브래디는 터치다운 패스 서른여섯 개와 가로채기 네 개만 허용하면서 최고의 시즌을 보내고 있었다. 반면 매닝이 허용한 가로채기는 리그에서도 높은 수준인 스물다섯 개였다. 그런 매닝이 어떻게 스스로 브래디와 동급으로 평가한단 말인가?

하지만 이 질문의 대답은 성과에 대한 핵심을 찌른다. 일라이 매닝은 자신이 리그에서 최고의 쿼터백임을 확신했다. **그렇게 믿어야 한다는 사실을 알았기 때문이다.** 매닝은 모든 챔피언이 본능적으로 알고 있거나 경력을 쌓는 동안 배운 것을 이해했다. 그것은 최고의 성과를 진정한 목표로 삼으려면 자신에 대한 절대적인 확신이 없어서는 안 된다는 사실이다.

확신은 최고의 성과를 가능케 한다. 그렇기 때문에 경기장에서 최고의 성과를 올려야 하는 모든 사람에게 확신은 중요하다. 일라이의 상황에 대해 잠시 생각해보자. 그는 가을과 겨울 시즌 동안 일요일 오후면 언제나 관중 8만 명과 TV 시청자 수백만 명이 지켜보는 가운데 경기를 펼친다. 풋볼 전문가와 일반 팬들은 경기장과 벤치에서 그가 보여주는 모든 행동을 분석하고, 평가하고, 비판한다. 다른 누구보다 잘할 수 있으며 많은 이가 자신을 최고라고 여긴다는 확신이 없다면 그는 경기 중 망설임과 주저함, 긴장, 평범함에서 벗어날 수 없을 것이다. 절대적인 확신이 없을 때 일라이 매닝은 경기장에서 최고의 실력을 이끌어낼 수 없다.

이런 면에서 매닝은 혼자가 아니다. NFL의 **모든** 쿼터백은 최고의 경기를 펼치기 위해 최고 수준의 확신을 가져야 한다. 사실 **모든 경쟁적인 분야**에서 활동하는 **모든** 참가자는 성과를 극대화하기 위해 확신을 필요로 한다. 대학이나 프로팀 혹은 올림픽에서 경쟁하는 상대적으로 보기 드문 사람만 언급하는 게 아니다. 모든 분야에서 성공을 거두기 위해 노력하는 모든 사람을 이야기하는 것이다. 어떤 '게임'을 하고 있든 우리는 공을 치거나 던지는 방법에 대해, 움직이고/말하고/제안하는 방법에 대해, 그리고 승리와 패배의 의미가 무엇인지에 대해 더 이상 생각하지 않는 절대적인 확신의 상태에서 최고의 능력을 발휘한다. 이런 생각은 (1) 상황에 대한 인식(가령 공이나 상대의 움직임 혹은 고객의 이해) (2) 적절하게 대응했던 경험의 자동적인 떠올림 (3) 정확한 순간에 움직이거나 말하기 위해 근육과 관절을 어떻게 수축하고 이완하는지에 대한 무의식의 지시를 방해한다. 우리의 과제가 상대의 방어 전략을 즉각적으로 간파하는 것이든, 공을 정확한 위치로 날려 보내거나 상대의 서브를 받아내는 것이든, 회의적인 사람으로 가득한 방 안에서 구매를 권유하는 것이든 간에 자신을 강력히 확신하고 의식적 사고 흐름이 최소한으로 느려질 때 우리는 최고의 능력을 지속적으로 발휘할 수 있다.

다시 톰 브래디와 어깨를 나란히 한다고 확신했던 일라이의 이야기로 돌아가, 2011년 8월 트레이닝캠프 인터뷰에서 2012년 2월 5일 슈퍼볼 결승전으로 넘어가보자. 그날 일라이 매닝은 인디애나폴리스 루커스 오일 경기장 한복판에서 챔피언십 트로피를 들어 올렸으며, 두 번째 슈퍼볼 MVP를 받았다. 그날 매닝의 뉴욕 자이언츠는 톰 브래디가 이끄는 뉴잉글랜드 패트리어츠에 역전승을 거뒀다. 자이언츠가 뒤져 있던 4쿼터에서 매닝은 결정적인 88야드 드라이브를 만들어냈다. 그리고 중요한 패스를 네 번 했는데, 여기에는 모든 이가 '경기 최고 장면'으로 꼽은, 강력한 수비를 뚫고 성공시킨 정확한 38야드 패스가 포함되어 있었다. 그날 일라이 매닝은 경기장에서 자신이 정말로 "톱 10, 톱 5 쿼터백"이라는 사실을 세상에 보여줬으며, 지난여름의 인터뷰가 확신에 찬 진실이었음을 입증했다.

그런데 여기에는 한 가지 작은 비밀이 있다. 일라이 매닝이 언제나 절대적으로 확신에 차 있었던 것은 아니라는 사실이다. 매닝은 2003년 NFL 드래프트에서 1순위 지명자였음에도 대학에서 프로 리그로 넘어오면서 어려움을 많이 겪었다. 사람들은 매닝이 1순위 지명자에 따르는 높은 기대에 부응할 수 있을지, 팀을 우승으로 이끌 수 있을지 의문했다. 그러던 2007년 3월, 일라이 매닝은 나와 함께 "성실한 준비에 어울리는 자부심을 지닌 강력하고 자신감 넘치는 리더"가 되겠다고 목표를 세웠다. 그렇게 11개월 동안 부지런히 확신을 구축하고, 유지하고, 활용한 뒤 매닝이 이끄는 자이언츠는 슈퍼볼 XLII에서 승리를 거뒀다(그것도 톰 브래디가 이끄는 무패의 뉴잉글랜드 패트리어츠를 상대로). 매닝은 시즌 내내 주목받았다. 스포츠 기자와 아나운서 들은 "완전히 다른 일라이 매닝"이라 극찬했다.

다시 2011년 8월로 돌아가 일라이 매닝이 톰 브래디와 같은 수준의 선수인지 질문 받았을 때, 사실 나는 그 대답에 별로 놀라지 않았다. 그 무렵 일라이는 자신이 말하는 **첫 번째 승리**First Victory를 이뤘다. 이는 누구와 어디서 맞붙든 최고 수준의 경기력을 펼칠 수 있다는 강력한 확신의 상태를 뜻한다. 그 무렵 매닝은 4년에 걸쳐 확신 근육을 단련해왔다. 당시 감독이 두 번 교체되며 새로운 형태의 공격 시스템에 두 번이나 적응해야 했고, 최근 두 시즌 동안 팀이 좋은 성적을 거두지 못했으며, 공격진을 비롯한 팀 동료들이 자주 자리를 이동했는데도 일라이 매닝은 자신이 누구보다 훌륭한 쿼터백이라 믿었다. 그는 마음속에서 승리를 얻었고, 이런 확신은 가장 힘든 상황에서도 승리할 수 있는 최고의 가능성을 그에게 선사했다.

풋볼 전문가들은 아직까지 일라이 매닝이 정말로 "톱 10, 톱 5 쿼터백"인지를 놓고 논쟁을 벌이고 있다. 사실 선수들에 대한 논쟁은 끝없이 이어진다. 그럼에도 분명한 사실은 일라이가 가장 경쟁이 치열하고 중요하고 힘든 포지션에서 2020년 은퇴할 때까지 오랫동안 최고 수준의 경기력을 보여줬다는 점이다. 매닝은 확신을 구축하고, 유지하고, 그런 확신을 갖고 경기에 임함으로써 자신의 재능과 능력을 최고 단계로 끌어올렸다. 그는 자신이 도달할 수 있는 최고 경지에 올랐다. 이제 중요한 질문은 **당신**에 관한 것이다. 당신은 자신의 일과 직업 그리고 열정에서 최고의 경지에 올랐는가? 당신이 첫 번째 승리를 쟁취하고 일라이가 가진 확신(그의 강인한 팔과 풋볼 IQ가 아니라 그의 확신)을 갖는다면 당신의 인생은 과연 달라질 것인가? 나는 그렇다고 믿는다. 이 책을 읽어나가는 동안 자신이 찾고 있던 것을 발견하게 될 것이다.

성공 마인드를 만드는 가장 강력한 무기, 확신

2000년 여름, 스토니 포티스Stoney Portis는 인구 576명의 작은 마을이자 고향인 텍사스 니더월드를 떠나 47개월간의 사관학교 '실험'에 도전했다. 사관학교에 입학했을 때 스토니는 생도팀 리더에게 역도 선수로서 계속해서 뛰고 싶다는 뜻을 비쳤다. 얼마나 무거운 무게를 들어 올릴 수 있는지 확인하기 위해 자신을 몰아붙이는 도전을 사랑했기 때문이다. 생도팀 리더는 스토니를 즉시 내 사무실로 보냈고, 거기서 그는 감독이자 트레이너 데이브 체스니우크의 지도 아래 어떤 경기장에나 자신 있게 들어설 수 있도록, 그리고 고된 훈련으로 쌓은 모든 힘과 세부적인 기술을 발휘할 수 있도록 심리적인 기술을 배우고 단련했다. 2004년 사관학교 역도팀 주장으로 졸업할 무렵 스토니는 82킬로그램의 체중에도 벤치프레스 155킬로그램, 스쿼트

210킬로그램, 데드리프트 230킬로그램을 들었다. 그리고 5년 뒤 아프가니스탄 죽음의 지상전에 투입되어 사관학교 시절 배운 심리적 기술을 떠올렸다.

2020년 발표된 인상적인 영화 〈아웃포스트〉*The Outpost*를 봤거나 2012년 제이크 태퍼Jake Tapper 기자가 이 영화를 바탕으로 쓴 동명의 책을 읽어봤다면 포티스의 이름이 낯설지 않을 것이다. '아웃포스트'는 파키스탄 접경에서 유입되는 폭도와 무기를 차단하기 위해 2006년 미 육군이 미국 주도의 연합전략 차원에서 아프가니스탄 동부 누리스탄주에 세운 키팅 전초기지Combat Outpost Keating를 말한다. 안타깝게도 이 기지는 높은 산맥으로 둘러싸인 계곡에 자리해 다양한 방향에서 적의 공격에 노출되어 있었다. 이후 3년 동안 이 기지는 군사와 관련된 <u>으스스</u>한 농담과 더불어 대학살이 언제든 일어날 수 있는 장소라는 의미로 '캠프 클러스터'Camp Custer라 불렸다. 2009년 10월 3일 그곳에는 미 육군 제61기병여단 3대대 브라보 중대가 주둔해 있었고, 중대 지휘를 맡은 사람은 바로 스토니 포티스 대위였다.

현지 시간 오전 6시, 키팅 전초기지는 공격받았다. 불운하게도 그때 포티스 대위는 30킬로미터나 떨어진 보스틱 전진기지에 있었다. 포티스는 이틀 전 키팅 전초기지 폐쇄 계획을 공동 수립하기 위해 그곳으로 날아갔다. 포티스는 키팅에 있는 자신의 병사 쉰세 명이 탈레반에게서 박격포와 로켓추진탄, 기관총 공격을 받고 있다는 안타까운 소식을 들었다. 현지 시각 8시 30분, 포티스 대위, 그리고 그와 함께 보스틱에 있던 병사 여섯 명은 헬리콥터를 타고 키팅 기지 상공을 선회하면서 지상전에 합류하려 준비하고 있었다. 그때가 포티스가 참여한 첫 번째 작전은 아니었다. 2006년 그는 이미 바그다드 북부에서 벌어진 전투에 참여한 일이 있었다. 그때 포티스는 모든 군인이 전투 직전에 경험하듯 부정적인 생각이 자연스럽게 밀려드는 것을 막기 위해 자신만의 방법을 사용했다. 그는 이번 작전에서도 똑같은 방법을 사용했다. 포티스는 내게 이렇게 말했다. "헬리콥터 안에서 이런 생각이 들더군요. '이렇게 죽는구나.' 하지만 그생각을 멈추고 호흡을 가다듬었습니다. 그리고 지휘를 시작한 이후 활용했던 확언을 되뇌었습니다. '나는 지휘관이다. 내가 중요한 것을 결정한다.' 그러고는 어디에 착륙해야 할지, 착륙한 뒤 대원들에게 어떤 명령을 내릴지 머릿속으로 떠올렸습니다. 그때 저는 완전히 편안한 상태로 집중해 있었습니다." 포티스는 첫 번째 승리를 거뒀다.

그러나 종종 그러듯 스토니 포티스는 뜻하지 않은 상황에 처했다. 키팅 기지 상공 적의 포화 속에서 그가 탑승한 블랙호크의 연료가 바닥나고 있었다. 게다가 조종사는 키팅 캠프에서 유일한 착륙지를 탈레반 병력이 점령했다는 소식을 전해 왔다. 결국 그들은 연료를 보충하고 재정비하기 위해 다시 보스틱으로 30킬로미터를 날아가야 했다. 포티스는 목숨을 걸고 필사적으로 싸우고 있을 포위된 병사들을 위해서라도 밀려드는 두려움과 걱정을 다시 한 번 잠재워야 했다. 보스틱에 착륙한 뒤 다시 키팅으로 날아가기 위해 미국과 아프간 병사로 이뤄진 QRF(quick reaction force, 즉각대응병력)을 소집했을 때, 포티스의 마음은 또다시 요동쳤다. 포티스가 탑승한 블랙호크와 같은 기종의 헬리콥터 조종사가 키팅 기지 상공에서 적에게 공격받아 심각하게 부상당한 모습을 마주하자 두려움은 더욱 커졌다. 그 조종사는 담배를 물고 고개를 저으며 포티스에게 이렇게 말했다. "대원들이 잘 버텨낼 수 있을지 모르겠군요."

포티스 대위는 심각한 상황 속에서도 아홉 시간 동안 계속해서 주의를 집중했다. 확신을 되찾고, 호흡을 가다듬고, 감각에 집중함으로써 작은 첫 번째 승리를 거뒀다. 그는 QRF 대원들이 블랙호크에 탑승하도록 도왔고, 착륙 가능한 가장 가까운 산 정상으로 날아갔다. 그리고 대원들과 함께 고도 600미터의 험난하고 구불구불한 산악 지역을 걸어 내려와 키팅 기지에 도착했다. 그 과정에서 매복해 있는 적군과 계속해서 맞서 싸웠고, 기병과 공습을 동원해 탈레반의 공격 시도를 무력화했다. 키팅 진지에 도착했던 18시 무렵 포티스는 적군이 100명 넘게 사망했다고 추산했다. 브라보 중대의 병사 쉰세 명은 약 300명의 탈레반 병력에 맞서 용감하게 싸웠고 우세를 점했다. 그리고 악몽 같은 열두 시간 동안 키팅 기지를 지켜냈다. 그날 전투로 브라보 중대에서는 여덟 명이 사망했고 스물두 명 이상 부상을 입었다. 이후 포티스의 병사들 중 두 명은 국가 최고 훈장인 명예훈장을, 열한 명은 실버스타(세 번째로 높은 훈장)를, 열아홉 명은 퍼플하트(전투 중 부상을 입은 군인에게 수여하는 훈장)를 받았다. 그리고 내게 "저는 영웅이 아닙니다. 그들 중 한 명이었을 뿐입니다"라고 말한 스토니 포티스는 브론즈스타를 받았다.

최악의 상황에서도 온종일 "정신을 집중"하기로 마음먹었던 스토니 포티스의 결심은 확신에 관한 공통적인 오해 중 한 가지를 잘 보여준다. 대부분 사람은 그처럼 끔찍한 상황에 맞닥뜨렸을 때 미래에 대해 자신감 있고 긍정적인 태도를 갖기 어렵다. 사람들은 오로지 좋은 일이 벌어졌을 때만 스스로 자신감을 허락한다. 그들의 심리 상태는 외부 사건에 달려 있다. 그리고 그런 이유로 감정의 롤러코스터에서 벗어나지 못한다. 삶이 술술 풀릴 때는 기분이 고조되었다가 그렇지 못할 때는 깊은 수렁에 빠지고 만다. 성과를 내야 하는 상황에서 자신감을 구축하고, 유지하고, 발휘하고자 한다면 공통적인 오해를 비롯해 도움 되지 않는 갖가지 생각을 내려놓아야 한다.

여기서 우리 사회는 확신과 확신에 찬 사람을 왜곡되고 양가적인 시선으로 바라본다는 사실을 직시할 필요가 있다. 확신이 중요하다는 사실을 알면서도 지나친 확신을 드러낼 때 자칫 오만하거나 건방지다는 꼬리표를 달게 될 수 있다는 사실을 우리는 안다. 서문에서 소개한 2011년 일라이 매닝의 주장처럼 직업적인 차원에서 주의 깊게 드러낸 확신조차 의심과 비판을 많이 받았다. 이처럼 확신에는 분명히 불리한 측면이 있어 보인다. 확신은 우리에게 호의적이지 않은 빛을 드리운다. 다시 말해 확신은 노골적으로 건방지고 호감 없는 이미지, 혹은 게으르고 자기만족적인 이미지, 아니면 둘 다를 전달한다. 이런 이유로 선한 의도를 지녔고, 열정적이며, 동기를 부여받은 많은 이는 확신을 구축하고 보호하는 데 필수인 (자신을 바라보는 시선을 바꾸기 위한) 정신적 노력에 특별히 관심을 보이지 않는다. 사람들은 겸손이 더 낫다고 생각한다. 겸손은 곧 스스로를 지나치게 내세우지 않는 태도를 뜻한다. 대부분 사람은 어떤 일에서 성공을 거두고 시끄럽게 떠들어대는 이들을 경험해봤을 것이다. 그리고 이를 통해 자신을 노골적으로 드러내는 태도가 다른 이들의 비난 심리를 자극한다는 사실을 이해한다.

하지만 다음과 같은 사실은 대단히 중요하다. 당신이 원래 신중한 사람이고 타인의 이목을 자극하지 않는 것이 중요하다고 믿으며 성장했다면 확신을 얻기 위한 정신적 노력이 당신을 거들먹거리는 허풍쟁이로 바꿔놓지는 않을 거라는 사실이다. 확신에 가득 차 있으면서 소란스러운 사람들만큼이나(1960년대 초 활동했던 권투선수 무하마드 알리부터 종합격투기 챔피언 코너 맥그리거와 론다 로우지에 이르기까지 언론은 선수들에 대해 부정적인 기사를 엄청나게 쏟아내고 있다) 강한 자신감을 지녔음에도 신중한 사람들이 있다. 진실은 우리가 탁월한 성과를 올리기 위해 반드시 필요한 내적 확신이 넘치며, 동시에 친구를 많이 만드는 데 필요한 외적으로 공손하고, 남을 존중하고, 겸손한 자세를 갖출 수 있다는 사실이다. 2021년 3월 은퇴를 발표한 NFL 쿼터백 드루 브리스Drew Brees가 바로 이 유형에 해당한다. 쿼터백 포지션에서 최고의 선수로 꼽히고 슈퍼볼 MVP까지 받았음에도 브리스는 자신에 대해 많이 이야기하지 않았다. 대신 뛰어난 경기력과 (허리케인 카트리나가 강타했던 뉴올리언스를 위한 자선 활동으로 2006년 NFL 올해의 인물로 꼽힌 일처럼) 선한 노력이 자신에 대해 이야기하도록 만들었다. 2010년 브리스는 TV 프로그램 〈60분〉에 출연해 진행자 스티브 크로프트에게 이렇게 말했다. "동시에 저는 최고의 자신감을 갖고 있습니다. 그런 자신감을 드러낼 만한 상황이라면 전 거드름 피우며 뽐낼 겁니다. 그리고 제가 할 수 없는 일은 없다고 생각할 겁니다." 브리스는 성공하는 데 필요한 내적 확신과 사람들을 편안하게 만드는 외적 겸손함을 모두 갖추고 있었다.

그러므로 다음과 같은 사실을 기억하자. 우리는 거만하다는 인상을 주지 않으면서도 뚜렷한 확신을 가질 수 있다. 외향적인 유형이라면 나가서 자신의 존재를 당당하게 드러내자. 반대로 신중하고 내성적인 성격이라면 이 책에서 소개하는 프로그램을 따르고 첫 번째 승리를 거두는 방법을 배운다고 해서 공손함과 타인에 대한 존중 그리고 호감을 잃는 일은 결코 없을 것이다.

이처럼 중요한 사실을 염두에 두고 확신을 좀더 이해하기 쉽고 분명한 형태로 만들어나가자. 이 장에서 확신을 단순하고 기능적으로 정의해볼 것이다. 이는 당신이 성공과 성장을 추구해나가며 지침으로 삼을 수 있는 정의가 될 것이다. 이 정의를 이해한다면 당신의 상사나 코치, 트레이너 혹은 동료가 확신에 관해 이야기 꺼낼 때 더 이상 머리를 긁적이거나 미간을 찡그리는 일은 없을 것이다. 확신에 대해 누구보다 많이 알게 될 것이다. 나아가 특정한 순간에 특정한 과제와 더불어 자신이 완전한 확신을 갖고 있는지 즉각 확인할 수 있을 것이다.

다음으로 확신에 관해 가장 유명한 다섯 가지 잘못된 믿음에 대해 살펴보고자 한다. 널리 알려진 이 믿음은 확신을 오해하게 만드는 생각으로, 우리가 확신을 구축하고, 유지하고, 그 힘을 활용하기 어렵게 만든다. 이런 오해를 모두 이해할 때 우리는 비로소 확신에 관한 진실, 그리고 첫 번째 승리에 대한 진실과 마주하게 될 것이다. 또 우리가 언제 확신을 갖고 있는지 알게 될 것이다. 나아가 언제 확신이 없는지, 그리고 어떻게 확신을 회복할 수 있는지 알게 될 것이다.

이제 유용하고 실질적인 형태로 '확신'을 정의해보자.

열두 명의 사람에게 확신을 정의해보라고 하면 서로 다른 열두 가지의 단순한 대답을 즉각 듣게 될 것이다. 내가 오랜 세월에 걸쳐 들은 공통적인 대답 두 가지는 다음과 같다. 확신이란 "자기 자신을 믿는 것", 그리고 "뭔가를 할 수 있다는 생각"이라는 것이다. 그러나 이 같은 대답은 우리에게 아무 도움을 주지 못한다. "자기 자신을 믿는 것"이란 무슨 뜻인가? "자기 자신을 믿는 것"이라는 생각 뒤에는 어떤 요소와 과정 그리고 메커니즘이 있는가? 오랫동안 철학을 공부하지 않은 이상 이런 식의 정의는 별 의미 없을 것이다. 사전에서도 유용한 정의를 발견하기 어렵다. 다음은 몇 가지 일반적인 사례이다.

'미국에서 가장 신뢰받는 온라인 사전' 미리엄 웹스터는 확신을 이렇게 정의한다. "한 사람의 능력이나 주변 상황에 대한 믿음의 느낌이나 인식". 다음으로 캠브리지 사전은 확신을 이렇게 정의한다. "자신과 자신의 능력에 대해 거의 의심하지 않는 느낌". 두 정의 중 어느 것도 틀리지는 않았지만 내가 살펴본 어느 설명도 아무 도움이 되지 않는다. 그 이유는 성과에 관한 한 가지 핵심 요소를 빠트리고 있기 때문이다. 그 핵심이란 이렇다. 우리 인간은 그것이 테니스 백핸드든 바이올린 솔로든 수학 문제 풀이든 증인 대질 심문이든 간에 잘 단련된 기술을 무의식적으로 실행에 옮긴다. 그 기술이 아무리 복잡하다 해도 (실제로 더욱 복잡할수록) 기술의 실행은 분석과 판단을 비롯한 다양한 형태의 의식적인 사고가 순간적으로 정지할 때 보다 원활하고 효과적으로 이뤄진다. 우리는 자신이 원하는 '능력에 대한 인식'을 가질 수 있다. 하지만 실행의 모든 단계를 분석하고, 모든 움직임을 판단하고, 자신이 어떻게 일을 처리하고 있는지 스스로에게 끊임없이 이야기한다면 능력을 제대로 발휘하지 못할 것이다. 의식적인 사고가 과제와 관련된 정보를 받아들여 신속하게 처리하고, 손과 발(움직임이 필요한 경우) 혹은 목과 혀에(말해야 하는 경우) 적절한 반응을 지시하려면 신경 시스템의 대역폭에서 상당 부분을 할애해야 한다. 12년간 시카고 대학교 심리학 교수로 재직했으며 현재 버나드 칼리지 총장으로 있는 시안 베일록Sian Beilock은 이와 관련해 이렇게 말한다. "기술의 모든 세부사항에 지나치게 집중할 때 우리는 성과를 망치게 됩니다. 가령 계단을 빠르게 내려가는 동안 양 무릎이 어떻게 움직이면서 무슨 일을 하는지 정확하게 파악하려고 한다면 계단에서 굴러 떨어지게 될 겁니다." 실질적인 확신, 다시 말해 결과가 중요할 때 최고의 능력을 발휘하는 데 필요한 형태의 확신이란 정신적인 잡음과 파괴적인 분석이 모두 사라진 마음 상태를 말한다.

이런 맥락에서 실제로 좋은 성과를 올리도록 도와줄, 확신에 대한 나의 실용적인 정의는 다음과 같다. '의식적인 생각을 건너뛰고 무의식적으로 실행하도록 만들어주는, 자신의 능력에 대한 분명한 인식.'

이제 이 문장을 함께 분석해보자.

분명한 인식, 즉 완전한 믿음을 가지고 있다는 느낌
자신의 능력, 즉 무슨 일을 할 수 있거나 뭔가를 알고 있다는 감각
사고할 필요 없을 정도로 능숙해 의식적인 생각을 건너뛰는 상태
자동적이고 본능적인 무의식적 실행

확신은 자신이 뭔가를 잘할 수 있거나 잘 알고 있어 어떻게 해야 할지 생각할 필요 없이 실행에 옮길 수 있다는 느낌이다. 그 기술이나 지식은 자신 안에 있고, 자신의 일부이며, 필요할 때 언제든 꺼내 쓸 수 있다.

이 정의를 쉽게 이해하기 위해 우리가 아무 생각 없이 수행하는

다양하고 복잡한 일을 떠올려보자. 가령 신발 신는 일에 대해 생각해보자. 신발을 신을 때 우리는 열 손가락을 써서 복잡한 일련의 미묘한 동작을 행한다. 신발 끈을 점점 조이거나 풀고, 마지막에 묶을 수 있도록 끝부분을 남긴다. 이 모든 과정은 의식적인 생각이나 분석 없이 이뤄진다. 우리는 이런 기술을 절대적으로 확신하며 수행한다. 다음으로 양치질을 생각해보자. 칫솔의 정확한 각도와 적절한 압력, 이를 하나하나 닦는 충분한 횟수와 같은 모든 기술적인 측면은 무의식적인 차원에서 이뤄진다. 우리는 절대적 확신을 갖고 아무 생각 없이 과제를 수행한다. 이제 테니스 시합에서 강한 상대가 넣는 서브를 받으려고 발을 움직일 때, 스승과 친한 친구들이 참석한 피아노 발표회에서 가장 어려운 부분을 연주할 때, 물러섬 없는 고객과 협상하기 위해 자리에 앉았을 때 이와 같은 무의식적 확신이 얼마나, 어떻게 도움이 될지 생각해보자. 내가 사관학교에서 가르친 생도나 군인들의 경우, 적진에 발을 들여놓기 전 바로 이런 수준의 무의식적 확신이 절대적으로 중요하다. 그런 확신을 갖는다는 것은 손자가 말한 "첫 번째 승리"를 거둔다는 의미이다.

자신이 그런 수준의 확신을 가질 만큼 '충분히 유능한지', 다시 말해 충분히 노련한지, 충분히 똑똑한지, 충분히 준비되어 있는지 궁금할지도 모른다. 그렇다면 이렇게 생각해보자. 스포츠나 예술, 비즈니스, 과학 그리고 군사 등 특정 분야에서 성공하려면 확신과 역량이 모두 필요하다. 확신은 있지만 요구되는 기술을 갖추지 못한 사람은 부분적인 성공밖에 거두지 못한다. 가령 기말 시험에서 시험 범위의 절반만 공부하고 자신이 알고 있는 것에 확신을 갖고 있는 학생은 최고 점수를 받지 못할 것이다. 확신이 있으므로 공부한 부분의 성적은 좋겠지만 나머지 부분에서 점수를 얻지 못할 것이다. 마찬가지로 시즌 종료 이후 훈련을 게을리한 풋볼 선수는 아무리 확신에 가득 차 있다 해도 리그에서 성적이 좋지 못할 것이다.

반대로 시험 범위를 모두 공부하고도 실수를 걱정하고 자신의 준비 상태를 의심하는 학생 역시 최고 점수를 받지 못할 것이다. 끊이지 않는 마음속의 부정적인 재잘거림이 공부한 내용을 떠올리지 못하게 가로막기 때문이다. 마찬가지로 훈련 프로그램을 충실히 따랐으나 자기 의심을 버리지 못하는 선수 또한 팀을 성공으로 이끌지 못할 것이다. 충분히 준비하고, 역량을 충분히 개발하며, 동시에 그런 수준의 역량을 절대적으로 확신해야 A 학점을 받거나 팀을 성공으로 이끌 수 있다. 그런데 자신이 충분히 준비했는지 어떻게 알 수 있을까? 간단하다. 연습한 운동 기술을 일관적으로 수행할 수 있다면, 집에서 피아노 연주곡의 어려운 부분을 완벽하게 연주할 수 있다면, 스터디그룹 동료와 함께 있을 때 모든 연습 문제에 답할 수 있다면 충분히 준비한 것이다. 하지만 얼마나 많이, 얼마나 적게 준비했든 간에, 혹은 실제로 얼마나 높은 역량을 갖췄든 간에 중요한 순간에 우리의 성과는 성취한 역량 수준에 대해 절대적인 확신을 가지고 있느냐에 달렸다. 최고의 성공 기회를 잡고자 한다면 무의식적인 확신을 필수적으로 가져야 한다.

그렇다면 자신의 역량을 어떻게 확신할 수 있을까? 그처럼 중요한 확신은 어디서 오는 것일까?

이 중요한 질문에 대답하려면 탐구가 약간 필요하다. 그리고 그 탐구를 시작하기에 좋은 지점은 확신에 관한 공통적인 오해, 다시 말해 많은 이의 생각에 영향을 미치지만 정확하지도 않고 도움도 되지 않는 생각과 부분적인 진실이다. 우리는 이를 탐구하며 올바른 시점에 확신을 구축하고, 유지하고, 그 힘을 활용하도록 도와줄 유용한 진실을 만나게 될 것이다.

오해 #1 확신은 변동 가능성 없는, 타고난 특질이다. 우리는 특정한 수준의 확신을 갖고 태어나며, 그것을 넘어 할 수 있는 일은 거의 없다.

안타깝게도 이런 오해는 널리 퍼져 있다. 나는 확신이 고정되어 있으며, 그렇기 때문에 아무리 훈련이나 연습을 하고 경험을 쌓는다 해도 확신의 수준에는 변화가 없다는 믿음을 가진 이들을 매우 많이 만나봤다. 이런 생각은 분명히 자기 파괴적인 믿음이다. 확신을 바꾸기 위해 할 수 있는 일이 없다고 믿는다면 우리는 노력하려 들지 않을 것이며 지금 상태에 계속 머무를 것이다.

그러나 진실은 이와 아주 다르며, 우리에게 많은 도움을 준다. 뛰어난 운동선수나 성과를 얻은 다양한 사람들에게서 찾아볼 수 있는 높은 수준의 확신은 그들이 통제할 수 없는 유전적인 요소에서 비롯하지 않는다. 확신은 학습된다. 확신은 꾸준한 건설적 사고의 결과물로, 성과를 얻는 사람이 다음 두 가지 일을 하도록 만든다. (1) 성공적인 경험을 이어나가고 그에서 도움을 얻는다. (2) 덜 성공적인 경험을 인정하고 재구성한다. 확신이나 확신의 결함이 타고난 자질이라는 믿음은 사고방식을 개선하기 위해 시간과 에너지, 노력을 투자하지 않는 게으름에 내세우는 쉽고 간편한 핑곗거리일 뿐이다.

미국 올림픽 봅슬레이 선수 질 바켄Jill Bakken의 사례는 의식적인 노력으로 확신을 구축하는 방법을 잘 보여준다. 세계 수준의 대회에서 성공을 거뒀음에도 존경심과 겸손함을 잃지 않은 바켄은 165센티미터의 크지 않은 키에 약 60킬로그램 몸무게, 그리고 수줍어하는 미소와 조용한 성격을 지녀 얼핏 봐서는 전혀 확신에 가득 찬 스포츠 선수로 보이지 않는다. 2001년 봅슬레이 월드컵 시즌과 2002년 올림픽 대표 선발전에서 또 다른 미국 봅슬레이 선수 진 라신Jean Racine에게 가려져 있던 바켄이 다가오는 2002년 올림픽 경기에 확신을 느낄 만한 근거는 희박했다. 라신과 그의 파트너는 2001년 세계 챔피언십에서 우승을 차지했고, 모든 사람에게서 유력한 올림픽 금메달 후보로 인정받았다. 비자는 그들을 TV 광고 모델로 내세우기도 했다. 반면 질 바켄을 기억하는 사람은 거의 없었다. 그러나 유력한 금메달 후보인 라신의 팀은 2002년 동계 올림픽 게임에서 한 차례 위기를 맞이했고, 결국 압박감을 이겨내지 못하고 1차 시기에서 메달권 밖으로 밀려나고 말았다. 그리고 질 바켄이 등장했다.

메달 후보로 거론조차 되지 않았던 질이 모두의 예상을 깨고 유타 올림픽파크 봅슬레이 트랙을 타고 내려왔다. 그리고 첫 번째 여성 올림픽 봅슬레이 대회에서 금메달을 차지했다. 성조기가 펄럭이고 미국 관중들이 기쁨으로 열광하는 가운데 질과 그녀의 파트너인 보네타 플라워스가 결승선을 통과하자 질은 봅슬레이에서 뛰어 나와 보네타와 코치들을 얼싸안았고, 곧장 CBS TV 인터뷰 자리로 향했다. 스포츠 캐스터 메리 카릴로가 질 바켄에게 첫 번째로 던진 질문은 이러했다. "당신 팀이 여기 있을 거라고는 아무도 기대하지 않았습니다. 어떻게 된 일이죠?" 질은 기쁨의 눈물을 흘리며 카릴로를 바라보면서 담담하게 말했다. "우리에겐 확신이 있었습니다. 그건 꼭 필요한 거였죠."

이 간단한 소감은 14개월 전에 있었던 일로 내겐 특별한 의미가 있었다. 다가오는 월드컵 대회로 인한 스트레스와 불안감이 한창이던 2000년 12월, 나는 성과 심리학 첫 번째 시간을 위해 유타주 올림픽파크 외곽에 자리한 한 호텔 로비에서 질 바켄을 만났다. 로비의 조용한 구석에 자리하고 나는 그녀에게 이렇게 물었다. "질, 제가 무슨 일을 하는지, 그리고 스포츠 선수를 어떻게 돕는지 이미 들었을 겁니다. 어떤 이야기를 해볼까요?" 질은 내 눈을 바라보며 조금도 망설이지 않고 이렇게 대답했다. "저는 확신을 더 많이 활용할 수 있었어요." 이 말을 시작으로 우리는 호텔 로비에서 세 시간 동안 확신이란 무엇이며 무엇이 확신이 아닌지에 대해 논의했고, 확신에 관한 모든 오해와 진실을 구분했으며, 질이 확신을 강화하기 위해 일상적으로 할 수 있는 구체적인 계획을 몇 가지 세웠다.

질은 잦은 부상과 좌절을 겪고 시합에서 큰 성공을 거두지 못했음에도 14개월 동안 최선을 다해 노력했다. 그 기간 동안 우리는 몇 차례 더 만났고, 질은 자신이 승리를 거둘 수 있다는 확신을 항상 유지할 수 있도록 생각과 감정을 통제하는 훈련을 꾸준히 했다. 생각과 태도에 집중하는 동안 질은 "나는 확신을 더 많이 활용할 수 있었다"라고 말하는 선수에서 "우리에겐 확신이 있었다"라고 우승 소감을 밝히는 올림픽 금메달리스트로 변모했다.

이 이야기의 교훈은 분명하고 우리에게 많은 힘을 준다. 확신은 어떤 다른 기술이나 능력을 개발하는 것과 마찬가지로 훈련을 통해 개발할 수 있는 자질이라는 사실이다. 질 바켄은 바로 그렇게 훈련했고, 이는 그녀가 올림픽 챔피언이 될 수 있었던 분명한 이유이다. 지금 당장 얼마나 강력한 확신을 갖고 있는지는 별로 중요하지 않다. 우리는 언제나 더 높은 확신을 구축할 수 있다. 질 바켄이 그랬던 것처럼 말이다.

오해 #2 확신은 포괄적인 것이어서 삶의 모든 측면에서 확신을 갖거나 전혀 가질 수 없다.

진실은 그 반대이다. 확신은 전적으로 구체적인 상황에 달렸다. 가령 농구 코트에서는 강한 확신을 갖는 반면 역사 수업 시간에는 전혀 그렇지 않을 수 있다. 그 반대도 마찬가지이다. 또한 농구 코트에서도 경기의 다양한 측면에 따라 서로 다른 수준의 확신을 가질 수 있다. 예를 들어 자유투를 던지거나 드리블을 할 때, 혹은 수비를 하거나 리바운드를 할 때 확신의 수준은 다를 수 있다. 수업 시간 역시 마찬가지이다. 내가 만나본 많은 고등학생과 대학생(의대생과 로스쿨 학생까지) 대부분은 한두 가지 과목은 자신 있어 하는 반면 다른 한두 가지 과목에서는 불안감을 느꼈다.

여기서 교훈은 앞선 사례만큼 간단하고 우리에게 힘을 준다. 관심을 기울이는 삶의 특정 분야에서 우리는 확신을 구축할 수 있다. 연구 과제를 수행하는 일은 자신 있지만 프레젠테이션은 불안한가? 테니스 서브는 자신 있지만 배구는 불안한가? 우리는 이처럼 구체적인 영역에서 확신을 학습하고 개발할 수 있다.

오해 #3 일단 확신이 생기면 영원히 유지할 수 있다.

이 말이 진실이라면 얼마나 좋을까. 내 학생들 역시 이렇게 바란다. 확신이 "드디어 완성했다"라고 말할 수 있는 성취라면. 그러나 안타깝게도 진실은 반대이다. 확신은 매우 연약하다. 그래서 확신을 유지하려면 지속적으로 관심을 갖고 노력해야 한다. 2013년 사관학교를 졸업한 내 제자 코너 하나피는 4년간의 힘든 시절을 회상하면서 이렇게 말했다. "자기 의심에 맞서 싸우고 확신을 구축하는 일은 단번의 파괴적인 승리가 아니라 영원한 소모전입니다." 이 말은 핵심적이고도 불편한 진실을 드러낸다. 어떤 스포츠 종목에서든 지속적으로 발전하려면 신체적, 전략적 기술을 끊임없이 연마해야 하고, 모든 분야에서 지속적인 발전은 끊임없는 학습을 요구하듯 확신을 개발하고 유지하기 위해서도 지속적인 관심과 노력이 필요하다. 하나피 생도는 이 점을 군사적 관점에서 정확하게 표현했다. 그는 일본에 핵폭탄을 투하함으로써 2차 대전을 완전히 끝냈던 "단번의 파괴적인 승리"와 군사 개입에도 20년간 이어진 아프가니스탄의 "영구적인 소모전"을 대조했다. 아프가니스탄 전쟁은 어둠 속에 숨어 끊임없이 반격하는 적을 제어하고 무력화하기 위한 전혀 다른 유형의 전쟁이자 장기적인 개입, 그리고 지속적인 싸움이었다.

PGA와 LPGA 챔피언들에게 자문을 제공하는 것으로 유명한 스포츠 심리학자 밥 로텔라Bob Rotella는 확신에 대한 지속적인 노력의 필요성을 해안가 마을이 파도로부터 도로와 건물을 지키기 위해 모래 언덕을 쌓고 유지하는 과제에 비유함으로써 이와 똑같이 주장했다. 파도는 끊임없이 해안가로 밀려와 모래를 서서히 침식한다. 파도가 크지 않을 때는 그 영향도 작다. 이 경우 지역 일꾼이 소소하게 보수하는 것으로 충분하다. 하지만 거대한 폭풍이 불어닥치면 심각한 피해가 발생하고, 그럴 때는 대규모 보수 작업이 필요하다. 어떤 경우든 일단 모래 언덕을 쌓았으니 문제없을 거라고 안심할 수 없다. 파도가 모래 언덕을 끊임없이 갉아먹듯 스포츠와 비즈니스 분야에서는 갖가지 난관과 장애물이 전도유망한 선수와 기업들까지 무너뜨린다. 여기서 성공하는 사람은 확신을 꾸준하게 구축하고 유지하는 이들이다.

다시 한 번 그 교훈은 간단하고도 고무적이다. 우선 간단한 부분은 이것이다. 첫 번째 성공은 영원히 끝나지 않는 과제이다. 그렇다면 고무적인 부분은 무엇일까? 대부분 사람은 한 번의 성공으로 충분하다고 생각한다. 그러나 개인적인 "모래 언덕"을 침식시키는 거대한 폭풍을 만나고 좌절한다. 이 말은 코너 하나피가 언급했듯 "영구적인 소모전"에서 승리하려면 확신을 장기적으로 구축해나가야 하며, 그래야만 누구보다 강력한 경쟁력을 확보할 수 있고 그만큼 경쟁자는 줄어들 것이라는 의미이다. 이를 통해 우리는 유리한 고지에 올라설 수 있다!

오해 #4 일단 성공을 거두고 긍정적인 피드백을 받았다면 확신은 보장 받는다.

그렇지 않다. 여기서 핵심 표현은 "보장"이다. "성공이 성공을 부른 다"는 속담은 우리에게 전체 이야기를 들려주지 않는다. 고등학교 시절 아무리 성적이 좋았다 해도 대학에 쉽게 적응할 수 있는 것은 아니다. 고등학교에서 아무리 공부를 잘하고 학점과 SAT 점수가 높 았다 해도 대학에서 좋은 성과를 올리는 것은 아니다. 훌륭한 운동 선수도 이전의 성공에 대한 부담감으로 종종 확신을 잃는다. 성공 을 경험하고 긍정적인 피드백을 받는 일이 넉넉한 확신의 원천으로 작용할 수 있지만 그것은 '오직' 우리가 이런 경험과 피드백이 확신 의 원천으로 기능하게 할 때만 가능하다. 또 이런 경험과 피드백은 확신을 보장하지 못한다. 왜일까? 큰 성공을 경험한 많은 운동선수 를 비롯해 성과를 얻은 사람들은 약점에만 전적으로 주목하고 실패 만을 기억하는 부정적인 습관의 늪에 종종 빠지기 때문이다. 성공의 경험이 자기 자신을 위해 일하도록 만들 수 없다면 얼마나 많은 성 공을 거뒀느냐는 하나도 중요하지 않다.

성공이 어떻게 확신으로 이어지지 않을 수 있는지와 관련해 나는 TV 명사이자 전 NFL 디펜시브엔드 마이클 스트라한Michael Strahan 을 주목했다. 스트라한의 생애 중 몇 가지 사실을 살펴보자. 1993년 2차 드래프트에서 지명된 스트라한은 그의 두 번째 시즌인 1995년 디펜시브엔드로 선발 출전했다. 그리고 1997년 시즌에는 리그에서 앞서가는 색(sack, 쿼터백이 수비수에게 태클당해 넘어져 공격이 끝난 것—옮긴이)을 열네 번 기록하면서 수백만 달러 계약을 맺었다. 어떤 측면을 보더라도 스트라한은 대단히 성공적인 선수였고, 높은 확신을 뒷받침할 만한 객관적인 근거가 있었다. 그러나 뉴욕 자이언츠가 슈퍼볼 XXXV에 출전했던 2001년, 스트라한은 『스포츠 일러스트레이티드』와의 인터뷰에서 뜻밖의 이야기를 들려줬다.

"모든 선수가 자기 의심에 쫓기고 있습니다. 1998년 말 저는 열 번의 경기에서 색 열 개를 기록했습니다. 하지만 형편없다는 생각밖에 들지 않았습니다. 우리에겐 희망이 없어 보였습니다."

1997년 화려한 시즌을 보내고 1998년 이미 경기당 하나의 색을 기록한 마이클 스트라한이 어떻게 확신을 잃을 수 있단 말인가? 스트라한이 화려한 시즌 동안 자신을 바라본 시선에서 그 이유를 찾을 수 있다. 그는 그 인터뷰 기사에서 경기장에 나선다는 것이 어떤 일인지에 대해 이렇게 설명했다. "쿼터백을 향해 달려가는 상상을 합니다. 상상 속에서 저는 거의 따라잡았는데 안타깝게 놓치고 맙니다. 그리고 모든 것이 사라집니다." 모든 선수가 부러워하는 성공을 이뤘는데도 스트라한의 머릿속을 가득 채우고 있었던 것은 실패에 대한 걱정이었다. 그의 상상은 암울했고 허무하게 끝났다. 그리고 뛰어난 플레이에 대한 기억이 가져다줄 수 있었던 확신을 그에게서 앗아갔다. 그래도 마이클 스트라한에게(그리고 그의 팀에게) 좋은 소식이 있었으니, 그것은 그가 결국 파괴적인 정신적 습관을 바꿀 수 있었다는 것이다. 그는 모든 성공적인 플레이를 떠올리고 즐기는 법을 배웠다. 그리고 마침내 명예의 전당에 입성했다.

이 이야기의 교훈은 성공은 그 자체로 확신을 가져다주지 않는다는 사실이다. 확신을 결정하는 것은 성공과 관련된 생각과 기억을 어떻게 활용하느냐이다. 우리는 그런 생각과 기억을 하찮게 여기거나 때로는 완전히 무시한다. 스트라한이 그랬던 것처럼 말이다. 하지만 나중에 스트라한이 배움을 통해 더 큰 성공으로 나아갈 수 있었던 것처럼 우리는 성공적인 생각과 기억을 효과적으로 활용할 수 있다. 현명한 선택을 하자!

오해 #5 실수와 실패 그리고 부정적인 피드백은 필연적으로 확신을 파괴하거나 약화시킨다.

지금까지 이 책을 주의 깊게 읽어왔다면 이 문제에 대해 내가 어떻게 말할지 짐작할 것이다. 실수와 실패는 흐름을 잠시 멈추게 하고, 다음에 벌어질 일을 걱정하게 한다. 하지만 앞서 살펴봤듯 성공은 그것을 제대로 활용할 때만 확신을 강화한다. 마찬가지로 실수는 아무리 중대하다 해도 그대로 내버려둘 때만 확신을 허물어뜨린다. 우리는 얼마든지 실수를 학습의 기회로 재해석하고, 실패를 예외적인 사건으로 치부하며, 자신을 향한 모든 비판을 자극을 주는 도전으로 받아들일 수 있다. 간단히 말해, 우리가 실패에 건설적인 방식으로 대응할 수 있다면 '실패'를 얼마나 많이 경험했는가는 별로 중요하지 않다. 또한 "실패에 건설적으로 대응"한다는 말은 실패를 완전히 극복한다는 것을 의미한다.

한번 상상해보자. 당신은 지금 자신이 선택한 종목의 선수로 올림픽에 출전한다. 혹은 지금까지의 경력 중 가장 큰 무대에서 실력을 발휘해야 한다. 또는 의사로서 첫 장기이식 수술을 해야 한다. 아니면 꿈에 그리던 직장에 들어가기 위해 면접을 보거나, 희망해왔던 프로젝트를 이끌게 되었다. 지금까지 오랫동안 소망해온 결실이 이뤄지려고 한다! 이제 당신은 마지막으로 준비한다. 가령 몇 분 동안 '워밍업'을 한 뒤 수술실이나 회의실 혹은 '선의의 경쟁의 장'으로 향한다. 그런데 뭔가 심각한 일이 벌어진다. 당신은 알 수 없는 이유로 몸을 제대로 풀지 못하고, 수술 과정에서 실수를 저지르고, 프레젠테이션 노트를 잃어버린다. 심각한 위기 상황이 벌어졌다. 그때 어떤 느낌이 들겠는가? 시작부터 그런 일이 발생한다면 어떤 생각이 떠오르겠는가? '무의식적으로' 성과를 올릴 수 있다는 확신이 느껴지겠는가? 아니면 걱정의 수런거림이 머릿속을 가득 채울 것인가?

1998년 동계올림픽 쇼트 프로그램에서 피겨 스케이트 선수 일리야 쿨리크Ilia Kulik는 바로 그런 상황에 직면했다. 그는 루틴대로 몸을 풀지 못했다. 몇 차례 넘어지고, 자세가 흔들렸으며, 점프는 전혀 인상적이지 못했다. 하지만 올림픽 심판과 전 세계 TV 시청자들 앞에서 연기를 펼칠 순서가 되자 쿨리크는 완벽에 가까운 기술을 선보였고 쇼트 프로그램 1위를 차지하면서 금메달을 향해 한 걸음 나아갔다. 프로그램 뒤 아직 가쁜 숨이 가시지 않은 상태에서 쿨리크는 언제나 그렇듯 TV 인터뷰를 하게 되었다. 당시 대화를 살펴보자.

진행자 일리야, 쇼트 프로그램에서 가장 힘든 부분은 모든 압박감을 이겨내고 첫 번째 콤비네이션을 무사히 마치는 일입니다. 이번 프로그램에서 많이 긴장됐나요?

쿨리크 네, 쇼트 프로그램은 가장 긴장되는 부분이죠. 여덟 가지 요소를 모두 완벽하게 소화해내야 하니까요.

진행자 중요한 콤비네이션에 대해 이야기해주세요. 그때 어떤 느낌이 들었나요? (쿨리크의 완벽한 첫 번째 트리플 점프 영상이 뒤쪽 모니터에 나오고 있다.)

쿨리크 몸을 푸는 동안에는 심란했어요. 하지만 일단 시작하면 잘해낼 거라 생각했죠. 100퍼센트 확신했습니다. 프로그램에서 자신이 해야 할 것에 100퍼센트 확신이 있다면 워밍업은 그리 중요하지 않죠.

진행자 (못 믿겠다는 듯 손짓해보이며) 그런 확신은 어디서 오는 걸까요?

쿨리크 (어깨를 으쓱하며) 글쎄요, 그냥 제 마음에서요.

많은 사람을 혼란에 빠트리는 실패는 일리야 쿨리크에게 큰일이 아니었다. 그는 망친 워밍업을 곱씹는 대신 프로그램의 점프 각각을 잘해내는 데 집중했다. 워밍업, 즉 그의 가장 최근 경험이자 자신감에 가장 큰 영향을 미칠 수 있는 경험은 그의 마음속에서 아무 의미 없었다. 잠재적으로 심각한 실패이자 그의 확신에 타격을 입힐 수 있었던 사건은 아무 일도 아닌 것으로 끝났다. 오히려 몸 풀기는 실제 프로그램에서 성공해야겠다는 결심을 더욱 단단하게 만들었다. 많은 '성공'을 쉽게 떠올릴 수 있는데도 실패에 대한 두려움에 짓눌린 마이클 스트라한과 달리 직전의 '실패'에도 일리야 쿨리크의 마음속은 성공을 향한 생각으로 가득했다.

이 이야기의 교훈은 좋지 않은 시기에 발생한 '실패'라 해도 반드시 확신을 허물어뜨리지는 않는다는 점이다. 실패는 우리가 바라보고, 집착하고, 떠올릴 때만 확신에 영향을 미친다. 실패는 걱정과 의심, 두려움 그리고 다양한 부정적인 느낌을 몰고 올 수 있지만 성공에 대한 기억의 창고를 들여다보게 하는 신호로 기능할 수도 있다. 이 올림픽 챔피언은 우리에게 이렇게 말한다. 확신은 외부에서 벌어진 사건이 아니라 "마음에서" 온다고.

그리고 이제 우리는 진실로 나아간다.

자신이 선택한 분야에서 성공하기 위해 노력하는 실제 성과자들에게서 가져온 이 사례는 모두 우리에게 확신, 그리고 손자가 말한 "첫 번째 성공"을 거두는 방법에 관해 단순하고도 실질적인 진실을 말해 준다. 그 진실은 이렇다. 확신은 자신에게 실제로 벌어진 일과 별 상관 없다. 다만 자신에게 벌어진 일을 바라보는 방식과 깊이 관련 있다. 질 바켄이 자신의 생각과 기억을 좀더 선택적으로 다뤘을 때 그녀는 확신 있는 올림픽 선수가 되었고, 결국 챔피언 자리에 올랐다. 마이클 스트라한이 쿼터백을 쫓다가 결국 놓치는 상상 대신 플레이를 지배하는 상상을 했을 때 그는 더 이상 자기 의심에 쫓기지 않았다. 그리고 일리야 쿨리크는 중요한 시점에 일어난 실패에 대한 집착에서 벗어나 금메달리스트가 되기 위한 확신을 유지했다.

확신, 다시 말해 자기 자신과 자신의 능력에 대한 확실함의 인식은 자기 자신과 자신의 능력에 대한 생각의 총합이라 해도 과언이 아니다. 성과를 올려야 하는 세상에서 스포츠와 경기 혹은 직업과 관련된 확신은 그에 대해 자신이 지닌 생각의 총합이다. 나아가 '경기'의 특정한 측면(테니스라면 포핸드와 백핸드, 첫 번째 서브, 두 번째 서브, 서브 발리 등, 하키라면 패스과 슈팅, 체크, 그리고 비즈니스라면 예산 수립과 전망, 직원 관리 등)과 관련된 확신은 자신이 그 측면에 대해 지닌 생각의 총합이다. 하지만 이런 생각의 총합은 단번에 이뤄지는 고정된 합계가 아니다. 이 총합은 새로운 생각과 기억이 추가되면서 끊임없이 변한다. 이는 '유동적인 합계'이자 자기 자신과 자신의 능력에 대해 자신이 생각하는 모든 것의 순간적인 합계이다. 그리고 언제나 다음에 따라 변한다. (1) 어느 순간에 어떻게 생각하는지 (2) 경험의 어떤 측면에 주목하고 집중하는지 (3) 어떤 생각과 기억에 감정을 얼마나 많이 투자하는지. 이런 면에서 확신은 하나의 심리적 '은행 계좌'이다. 자기 자신과 자신의 삶에서 벌어지는 일에 대한 자신의 생각의 저장고이다. 매일 마감 시점에 은행 계좌의 잔고가 저축과 인출을 얼마나 많이 했는지에 달린 것과 마찬가지로 확신이라고 하는 심리적 계좌의 잔고 역시 우리가 모든 순간에 어떻게 생각하는지에 따라 증가하고 감소한다. 계좌에 과거의 성공에 대한 기억과 발전이나 개선에 대한 기억, 그리고 미래의 발전과 성취에 관한 생각을 '저축'하면 '잔고'는 증가한다. 반대로 과거의 실패와 난관을 재생하거나 미래의 가능한 실패와 어려움에 집착함으로써 계좌에서 '인출'하면 '잔고'는 감소한다. 확신을 얻고, 지키고, 그것과 더불어 성과를 올리는 것, 즉 첫 번째 성공을 거두는 것은 결국 자신의 심리적 계좌를 관리하는 일과 관련 있다.

스포츠나 직업에 대해 자신이 지닌 모든 생각과 기억이 확신에 영향을 미친다는 사실을 이해할 때 우리는 자신의 사고방식에 통제권을 가질 것인지, 아니면 상승과 하락, 즉 삶의 등락에 통제권을 내어줄 것인지 결정하게 된다. 심리적 계좌의 입금과 인출에 대한 통제권을 확보함으로써 우리는 그런 통제권을 갖지 못한 이들에 대해 경쟁력을 확보할 수 있다. 이런 능력, 즉 개인적 경험을 선택적으로 해석함으로써 성공과 발전 노력의 경험으로부터 정신적으로 이익을 얻고 유지하면서, 동시에 난관과 어려움에 대한 경험을 정신적으로 놓아주거나 재구성하는 능력은 모두 우리 안에 있다. 그것은 첫 번째 승리를 뒷받침하는 주요한 정신적 기술이다.

심리학자 빅터 프랭클Viktor Frankl은 2차 대전 당시 나치의 강제수용소에서 살아남은 경험을 바탕으로 쓴 회고록에서 개인적인 경험을 선택적으로 해석하는 과정을 다음과 같이 표현했다. "인간의 자유를 위한 최후의 보루. 그것은 주어진 상황에서 자신의 태도를 선택하는 일이다." 확신이란 지극히 현실적이고 생명을 위협하는 도전에 직면해 나아가는 과정이며, 개인의 태도는 생각하는 모든 것의 끊임없이 변화하는 합계라는 사실을 프랭클은 이해했다. 그는 이렇게 말했다. "의사결정을 내릴 기회는 매일, 매시간 주어진다. 자신에게서 자기 자신, 즉 내적 자유를 앗아가겠다고 위협하는 힘에 굴복할지 말지를 결정하는 기회 말이다."

이어지는 내용에서는 "인간의 자유를 위한 최후의 보루"를 살펴보고 그것을 실행하기 위한 지침을 제시하고자 한다. 프랭클이 압박 속에서 견뎌야 했던 공포에 조금이나마 비견될 만한 일을 오늘날 경험하는 사람은 다행스럽게도 거의 없다. 그럼에도 프랭클의 경험은 우리 모두 지닌 힘, 즉 우리의 생각과 태도를 우리 주변에서 벌어진 일과 분리하는 능력에 대한 강력한 상기이자 생생한 증언이다. 우리는 모두 자신의 능력에 대한 확신을 구축할 수 있고, 그럴 때 이런 능력을 완전히 발휘할 수 있는 기반(계좌)을 창조할 수 있다. NHL의 베테랑 선수이자 국제 하키 선수 맥스 탤벗Max Talbot은 나와 만난 자리에서 이를 이렇게 표현했다. "그것만 하면 정말로 부자가 될 수 있습니다!" 물론 그가 말한 부자란 돈 많은 사람이 아니다.

1장에서는 심리적 계좌에 매일 예금을 시작하는 방법을 설명한다. 이제 우리도 "부자"가 될 수 있다.

1장
인간이라는 불완전하고 특별한 존재

제약 기업에서 중견 관리자로 일하는 지니 스티븐스는 평범한 하루를 보내고 있었다. 그날 회의실에서는 부사장들로 가득한 청중 앞에서 제품 프레젠테이션이 있을 예정이었다. 지니는 그 프레젠테이션에서 특별한 역할을 맡지 않은 참석자 중 한 사람이었기에 평소처럼 차분하고 편안한 시간을 보내고 있었다. 하지만 사무실을 나서 회의실로 향하던 순간 모든 것이 바뀌었다. 회의실을 몇 걸음 앞두고 상사가 지니를 불러 세웠다. 그러고는 오늘 그녀가 프레젠테이션을 진행해야 한다고 말했다. 충격과 공포가 밀려왔다.

지니는 당시 상황을 이렇게 설명했다. "걸음을 멈추고 고개를 180도 돌려 상사를 쳐다봤죠. 목이 부러질 듯 말이죠. 사실 저는 유능한 인재라는 자부심이 있어서 거절하지 못했습니다. 하지만 마음속으로는 이렇게 외치고 있었죠. '뭐라고요?! 장난하는 겁니까? 아무런 예고도 준비도 없이 부사장들로 가득한 방에서 프레젠테이션을 하라고요?!!' 저는 회의실로 계속 걸어갔습니다. 회의실 문이 제 앞에서 점점 커지더군요. 마치 저를 심판하기 위해 원로들이 기다리고 있는 대성당의 거대한 문을 밀고 들어가는 느낌이었습니다. 저는 그 제품을 아주 잘 알았지만 어떻게 프레젠테이션 해내야 할지 알지 못했습니다. 문이 열리고 부사장들이 저를 기다리고 있는 광경을 보자 정신이 아득해졌습니다."

다행스럽게도 부사장들은 지니를 편안하게 대해줬고, 프레젠테이션은 유쾌하고 협력적인 분위기로 흘러갔다. 하지만 분위기는 얼마든지 다르게 전개될 수도 있었다. 이번 경험으로 너무도 당황한 나머지 앞으로 뭔가 대책을 세워야 한다는 생각이 들었다. 그녀는 내게 이렇게 말했다. "확신과 관련해서 운동선수를 도와주고 계신다고 들었어요. 저도 그 도움이 필요합니다. 제 팀원들도 마찬가지고요. 저희를 도와주실 수 있을까요? 다시는 그런 공포를 겪고 싶지 않습니다."

지니의 사례는 내가 수없이 들었던 이야기 중 하나이다. 환경과 상황의 갑작스런 변화는 사람들을 자기 의심의 혼란 속으로 빠트린다. 심장이 두근대고, 생각이 폭주하기 시작하며, 시간과 공간 그리고 주변에 대한 일상적인 인식마저 불편하게 바뀐다. 지금은 평범한 상황 속으로 걸어 들어가지만 다음 순간 마치 처형장에 들어선 것처럼 다리가 후들거린다.

그러나 상황이 꼭 그런 식으로 돌아가야 하는 것은 아니다. 우리는 예기치 못한 사건의 반전, 그리고 충분히 예상되는 사건과 난관에 대해 정신적인 요새와 자신의 확신 계좌를 보호해주는 든든하고 보장된 은행을 구축함으로써 자신을 지킬 수 있다.

그렇다면 그런 은행을 어떻게 구축할 것인가? 우선 튼튼한 기반으로 시작한다. 그리고 당연하게도 이는 심리적인 계좌이므로 우리의 기반 역시 심리적이다. 지금부터 네 개의 정신적 기둥, 즉 모든 성과에 영향을 미치는 네 가지 기반을 살펴보자. 그것을 받아들일 때 우리는 최고를 추구하면서 마음의 평화를 얻을 것이며, 그 과정에서 영구적인 구조물을 지을 수 있다.

아마 "평온을 비는 기도"를 들어봤을 것이다.

주여, 우리에게 우리가 바꿀 수 없는 것을 평온하게 받아들이는 은혜,
바꿔야 할 것을 바꿀 수 있는 용기,
그리고 이 둘을 분별하는 지혜를 허락하소서.

나는 **평온**이라는 말을 좋아한다. 평온은 내적인 평화와 정신적 고요함을 말한다. 그처럼 안정된 기반에서 성장과 발전이 이뤄진다. 확신과 첫 번째 승리를 얻기 위해 평온은 우리의 심리적 계좌를 지키는 요새의 기반이다. 우리는 우리가 바꿀 수 없는 성과의 네 가지 현

실을 받아들임으로써 평온의 기반을 구축할 수 있다. 네 가지 현실이란 (1) 몸과 마음의 연결 (2) 인간의 불완전함 (3) 자율신경계의 작용 (4) 지속적인 훈련의 장기적인 결과이다. 우리는 인간 존재의 구체적인 현실을 외면하고 저항할 수 있다. 또 그런 현실을 인정하고 협력할 수도 있다. 전자의 길은 고난과 평범함으로 이어질 것이며, 후자는 발전과 성공으로 이어질 것이다. 선택은 당신에게 달렸다. 이제 강한 확신을 뒷받침하는 네 가지 기둥을 살펴보자.

기둥 #1 몸과 마음의 연결은 실질적이다, 사용하거나 사용당하거나.

'몸과 마음의 연결'mind-body connection이라는 용어는 사회적, 이념적으로 큰 변화가 일어났던 1960년대 말과 1970년대 초 대중의 어휘 속으로 편입되었다. 그 전 서구의 합리적인 과학적 사고에 따르면 마음과 몸은 완전히 다르다는 생각이 일반적이었다. 인간의 사고와 감정은 성직자와 시인의 영역인 반면, 화학과 물리학의 법칙을 따르는 인간의 몸은 유물론적 훈련을 받은 의사들의 영역이었다. 그렇기 때문에 우리가 무엇을 어떻게 생각하는지는 운동하거나 직장에서 일하는 도구인 우리 몸과는 아무 상관 없었다. 그러나 요가와 명상을 비롯한 여러 다양한 동양적 수련법이 대중과 과학계의 관심을 끌면서 변화가 시작되었다. 하버드와 스탠퍼드 등 권위 있는 기관의 연구실은 초월적 명상 같은 정신적 수련이 혈압이나 산소포화도, 심박 수와 같은 신체적 지표에 영향을 미칠 수 있는지 확인하기 위해 많은 실험을 했다. 그리고 그 결과는 분명했다. 피실험자가 생각을 바꾸고 평온한 감정 상태를 유지할 때 그들의 생체 지표는 뚜렷하게 떨어졌다. 1975년 출간되어 베스트셀러이자 고전이 된 허버트 벤슨 Herbert Benson의 『이완 반응』*The Relaxation Response*은 바로 이러한 놀라운 발견과 건강 및 치료에 대한 의미를 설명한다. 반대로, 또 다른 연구는 피실험자들이 싸움의 기억이나 다른 스트레스 순간을 떠올리도록 했을 때 동일한 신체적 지표가 상승한다는 사실을 보여줬다(레드포드 윌리엄스Redford Williams의 『화가 죽인다』*Anger Kills*와 같은 책이 그 예이다).

하지만 벤슨의 연구와 그 뒤를 이은 수많은 과학 논문에도 마음 상태가 신체 상태와 성과에 중대한 영향을 미친다는 생각은 여전히 이해를 충분히 얻지 못하고 있다. 우리 사회가 그런 생각을 충분히 받아들였다면 성공과 그에 따른 만족을 추구하는 더 많은 사람이 일상적인 생각 습관에 주의를 좀더 기울일 것이다. 벤슨의 책이 나온 지 50년 가까이 흘렀지만 당신을 심박 수 모니터에 연결하고 여러 다양한 경험을 떠올리게 했을 때 나타나는 극적인 변화를 확인하게 한다면 당신은 분명 깜짝 놀랄 것이다. "따뜻한 욕조에 편안하게 앉아 있는 느낌을 떠올려보세요"라는 말을 들으면 당신의 심박 수 그래프는 가파르게 떨어지고 편안히 한숨이 새어나올 것이다. 반대로

"항상 혼내기만 하는 고등학교 선생님 앞에 서 있는 느낌을 떠올려 보세요"라는 말을 들으면 심박 수 그래프는 빠르게 치솟을 것이다. 당신은 전문적인 운동선수나 주말에 운동을 즐기는 사람들처럼 식단을 신중하게 짜고 운동 일정을 엄격하게 따르면서도, 경기장이나 일터에 들어설 때뿐 아니라 깨어 있는 모든 순간에 사고 습관이 실제로 일어나는 일에 대단히 중요한 역할을 한다는 사실을 대부분 무시하고 있을 수 있다.

첫 번째 승리는 마음/몸에 관한 수많은 연구가 확인했던 연결을 받아들이고 활용하는 데서 시작된다. 우리의 의식적인 생각은 감정을 형성하고, 감정은 다시 신체적인 상태에 영향을 미치는 방식으로 성과에 크게 영향을 미친다.

흐름은 여기서 끝나지 않는다. 모든 성과는 이후 의식적인 생각의 대상이 되면서 하나의 순환 주기를 형성한다. 성과는 끊임없이 기능한다. 1년 365일, 매일 24시간 동안 생각은 감정에 영향을 미치고, 감정은 신체 상태에 영향을 미치고, 신체 상태는 다시 성과에 영향을 미치고, 성과는 다시 '생각'에 영향을 미친다. 이 주기는 우리가 인간으로서 하는 모든 일, 다시 말해 역사 시험지에 답안을 작성하는 일처럼 물리적으로 정교한 과제부터 본격적인 권투 시합처럼 육체적으로 힘든 과제에 이르기까지 모든 일에 영향을 미친다. 우리는 육체적인 존재이며, 그렇기 때문에 생각과 그에 따른 감정을 통제함으로써 자신의 신체적 상태를 관리하려는 노력은 최고 성과를 위한 필수 요건이다.

감정과 신체의 연결

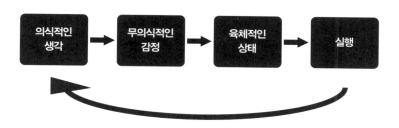

이런 연결 고리는 끊임없이 순환하면서 우리의 성과를 높이거나 낮춘다. 중립적인 회색 지대는 없다. 많은 걱정으로 인한 불안감이 심박 수와 혈압, 근육 긴장도를 높이고, 시야를 좁히며, 스트레스 호르몬을 분출할 때 우리는 어떤 과제에 도전하고 있든 실력을 제대로 발휘하지 못한다. 나는 이를 "하수구 순환"sewer cycle이라 부른다. 이를 시각화하면 다음과 같다.

하수관 순환

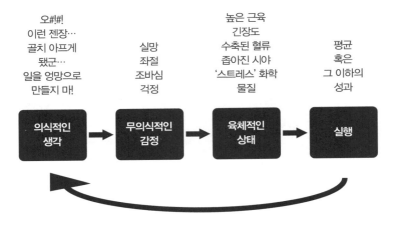

| 오#!#!
이런 젠장…
골치 아프게
됐군…
일을 엉망으로
만들지 마! | 실망
좌절
조바심
걱정 | 높은 근육
긴장도
수축된 혈류
좁아진 시야
'스트레스' 화학
물질 | 평균
혹은
그 이하의
성과 |

| 의식적인
생각 | → | 무의식적인
감정 | → | 육체적인
상태 | → | 실행 |

거꾸로, 건설적인 생각의 흐름이 감정을 지배하면 완전히 다른, 효과적인 신체 상태가 만들어진다. 긴장 대신 활력을 느낀다. 시야가 넓어지고, 두뇌 속에서는 고통을 덜어주는 천연 화학물질이 분비된다. 이 모든 변화는 우리가 최고 성과를 올릴 수 있도록 해준다. 다음 그림을 보자.

성공 주기

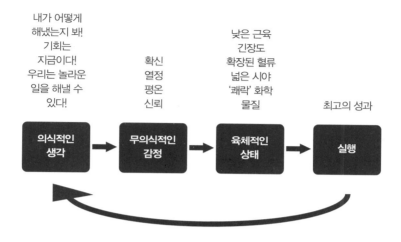

이 주기에서 세 가지 핵심이 첫 번째 승리와 중요한 관련이 있다. 첫째, 우리는 모두 도움이 되지 않는 하수구 주기와 힘을 주는 성공 주기 사이를 하루, 심지어 한 시간 사이에도 몇 번씩 왔다 갔다 한다. 누구보다 자신감이 높은 사람도, 정신적으로 강인한 사람도 때로 얼마든지 하수구 주기로 들어간다. 여기서 중요한 점은 (1) 자신이 얼마나 자주, 어떤 주기에 있는가, 그리고 (2) 성과를 내야 할 시점에 어느 주기에 있는가이다. 다음의 간단한 두 가지 질문에 솔직하게 답해보자. 하루, 일주일, 학기, 시즌 혹은 1년 동안 의식적인 생각 면에서 얼마나 긍정적이고 낙관적인가, 그리고 얼마나 부정적이고 절망적인가? 다음으로, 개인적인 성과를 위한 무대에 올라서기 직전 생각이 어느 방향을 향해 달리는가? 그 생각은 당신을 하수구 주기로 이동하게 하는가, 아니면 성공 주기로 이동하게 하는가? 이 질문에 대한 대답은 당신이 첫 번째 성공을 가능하게 만들고 있는지, 아니면 가로막고 있는지를 말해준다.

둘째, 두 질문에 대해 어떤 대답을 내놨는지와 상관없이 좋은 소식은 우리가 생각/성과 주기에서 선택할 수 있는 부분이 분명히 있다는 사실이다. 특정한 실행의 결과가 어떻든, 우리는 그 결과는 물론 그에 따른 생각을 의식적으로 선택할 수 있다. 실행 결과가 어떻든, 그리고 부정적인 생각과 긍정적인 생각 사이의 특정한 비율을 얼마나 오랫동안 유지해왔든 간에 우리는 '마음 바꾸기'를 선택할 수 있으며, 건설적인 주기로 더욱 자주 이동할 수 있다. 2007년 처음 일라이 매닝과 함께하기 시작했을 때 그는 충분히 솔직하게도 자신의 플레이가 50 대 50으로 "좋고, 그리 좋지 못하다"라고 인정했다. 그리고 다음 10개월 동안 그 비율은 크게 바뀌었고, 일라이가 처음으로 슈퍼볼에서 우승하고 MVP를 차지하는 기반이 되었다. 그 비율을 바꾸고 지속적으로 유지하는 방법에 대해서는 앞으로 차차 설명할 것이다.

셋째, 도움이 되는 생각을 지속적으로 유지한다고 해서 엄청난 성과를 올리거나 모든 경기에서 이길 수 있는 것은 아니다. 첫 번째 승리는 우리에게 외부의 적을 물리칠 수 있는 최고의 가능성을 선사한다. 여기서 한번 생각해볼 만한 군사 분야의 오랜 격언이 있다. "적이 한 표를 갖고 있다." 이 말은 우리가 준비와 실행 과정에서 최선을 다하더라도 게임과 시험 혹은 전투의 결과는 "적"(즉, 상대방과 경쟁자 혹은 고객)이 어떻게 반응하느냐에 영향받는다는 사실을 뜻한다. 여기서 내가 제시할 수 있는 확실한 대답 하나는 우리가 주로 하수구 주기에서 살고, 일하고, 성과를 위해 노력하고 있다면 그 결과는 항상 최고로 가능한 수준에는 미치지 못할 것이며, 적의 한 표가 결과를 판가름하는 과정에서 결정적인 역할을 하게 될 거라는 사실이다. 우리는 마음/몸/성과 연결 고리를 활용함으로써 성공 가능성을 극대화해야 한다. 내 오랜 가라테 스승인 츠토무 오시마는 이렇게 말했다. "정신적으로 강인한 사람이 승리할 가능성이 높다." 그러므로 **활력과 호기심이 넘치는 태도를 기반으로** 성공을 위한 최고의 상태를 만들어야 한다. **이 시합/게임/오디션/연설/회의는 매우 중요하니 정말 잘해내야 한다. 아니면 큰 문제가 생길 것이다!** 라고 심각하게 생각하는 대신 **내가 얼마나 잘 달리고/던지고/노래하고/말하고/공부하고/듣는지 확인해보자!** 라고 생각해야 한다.

기둥 #2 인간은 필연적으로 불완전하다. 불완전함에서 벗어날 수 없다면 그것과 친구가 되어야 한다.

내털리 포트먼은 2011년 오스카 시상식에서 영화 〈블랙 스완〉*Black Swan*으로 여우주연상을 받았다. 이 영화는 뉴욕시 발레단에서 차이코프스키 백조의 호수에 출연하기 위해 안간힘을 쓰는 한 발레리나의 삶을 그렸다. 여기서 포트먼이 맡은 니나라는 인물은 어릴 때부터 그 작품에서 춤추는 것을 꿈꿔온 완벽주의자이며, 그 완벽주의 탓에 자기 파괴적인 지옥에 빠지고 만다. 이에 대해 영화역사가 야드란카 스코린 카포브Jadranka Skorin-Kapov는 이렇게 말했다. "이 영화는 예술적 완벽함을 추구하는 니나의 영적 모험과 그 과정에서 치러야 했던 대가에 대한 시각적 연출로 바라볼 수 있다. 그 대가는 실제로 어마어마했다. 모든 스텝과 턴, 점프를 완벽하게 해내고자 했던 니나의 집착은 그녀의 자존심을 허물어뜨렸고 삶의 즐거움을 파괴했다. 완벽함을 향해 미친 듯 연습에 몰두하는 동안 니나는 현실 감각을 잃었고 첫날 공연이 유혈 사태로 끝나는 기괴한 환각을 경험하게 된다.

물론 이건 영화이다. 현실이 아니다. 하지만 자신이 결코 완벽할 수 없다는 단순한 진실을 받아들이지 못해 경력을 망친 재능 있고 열정적인 사람에 관해 비슷한 이야기가 많다. 케이트 페이건Kate Fagan이 2017년 발표한 『매디가 달리는 이유』*What Made Maddy Run: The*

*Secret Struggles and Tragic Death of an All-American Teen*는 대학 운동선수인 매디 홀러런의 파괴적인 완벽주의에서 비롯한 비극적이고도 감동적인 이야기이다. 나처럼 발레 무용수와 시간을 보낸 적 있다면 그들은 아마도 영화 〈블랙 스완〉의 시나리오가 현실과 그리 동떨어지지 않았다는 사실을 말해줄 것이다.

실제이든 허구이든 간에 이 같은 이야기들의 공통점은 큰 꿈을 이루기 위한 야망과 열정으로 자신을 극단으로 몰아갔다는 사실이다. 이 과정에서 도움이 되며 실제로 필수적인 동기로 시작했던 것이 파괴적인 완벽주의, 즉 불가능한 기준을 향한 강박적인 집착, 그리고 그 기준에 미치지 못할 때마다 자신을 비난하고 부정적으로 평가하는 태도로 변질되고 말았다. 필연적인 인간의 불완전성을 거부하는 일만큼 자신의 심리적 계좌를 빠르게 고갈시키고 첫 번째 승리를 강하게 가로막는 것은 없다. 실수하고 불완전할 때마다 자신을 처벌한다면 확신은 요원해질 것이다.

파괴적 완벽주의는 '완벽을 위한 노력', 즉 개선을 향한 노력을 지속하기 위해 필요한 열정이나 집중과는 다르다. 물론 약간의 완벽주의는 절대적으로 필요하다. 특히 지식과 기술 그리고 운동 능력을 개선하고자 한다면 말이다. 이는 맛있는 요리를 위해 약간의 양념이 필요한 것과 마찬가지이다. 그러나 지나친 완벽주의는 우리를 궤도에서 벗어나게 만들고 삶을 망친다. 과도한 양념이 요리를 망치는 것처럼 말이다.

모든 인간은 얼마나 재능이 뛰어나고 얼마나 많은 성취를 했든 간에 육체적, 기술적, 정신적으로 불완전하다. 이 말은 당신과 당신의 상사, 동료, 경쟁자 모두 이따금 실수한다는 뜻이다. 아무리 오래 훈련했다 해도, 아무리 열심히 공부했다 해도, 그리고 아무리 신중을 기한다 해도 우리는 경기나 직장 혹은 여러 다양한 역할(배우자, 부모, 형제)에서 완벽할 수 없다.

자신이 깊은 열정을 갖고 있는 어떤 분야에서 완벽할 수 없다는 생각이 마음에 걸린다면 조금은 안심해도 좋을 이야기를 들려주고자 한다. 우리는 완벽해져야 한다는 집착 없이도 자신이 선택한 직업이나 분야를 뜨거운 열정으로 추구할 수 있으며, 큰 성공을 거두고, 큰 꿈을 꾸고, 세계 최고가 될 수 있다. 연구 결과는 특정 분야에서 최고 성취자들이 중간 정도의 완벽주의를 갖고 있다는 사실을 말해준다. 반면 최고 수준의 완벽주의를 지닌 이들은 종종 평범한 수준의 성취자에 머무르고 만다. 실수를 대한 불안감이 그들이 자연스럽게 움직이지 못하도록 가로막기 때문이다.

그렇다면 어떻게 적절한 수준의 완벽주의를 유지할 수 있을까? 우리를 파괴적인 수렁으로 끌어내리는 수준이 아니라 힘을 실어주는 건강한 수준의 완벽주의를 활용하려면 어떻게 해야 할까? 이제 이와 관련해 매년 사관학교 생도 수백 명에게 공유하는 몇 가지 지침을 소개하고자 한다.

완벽을 추구하되 집착하지 말자. 우리는 완벽에 다다를 수 없다. 다만 완벽을 향해 나아갈 수 있다. '내가 얼마나 잘할 수 있는지 확인해보자'라는 마음가짐으로 모든 과제와 경기 그리고 회의에 임하자. 어쩌면 당신은 완벽에 가까운 성과를 보여줄 수도 있다. 반면 그렇지 못할 수도 있다. 성공했다면 대단한 일이다! 그 순간을 즐기자. 그러나 자신이 원하는 수준의 완벽함에 도달하지 못했다 해도 자신을 패자로 몰아세우지 말자. 대신 다음번에 더 잘할 수 있는 부분을 객관적으로 파악하고 그것을 다음 과제로 명심하자. 그리고 불완전함은 잊자(더 자세한 이야기는 3장에서 이어가겠다). 심리적 계좌를 고갈시키고 첫 번째 승리를 가로막는 것은 불완전함이 아니라 인간의 불완전함에 대해 우리가 보이는 부정적인 반응이다. 다시 한 번 과학은 이와 관련해 분명한 증거를 보여준다. 완벽주의와 불안 사이의 관계에 주목한 논문의 설명을 인용하자면 "불완전함에 대한 부정적인 반응을 제어하면서 완벽을 추구하는 운동선수는 경쟁하는 동안 불안감을 덜 느끼고, 더 높은 자신감을 경험한다."

불완전함에 대해 호기심을 갖자. 그것은 가치 있는 정보 원천이다. 우리는 모든 실수와 난관 혹은 불완전함에서 확신을 얻을 수 있다. 실제로 확신이 넘치는 이들은 그렇게 한다. 그들은 조금은 다른 시각에서 불완전함을 바라본다. 감정을 절제하고 자신에게 이렇게 묻는다. '이번 실수는 내게 무슨 이야기를 들려주는가?' '더 발전하려면 다음번에 무엇을 다르게 해야 할까?' 그들이 계속해서 학습하고 성장하게 만들어주는 요인은 바로 불확실함에 대한 호기심이다. 이런 시선으로 불완전함을 바라볼 때 그것은 좌절이나 혼란을 야기하는 요인이 아니라 성공을 향한 고마운 디딤돌이다. 어쩔 수 없이 실수를 저지르게 된다면 그 실수로부터 뭔가를 배워야 한다.

기능적 완벽주의에 관한 한 가지 좋은 사례로 그레그 루가니스 Greg Louganis의 경우를 꼽을 수 있다. 1980년대에 그는 스프링보드 다이빙과 플랫폼 다이빙 종목에서 금메달 네 개와 은메달 한 개를 따며 올림픽 메달을 다섯 개 획득했다. 스스로 완벽주의자라고 밝힌 루가니스는 이렇게 말했다. "하지만 사실 아이러니합니다. 완벽을 위해 완벽주의를 어느 정도 포기해야 하니까요. 다이빙할 때 보드 위에는 최적한 지점이 있습니다. 하지만 언제나 정확하게 그 지점에서 점프할 수 있는 것은 아닙니다. 때로는 약간 앞에서, 때로는 뒤에서 점프하게 됩니다. 물론 심판은 그 차이를 알지 못합니다. 저는 어느 지점에서 점프하든 잘 대처해야 합니다. 마음을 보드 위에 놓아둬서는 안 됩니다. 몸이 충분히 이완되어 있어야 성공적인 다이빙을 위한 기억의 테이프를 재생할 수 있습니다. 그래서 그렇게 열심히 훈련하는 겁니다. 그저 다이빙하는 것뿐 아니라 모든 잘못된 위치에서 한 다이빙을 제대로 해내기 위해서죠."

그레그 루가니스에게 올림픽을 비롯해 여러 세계 대회에서 얼마나 자주 "최적 지점"에서 도약했는지 물어보고 싶다. 장담하건대 그 비율은 낮았을 것이다. 나아가, 금메달을 딴 대부분 시합에서 그는 최적 지점을 완벽하게 맞췄기 때문이 아니라 "완벽주의를 어느 정도 포기"했기 때문에 훌륭하게 다이빙하고 최고점을 받았다고 장담한다. 보드 위에서 매번 최적 지점을 정확하게 맞출 수 없지만 그런 완벽주의를 포기하지 않으면 다이빙의 나머지 과정(도약과 연기 그리고 입수)에 영향을 미칠 거라는 깨달음은 약간의 차이가 승자와 일반 참가자를 구분하는 스포츠에서 성공에 중대한 역할을 한다. 보드의 최적 지점을 정확하게 맞추지 못했다는 약간의 후회, 즉 조금 어긋났다는 생각에 따른 낭패감은 신체를 긴장시켜 이후 과정과 점수에 중요한 영향을 미칠 수 있다. 그러나 성공에 열정적인 그레그 루가니스는 그런 낭패감을 그냥 내버려두지 않았다. 그는 매번 최적 지점에서 도약하기 위해 애썼지만 어떤 지점에서 도약했든 간에 그것을 받아들이고 훌륭하게 전체 과정을 마치기 위해 "충분한 이완"(걱정 없는) 상태를 유지했다.

최적 지점을 놓쳤을 때 일반적으로 당신은 어떤 반응을 보이는가? 다음 순간 긴장하는가, 아니면 이완하는가? 그럴 때 인간의 불완전함을 인정하는 태도는 큰 도움이 된다!

기둥 #3 자율신경계는 유용하지만 흔히 오해받는다. 당신의 나비와 사랑에 빠져라.

내가 당신과 첫 번째나 두 번째 만남에서 나눌 법한 대화를 소개하고자 한다. 나는 이런 대화를 우리가 생각할 수 있는 모든 스포츠 종목의 선수들, 그리고 의학과 비즈니스 및 공연예술 분야에서 활동하는 많은 이와 수천 번에 걸쳐 나눴다.

당신   일상적인 훈련에서는 아무 문제가 없는데 경기에만 나서면 자신감이 사라집니다. 긴장과 함께 신경이 곤두서면서 생각이 100만 킬로미터 속도로 달리기 시작합니다.

나   자신이 긴장하고 있다는 사실을 어떻게 알죠? 뭘 보고 '아, 지금 긴장했군'이라고 판단하게 되나요?

당신   글쎄요. 심장이 두근대고, 손바닥이 축축해지고, 손이 떨리고, 속이 메슥거리면서 안절부절 못 하게 됩니다.

나   그렇군요. 그런 증상이 나타나면 어떤 생각이 드나요?

당신   불안하고 불편한 생각이 듭니다. 말씀드렸듯 생각이 100만 킬로미터 속도로 달리기 시작합니다.

나   그럴 때 앞둔 경기에서 잘해낼 것이라는 생각이 듭니까?

당신   아닙니다. 말씀드렸다시피 너무 긴장됩니다. 미친 듯 걱정이 몰려들죠.

잠시 숨을 고르고 상황을 분석해보자. 당신은 지금 스포트라이트 속으로 걸어 들어간다. 당신의 몸은 말하자면 과잉긴장 상태로 접어든다. 심장이 두근대고, 근육이 굳고, 손바닥은 축축해지고, 속은 메슥거린다. 이러한 신체적 변화는 '긴장'하고 있다는 사실을 우리에게 말해준다. 그리고 '긴장'하고 있다는 사실은 걱정의 원인이 된다. 경쟁 세계에서 '정신적 동요'를 환영해야 한다는 말은 자연스러운 생리적 각성 과정에 대한 오해이자 잘못된 해석이다. 심장이 두근대고, 근육이 경직되고, 손바닥에 땀이 나고, 속이 메슥거리는 증상으로 나타나는 각성은 내부에서 뭔가 잘못 돌아가고 있다는 사실을 말해주는 신호이다. 우리가 알아야 할 것은 이러한 각성, 즉 자율신경계의 자연스런 과정이 사실 우리의 친구이자 동료라는 점이다. 각성의 유일한 목적은 우리가 새로운 차원으로 성과를 올리도록 하는 것이다. 이제 그 과정을 자세히 살펴보자.

'긴장'의 사전적 의미는 "쉽게 흥분하거나 놀란 상태" 혹은 "신경과민 상태"이다. 후자의 정의는 우리에게 도움을 준다. 내가 알고 있는 한 '긴장'한다는 것은 신경계가 활성화되어 있다는 뜻이다. 즉, 두뇌 속 뉴런과 척수 그리고 신체 말단조직이 일반적인 상태보다 빨리 기능하면서 더욱 각성해 있다. 신경계는 왜 그렇게 반응할까? 그 이유는 간단하다. 해야만 하는 일이든 하고 싶어 하는 일이든 자신에게 정말 중요한 일을 할 때, 우리의 자율신경계(의식적인 노력 없이 심장을 뛰게 하고, 폐가 숨 쉬게 하고, 소화 기관이 기능하도록 만드는 시스템)는 우리에게 몇 가지 도움을 준다.

행동을 개시해야 한다는 사실을 인식한 두뇌의 무의식적인 부분은 작전을 수행한 시간이 왔을 때 사령관이 병사들에게 명령을 하달하는 것과 같은 방식으로 신체 모든 부분에 신호를 전달한다. 조직과 근육, 분비선에게 이렇게 말한다. '이봐, 뭔가 중요한 일이 일어날 거야, 모두 정신 차리도록!' 이런 신호는 신장 위에 자리한 작은 조직인 부신으로도 흘러간다. 훌륭한 병사인 부신은 즉시 명령을 수행한다. 정신을 차리고 자신의 유일한 기능, 즉 아드레날린을 혈류 속으로 분비하는 일을 한다(그 양은 두뇌의 판단에 따라 많을 수도, 적을 수도 있다).

아드레날린은 순환 시스템의 마법을 통해 심장으로 들어가고, 거기부터 몸 전체에 걸쳐 혈액이 도달하는 모든 곳으로 분비된다. 그리고 아드레날린이 도달하는 곳마다 에너지가 활성화되기 시작한다. '아드레날린화'된 혈액이 주입된 심장 근육은 더욱 힘차게 박동하고(변화를 알아차릴 만큼 충분히 요란하게), 신체 전반에 분포한 근육은 '발화할 준비가 된' 더 많은 두뇌의 뉴런 신호와 더불어 활성화된 혈액을 공급받아 기대감으로 경련을 일으키며, 손에서 느껴지는 떨림을 만들어낸다. 또한 두뇌를 위를 비롯한 소화기관으로 연결하는 1억 개의 뉴런 또한 더 빨리 발화하면서 위장 속에 있는 민감하고 부드러운 근육 세포가 마치 나비가 날갯짓하듯 떨리게 만든다.

이런 일련의 과정을 거쳐 우리는 결과적으로 더욱 강력하고, 빠르고, 민감한 상태가 되며(동공 또한 커진다), 이를 통해 세상에 맞설 준비를 한다! 우리 몸은 아무런 의식적 노력 없이도 고유한 생화학적 요구를 충족시키기 위한 최고의 맞춤화된 성과 향상 화학물질을 만들어내며, 정확한 시점에 정확한 양을 전달한다. 그럼에도 아무런 대가를 요구하지 않는다. 게다가 성과 향상을 위한 다른 화학물질과 달리 아드레날린은 완벽하게 합법적인 물질이다! 이처럼 도움이 필요한 순간에 우리 몸이 이를 위한 강력한 선물을 준다는 것은 얼마나 대단한 일인가.

하지만 아드레날린이라는 선물과 민첩해진 신경 활동은 원치 않는 부작용을 몇 가지 만들어내고, 이런 부작용은 여러 가지 혼란을 일으킨다. 두근대는 심장, 떨리는 근육, 메슥거리는 위장, "생각이 시속 100만 킬로미터로 달리는" 듯한 느낌, 그리고 스스로에게 '긴장' 해 있다고 말하는 감각은 실제로 옥탄가 높은 로켓을 이용하는, 이제 작전을 개시할 준비가 되어 있는 우리의 몸이 보내는 신호이다. 이런 신호를 체험하고 있다면 우리 몸이 중요한 일을 앞두고 대비하고 있다는 뜻이다.

첫 번째 승리를 위한 진실의 순간에 직면해 로켓 연료가 주입될 때 당신은 어떤 생각을 하는가? 생각이 모든 것을 이끌어간다는 사실을 상기하자(기둥 #1). '자연스럽고 놀라운 일이 일어나 내가 성공을 거두도록 돕고 있다. 그러니 내가 얼마나 잘해내는지 확인해보자'라고 생각하면서 성공 주기로 들어갈 것인가? 아니면 '오, 미치겠군. 정말 나쁜 일이 벌어지고 있어'라고 생각하면서 하수구 주기로 떨어질 것인가?

나는 안타깝게도 너무 많은 이가 파괴적인 하수구 주기를 선택하는 모습을 목격했다. 그 이유가 뭘까? 그것은 아마도 성과의 순간에 겪었던 이전 경험과 관련 있을 것이다. 그들은 과거에 특정한 스포츠나 과제 혹은 상황에 생소했고, 성공을 위한 기술이나 역량을 제대로 갖추지 못했을 것이다. 그리고 그런 상태에서 성공을 거두기 어려웠을 것이다. 그처럼 성공을 거두지 못한 순간에 대한 기억이 몸에서 분비되는 천연 아드레날린이나 각성제보다 먼저 떠오르면서 이런 각성 상태를 곧 따라 나오게 될 좌절과 연결시키는 법을 배웠을 것이다. 이 연결 고리는 오랫동안 남아 있으며, 충분히 훈련하고 공부한 이후 높은 수준의 기술과 역량을 개발한 뒤에도 사라지지 않는다. 그 때문에 나비가 날갯짓할 때 뭔가 좋지 않은 일이 일어나고 있다고 느끼게 된다.

그러나 이런 연결이 영원히 남아 있을 필요는 없다. 『나는 왜 이 일을 하는가』*Start with Why*의 저자 사이먼 시넥Simon Sinek이 지적했듯 누구나 "이야기를 바꿀" 수 있다. 사이먼은 자신의 한 영상에서 긴장을 흥분으로 전환하기 위한 조언을 제시한다. 그는 '긴장'하면 심장이 두근대면서 미래(일반적으로 부정적인 미래)를 상상하지만 '흥분'해도 심장이 두근대면서 미래(일반적으로 즐거운 미래)를 그려본다고 말한다. 여기서 시넥은 정확히 핵심을 지적한다. 긴장과 흥분의 근본적인 생물학은 동일하다. 이는 진화가 인간의 생리에 심어놓아 자연적으로 발생하는 각성으로, 옛 선조들에게서 물려받은 유산이다. 우리 선조들은 선사시대의 불확실한 삶에 민첩하게 대처하기 위해 에너지를 재빨리 끌어모아야 했다. 우리가 이런 각성, 즉 우리 몸이 들려주는 '이야기'를 해석하는 방식은 불편하게 '긴장'을 느낄 것인지, 아니면 기능적으로 쓸모 있게(아마도 즐겁게) '흥분'을 느낄 것인지를 결정하게 된다. 우리는 각성 상태를 축복이나 저주처럼 도움이 되거나 피해를 입히는 것으로 해석할 수 있다.

이 부분을 읽으며 각성에 관한 개인적인 이야기의 변화, 즉 도움을 주는 자율신경계 활동을 재해석하기 시작했기를 바란다. 이런 일은 전 NFL 와이드 리시버 하인스 워드Hines Ward가 그랬듯 한순간에 일어날 수도 있다. 2006년 슈퍼볼 다음 날 『USA 투데이』에 실린 기사가 증언하듯 워드는 또 다른 베테랑 선수에게서 그처럼 중요한 순간에 불편함을 느끼는 일이 아무 문제 없다고 위안받았을 때, 긴장에 관한 자신의 이야기를 바꿔놓았다. "그러고 나서 워드는 화장실로 향했고, 불편한 위장을 보살폈으며, 123야드에서 캐치를 다섯 번 성공하며 그 경기 MVP로 선정되었다."

올림픽 육상 선수 마이클 존슨Michael Johnson은 1996년 올림픽에서 최초로 200미터와 400미터에서 금메달을 차지하면서 첫 번째 승리를 성취하고자 하는 이들에게 중요한 결론을 제시했다. 경기 뒤 있었던 인터뷰에서 NBC 밥 코스타스는 존슨에게 200미터 결승전 출발선에 들어섰을 때 심장이 두근댔는지 물었다. 존슨은 대답했다. "당연하죠. 심장이 뛰었습니다. 긴장되더군요." 그러고는 이렇게 덧붙였다. "긴장될 때, 저는 편안합니다." 잠시 그의 말을 되뇌어보자.

"긴장될 때, 저는 편안합니다." 이는 많은 베테랑 선수를 비롯해 대부분 사람이 긴장을 바라보는 방식과 사뭇 다르다. 존슨의 이 말은 긴장을 바라보는 일반적인 이야기를 완전히 바꿔놓았다. 그에게 긴장이란 힘의 원천을 갉아먹는 질병이 아니라 미래를 내다보는 기대였다. 존슨은 긴장을 적이 아니라 동맹으로 바라봄으로써 또 다른 첫 번째 승리를 거둘 수 있었다.

이제 우리의 대화에서 결론 부분으로 넘어가보자.

> **나** 이제 긴장은 자신이 최고에 도달할 준비가 된 거라는 사실을 받아들일 수 있겠습니까? 긴장에 관한 이야기를 바꾸고, 이를 통해 앞으로 긴장할 때 '편안함'을 느낄 수 있겠습니까?
>
> **당신** 지금까지 그런 식으로는 생각해보지 못했습니다. 시도해보겠습니다.

하지만 오래된 오해는 흔히 두 가지 형태로 모습을 드러낸다.

> **당신** 그런데 선생님, 긴장할 때면 아주 '다른' 느낌이 듭니다. '정상 상태'처럼 느껴지지 않습니다.
>
> **나** 물론 '정상'처럼 느껴지지는 않을 겁니다. 그런데 왜 그렇게 느껴야만 하죠? 당신은 주유하거나 자기 전에 양치하는 것처럼 '정상적인' 활동이 아니라 좀더 중요한 일을 하려고 합니

다. 그런데 왜 그런 일을 앞두고 '정상적인' 느낌을 받아야 할까요? 마이클 존슨과 같은 챔피언들은 그들이 스포트라이트를 받을 때 정상적인 느낌이 들지 않는다는 사실을 잘 알고 있었습니다. 그리고 우리 몸이 뭔가 특별한 일이 일어나고 있다는 신호를 보내올 때, 바로 그런 느낌이 들 거라는 사실을 예상하고 있었습니다.

당신　　제가 지금껏 들은 것과는 완전히 다른 이야기군요. 저는 '압박 하에서 최대한 침착하고 냉정해야 한다'는 것이 최고의 조언이라고 알고 있었습니다.

나　　　그것보다 진실과 동떨어진 이야기는 없을 겁니다. 진정한 챔피언의 피는 어느 누구보다 뜨겁습니다. 다만 겉보기에 냉정해 보일 뿐입니다. 그건 그들이 긴장을 바라보는 방법을 배웠기 때문이죠.

자율신경계의 지능을 존중할 것
중요한 일이 일어나기 전에 신경이 활성화될 거라고 예상할 것
새롭게 생성된 에너지를 끌어안을 것

이런 점들을 이해했다면 오래 묵은 오해를 날릴 마지막 한 방이 남았다.

당신	오랫동안 이 종목을 훈련해왔고 아주 능숙한 단계에 이르렀습니다. 이제 경기 전에 긴장할 필요가 없다고 생각됩니다만.
나	긴장(이제 그 이야기를 '흥분'으로 바꿨으리라 예상되는)은 중요한 순간(사냥이나 도망)에 에너지를 끌어모으는 능력이 더 나은 생존 가능성을 뜻했던 20만 년 전 인간의 몸속에 자리한 결과물입니다. 그러나 이제 더 이상 생존을 위해 이러한 원초적인 투쟁─도피 반응에 의존할 필요 없습니다. 그럼에도 이 태고적 생물학 설계는 우리 몸 안에 남아 있으며, 우리가 아무리 경험 많고 유능하다 해도 계속해서 작동할 겁니다.

44년간 NFL에서 코치로 있으면서 슈퍼볼을 여섯 번이나 경험한 뉴잉글랜드 패트리어츠 감독 빌 벨리칙Bill Belichick은 2019년 1월 TV 인터뷰에서 지금도 경기 전에는 항상 "긴장한다"고 털어놨다. 그는 이렇게 말했다. "경기장에서 잘해내기를 원합니다. 우리 모두에게는 해야만 하는 일이 있습니다. 우리는 경기를 잘해내기를, 그리고 지지 않기를 원합니다. 모두 각자 맡은 역할을 잘해내기를 기대합니다." 벨리칙은 분명하게도 자기 분야에서 누구보다 경험 많고 유능한 지도자이다. 그럼에도 몸속에 자리한 원초적인 에너지 시스템은 지금도 일요일이면 작동하기 시작한다. 30년간 해군 특수부대 사령관으로 근무한 리처드 마친코 역시 이에 동의한다. "작전에 들어가기 전 모두 조금씩은 속이 뒤틀리고 피가 마르는 긴장감을 느낍니

다. 얼마나 경험이 많고 익숙하고 유능한지, 혹은 급박한 상황에서도 얼마나 차분하고 몇 번이나 작전에 참여했는지는 중요하지 않습니다. 난간을 뛰어넘고 총알이 날아다니기 시작하면 우리는 모두 속이 메슥거립니다."

우리는 인간의 존재와 관련해 이처럼 단순한 사실을 인정함으로써 잠재적인 의심과 우려의 한 가지 원천을 제거할 수 있다. 그 사실을 인정할 때 중요한 상황에서 평온을 유지할 수 있으며, 그래서 자신에게 더 강한 확신을 가질 수 있다. 자율신경계의 지능을 존중하고, 중요한 일을 앞두고 신경이 활성화될 것을 예상하며, 그 과정에서 새롭게 생성된 에너지를 받아들이자. 이는 첫 번째 승리를 향해 나아가는 중요한 단계이다.

기둥 #4 훈련 성과는 일관적이지 않으며 지연된다. 놀라운 변화는 우리가 의식하지 못하는 사이에 일어난다.

'1만 시간의 법칙'에 관해 들어봤을 것이다. 이 법칙에 따르면 스포츠와 악기 및 특정 분야의 뛰어난 전문가가 되기 위해서는 1만 시간의 훈련이 필요하다. 또한 전문 분야의 성과와 관련된 최근 기사에서 중요한 것은 단지 1만 시간이 아니라 1만 시간의 "계획적인 훈련"이라는 이야기도 들어봤을 것이다. 다시 말해, 우리가 추구하는 전문성의 단계에 오르려면 특정한 지침을 중심으로 조직된 훈련이 필요하다. 이 모든 주장을 관통하는 한 가지 가정은 일관적이고 수준 높은 훈련이 일관적이고 수준 높은 결과를 만들어낸다는 생각이다.

하지만 여기에는 성공의 과정에 중대한 영향을 미치는, 훈련과 발전에 관한 두 가지 진실이 빠져 있다. 첫째, 훈련의 '투자'에 따른 결실은 평탄하거나 일관적으로 나타나지 않는다. 아무리 성실히 모든 훈련 지침을 따른다 해도 우리는 정체기, 즉 전혀 발전하지 않는 것처럼 보이는 오랜 기간을 겪게 된다. 그러다 폭발적인 발전이 이뤄지면서 정체기가 끝난다. 그리고 또 다른 정체기가 찾아오고, 다시 또 다른 폭발이 일어난다. 그런데도 아무도 우리에게 이러한 과정에 대해 말하지 않는다. 물론 노력은 보상으로 이어지지만 우리가 알고 있는 것처럼 분명한 보상으로 이어지지는 않는다. 우리는 발전이 전혀 이뤄지지 않는 것처럼 보이는 정체기 동안에도 힘들게 버티면서 계속해서 노력해야 한다. 하지만 매일 24시간 모든 정보와 모든 지인에 접근할 수 있는 오늘날 즉각적인 충족의 문화는 사람들에게 뭔가를 끈기 있게 하도록 격려하지 않는다. 당연하게도 꿈을 향해 걸어가는 길이 지속적인 발전의 여정이 아니라 거칠고 불확실한 여정이라는 사실을 깨달을 때 많은 이는 쉽게 포기하고 만다.

둘째, 자신이 선택한 분야에서 오랫동안 성취를 추구할수록, 그리고 성공을 향해 더 멀리 나아갈수록 발전이 이뤄지기 전 정체기는 더 길어지고, 발전의 폭발력은 더 작아진다. 노력의 투자에 대한 결실은 예측 불가능하며 더 오랫동안 투자할수록 결실의 크기는 줄어든다. 이 사실은 좌절과 자기 의심을 자라게 만드는 비옥한 토양이다. 보상이 일관적이지 않을뿐더러 크기도 계속해서 줄어든다면 그렇게 열심히 노력할 이유가 무엇이란 말인가? 게다가 이런 장기적인 정체기와 작은 규모의 발전이 우리가 특정한 종목이나 악기 혹은 직업에서 성공하기 위해 필요한 자질을 갖추기 어렵다는 사실을 입증하는 것에 불과하다면? 그렇다면 사람들은 성공을 포기하고 다른 분야를 기웃댈 것이다. 첫 번째 승리는 물 건너갔다.

그러나 좌절하지 말자. '노력'의 투자는 결코 무의미하지 않다. 오랜 정체기와 작은 발전이 절대 성공할 수 없다는 것을 뜻하지는 않는다. 우리의 동료와 경쟁자 그리고 적을 포함해 성공을 추구하는 모든 이는 이 같은 현실을 경험한다. 우리가 그런 현실을 받아들이고 다른 누구보다 잘 적응한다면 자신을 위한 경쟁력을 만들어낼 수 있다.

좌절을 최소화하고 첫 번째 승리를 위한 기반을 다지기 위해 우리는 고난도 훈련과 연습 그리고 적절한 훈련이 신경 시스템 안에서 실질적인 변화에 도움이 되는 변화를 만들어낸다는 사실을 이해해야 한다. 이런 변화가 누적되면서 특정 임계값에 도달할 때 비로소 '아하'의 순간이 나타난다. 가령 테니스에서 서브 정확성이 갑자기 높아진다. 프랑스어가 갑자기 유창해진다. 세일즈 연설에서 설득력이 한층 높아진다. 하지만 정작 연습하고 공부할 때 그런 변화는 잘 느껴지지 않는다. 그러나 중요한 사실은 우리가 정체기에 머물러 있는 동안에도, 그리고 어디로도 나아가지 못하고 있다고 느끼는 동안에도 발전은 계속해서 일어나고 있다는 점이다.

미국 교육가이자 철학자인 조지 레너드George Leonard는 자신의 1991년 펴낸 『마스터리』Mastery: The Keys to Success and Long-Term Fulfillment에서 연습의 연기된 효과를 두뇌의 습관적 행동 시스템과 인지 및 노력 시스템 사이의 교환의 관점에서 설명했다. 간략히 말해, 초심자로서 하키 스틱을 쥐는 법을 배우거나 숙련자로서 리스트샷(wrist shot, 아이스하키에서 손목을 앞쪽으로 움직여 가볍게 스틱 날로 퍽을 치는 빠른 샷—옮긴이)을 가다듬는 것처럼 새로운 습관을 창조하거나 기존 습관을 바꾸려면 의식적이고 체계적으로 노력해야 한다는 뜻이다. 인지 및 노력 시스템이 체계적인 훈련을 통해 습관적인 시스템을 새롭게 프로그래밍할 때 우리 두뇌는 한 걸음 물러서게 된다. 그럴 때 우리는 비로소 어떻게 해야 할지 생각하지 않고서도 스틱을 쥐거나 더 빠른 리스트샷을 구사하게 된다. 이와 관련해 레너드는 이렇게 지적했다. "이 시점에서 학습 효과가 갑자기 드러난다. **하지만 학습 과정은 그 전부터 계속해서 진행되고 있었다.**" 학습이 계속해서 진척되고 있다는 사실을 이해함으로써 우리는 정체기 동안에도 집중력과 낙관적인 태도를 유지할 수 있다. 신경계 내부의 변화, 즉 원하는 발전을 만들어내는 과정은 '정체기' 동안에도 지속적으로 진행되고 있다. 이 이해를 바탕으로 할 때 우리는 정체기를 단지 두려워하거나 견뎌야 할 대상이 아니라 그 역시 소중한 기간으로 평가할 수 있다. 시합 직전의 떨림을 우리 몸이 에너지를 끌어모으고 있다는 증거로 평가할 수 있듯 정체기 역시 '발전을 만들어내는 공장'으로 가치 있게 평가할 수 있다.

훈련의 지연된 효과에 관한 또 다른 유용한 통찰력은 최근 신경해부학 연구에서도 확인할 수 있다. 이 연구들은 우리의 전체 신경계를 구성하는 개별 신경세포인 뉴런의 외부 피복이 뉴런이 활성화될 때마다 성장한다는 사실을 보여준다. 우리가 인간으로서 경험하는 모든 생각과 느낌, 행동은 전기 신호가 복잡한 회로를 구성하는 뉴런의 사슬을 통해 이동하면서 이뤄진다. 지금 당신이 이 장을 읽는 순간에도 일련의 복잡한 전기화학적 반응이 일어나 신경세포의 고속도로와 연결된 눈 뒤의 시신경에서 두뇌의 후두부에 위치한 시각피질로 신호를 전송한다. 우리가 피아노를 치거나, 공을 던지거나, 매출 보고서를 분석할 때도 복잡한 신경 회로가 활성화된다. 이 회로들은 감각 기관으로부터 관련된 정보를 받아들이는 수천 개의 뉴런으로 구성되어 있으며, 이는 다시 수천 개의 더 많은 뉴런과 연결되어 기억과 경험을 기반으로 반응을 결정한다. 그리고 다시 수천 개의 더 많은 뉴런과 연결되어 행동을 촉발한다. 이 신경 섬유를 덮고 있는 것은 미엘린myelin이라는 물질로, 이는 두뇌와 척추에서 생성되는 인지질(지방의 유형을 일컫는 전문용어)이다. 미엘린은 우리가 가정에서 쓰는 구리 전선을 감싸는 절연체와 같은 역할을 한다. 두

꺼운 전기테이프나 절연체가 전류가 좀더 빠르게 구리선을 타고 이동하도록 만들어주듯 자연적으로 생성된 인간 신경계의 두꺼운 "절연체"인 미엘린은 전기화학적 신호가 신경회로를 통해 더 빨리 이동하도록 만드는 역할을 한다. 저널리스트 댄 코일Dan Coyle은 『탤런트 코드』The Talent Code에서 이를 이렇게 설명했다. "미엘린은 신경 섬유를 감싸는 절연체로서 기능하고, 신호의 강도와 속도, 정확성을 높인다. 신경 회로가 더 많이 활성화될수록 더 많은 미엘린이 그 회로를 최적화하며, 우리의 생각과 행동은 더 분명하고, 더 빠르고, 더 유창해진다." 또한 신경 회로가 더 많이 활성화될수록 미엘린이 더 많이 생성되고, 미엘린이 더 많이 생성될수록 신경 회로는 더 효율적으로 기능하다.

이런 관점에서 바라보면 농구공을 던지든 수학 문제를 풀든 법정에서 최후 변론을 하든 간에 성과의 개선은 그 성과를 관장하는 뉴런이 새로운 수준의 효율성을 획득할 때, 즉 뉴런을 통과하는 전기 신호가 예전보다 더 빨리, 더 부드럽게, 더 정확하게 이동할 때 일어난다. 신경 회로의 반복적인 활성화의 결과로 미엘린 절연층이 충분히 두터워질 때 신경 회로를 통과하는 신호의 속도는 최대 100배까지 증가한다.

여기서 한 가지 문제가 있다. 미엘린 절연체가 생성되는 속도는 대단히 느리다. 그 과정은 상당히 시간이 걸린다. 법대생이 계약을 이해하거나 쿼터백이 다음 주에 만날 상대팀의 전략을 파악하려면 그 이해를 관장하는 신경 회로를 계속해서 반복적으로 활성화함으로써 그 회로를 최적화하기에 충분한 미엘린이 형성되어야 한다. 그리고 이를 위해서는 열정적이고 끈기 있는 훈련이 필요하다. NFL의 전설적인 감독 빈스 롬바디Vince Lombardi는 아마도 "성공success이 노력work 앞에 오는 유일한 곳은 사전"밖에 없는 이유를 이해하지 못했겠지만 그럼에도 그는 옳았다. 훈련은 변화를 만들어내고, 그 변화는 천천히, 예상치 못하게 일어난다.

학습 시스템에 대한 레너드의 설명, 그리고 미엘린의 기능과 발달에 대한 신경과학의 발견은 훈련, 특히 현재의 역량을 기반으로 하는 체계적인 훈련이 작고 즉각적인 변화를 만들어내고, 잘 드러나지 않는 이런 변화가 지속적으로 누적되면 특정한 임계점에 도달하면서 주요하고 인식 가능한 변화가 일어나게 된다는 사실을 말해준다. 우리가 연습을 통해 추구하는 연속적이고 성장하는 형태의 발전은 실질적으로 폭발하는 순간이 아니라 정체기에 있는 동안에 일어난다. 그러나 오늘날 즉각적인 충족의 세상이 가치 있게 여기는 것은 혁신적인 폭발뿐이다. 즉, 작고 눈에 띄지 않는 각각의 변화가 임계점에 도달하면서 명백한 폭발로 분출되는 순간만을 중요하게 여긴다. 하지만 실질적인 발전은 정체기 동안 일어난다. 이와 관련해 레너드는 이렇게 결론지었다. "정체기를 사랑한다는 말은 영원을 사랑하고, 필연적인 발전의 폭발과 성취의 결과물을 만끽하며, 그 너머에서 기다리는 새로운 정체기를 담담하게 받아들이는 일을 의미한다. 이는 우리 삶에서 가장 중요하고 영속적인 부분을 사랑한다는 말이다."

당신이 내가 아는 열정적인 경쟁자 대부분과 같다면 아마도 정체기를 "사랑"하지는 못할 것이다. 그렇지만 부디 다른 열정적인 경쟁자들과 마찬가지로 정체기를 받아들이기를 바란다. 즉, 정체기에 힘들게 노력하는 동안 아름답지만 아직 보이지 않는 많은 변화가 표면 아래에서 일어나고 있다는 사실을 이해하길 바란다. 두뇌의 재구성이나 미엘린 최적화 과정에 대해 더 많이 알아야 할 필요는 없다. 다만 의미 있는 흐름이 이어지고 있으며, 머지않아 결실이 모습을 드러낼 것이라는 사실을 마음속 깊이 받아들이면 된다. 일단 이 생각을 이해하고 받아들였다면 첫 번째 승리의 기반을 마련한 셈이다.

2장
확신을 구축하는 과거, 현재, 미래 활용법

넷플릭스와 같은 스트리밍 서비스가 등장하기 한참 전인 1990년대에 사람들은 일주일에 한 번씩 동네 비디오 대여점에 들렀다. 거기서 엄마 아빠는 드라마나 액션 영화를 고르고, 아이들은 전체 관람가 등급의 영화를 골랐다. 나와 내 아내 역시 성실한 부모로서 그런 의식을 행했다. 우리는 〈조강지처 클럽〉이나 〈웨인스 월드〉 혹은 〈미세스 다웃파이어〉와 같은 고전 영화를 들고 집으로 돌아왔다. 그리고 가족 모두 거실 소파에 앉아 이제는 쓸모없어진 비디오 플레이어로 영화를 봤다. 언젠가 한번은 내 두 딸이 고른 비디오를 들고 내게 달려왔다. "아빠, 이거 봐도 될까요?" 그건 짐 캐리와 제프 대니얼스가 열 살 정도의 지능을 지닌 칠칠치 못한 성인으로 나오는 코미디 최신작 〈덤 앤 더머〉였다. 그리 마음에 들지는 않았지만 딸 바보 아빠로서 흔쾌히 허락했고, 별 기대 없이 영화를 봤다. 영화는 예상대로였다(슬랩스틱 개그와 지저분한 농담). 그래도 재미있는 장면이 나오면 되감아 다시 보곤 했다. 한 장면에서는 짐 캐리가 역할을 맡은, 키크고 못생기고 순박한 남성인 로이드가 아름다운 메리를 쫓아간다. 그러고는 어떻게 하면 그녀와 연인이 될 수 있는지 그녀에게 묻는다. 로이드에게 조금도 관심 없는 메리는 상처를 주지 않기 위해 애매모호한 대답으로 부드럽게 거절한다. 그러자 로이드는 사랑이 이뤄질 가능성에 대해 솔직히 대답해달라고 요구한다. 그녀는 말한다. "그리 높지 않아요." 로이드는 묻는다. "100분의 1 정도?" 메리는 이 가엾은 남자의 마음을 아프게 했다는 것을 알면서 이렇게 대답한다. "100만 분의 1에 더 가깝겠군요." 그 대답을 듣고서 로이드는 침을 삼키고는 입술을 깨문다. 그리고 사랑을 위한 자신의 노력이 헛되었다는 사실에 절망한다. 하지만 잠시 생각하고 난 뒤 이가 빠진 자리를 훤히 드러낸 채 크게 웃으면서 이렇게 말한다. "그렇다면 가능성 있다는 거네요!" 그러고는 환호성을 지른다. 로이드는 자신에게 가능성이 남아 있다고 생각하기로 판단 내렸다. 비록 높지 않지만 적어도 '그의 마음속에서'는 축하할 정도로 충분히 높은 가능성이었다. 첫 번째 승리를 거둔 것이다.

이 장면에서 로이드는 누구든 가질 수 있으며, 무관심하고 냉담한 세상에서 확신을 구축하기 위해 갖춰야 하는 가장 중요한 심리적 기술을 보였다. 그는 **선택적으로** 생각했다. 자신의 마음이 에너지와 낙관주의, 열광을 창조하는 생각과 기억만 바라보도록 했다. 100만 분의 1이었지만 그는 그 가능성에 완전히 집중했고, 결과적으로 자신이 세상 꼭대기에 서 있다고 느꼈다. 1장에서 제시한 몸과 마음의 지속적인 연결 덕분에 로이드의 낙관적인 느낌은 그가 계속해서 사랑을 추구하도록 힘을 실어줄 것이었다.

다르게 설명하자면 로이드는 놀랍게도 효과적인 '심리적 필터'를 보여줬다. 그의 모든 생각과 경험이 필터를 통과하면서 그의 일부가 되고, 그의 심리적인 계좌에 영향을 미치게 된다. 이 필터는 심리적 계좌를 위해 두 가지 기능을 한다. 첫째, 에너지와 낙관주의, 열정을 만들어내는 생각과 기억을 허용함으로써 심리적 계좌를 구축한다. 다음으로 둘째, 두려움과 의심, 걱정을 만들어내는 생각과 기억이 들어오지 못하게 차단함으로써 심리적 계좌를 보호한다. 우리는 이런 심리적 필터로 무장한 채 오후에 소프트볼 게임을 즐길 수 있다. 네 타석 중 안타를 한 번밖에 치지 못했다 해도 한 번 출루했다는 사실에 안도하고 즐거워하면서 저녁 시간을 보낼 수 있다. 물론 다음 시합 전에 연습을 통해 타격 자세와 스윙을 좀더 날카롭게 가다듬어야겠다고 생각할 수 있다. 그러나 세 번의 실패에 집착하고 자책하기보다 한 번의 성공에 대한 기억에 주목함으로써 공을 보고 배트를 휘두르는 자신의 신경계에 좀더 긍정적인 이미지를 심어줄 수 있다. 그리고 이를 통해 1장에서 설명한 것처럼 몸과 마음의 긍정적인 연결 고리를 만들어낼 수 있다.

이는 최고 야구선수들의 사고방식이기도 하다. 명예의 전당에 입성한 토니 그윈Tony Gwynn은 경기가 끝난 뒤 이런 심리적 필터를 활용해 자신의 타석 영상을 편집했다. 그는 공을 정확하게 맞힌 영상을 첫 번째 파일에 저장했다. 그리고 두 번째 파일에는 좋은 공이 왔을 때 스윙하거나 나쁜 공이 왔을 때 스윙을 참았던 영상을 저장했다. 마지막 세 번째 파일에는 좋은 공이 왔을 때 배트를 휘두르지 않았거나 나쁜 공이 왔을 때 배트를 휘두른 영상을 저장했다. 그러고는 세 번째 파일의 영상을 즉시, 그리고 영구히 삭제했다. 왜일까? 그윈은 이렇게 설명했다. "커브에서 바보같이 스윙하는 제 모습을 바라보는 거야말로 제게 가장 필요 없는 일이기 때문이죠." 삶의 모든 영역에서 탁월한 성과를 올린 사람들은 이처럼 강력하고 효과적인 자신만의 심리적 필터를 장착하고 있다. 자신에게 실제로 무슨 일이 일어났던 그들은 자신만의 필터를 통해, 그리고 자신이 성공을 향해 나아가도록 도움을 주는 방식으로 과거의 경험을 바라본다. 아무리 사소한 일이라도(가령 훈련하는 동안 어떤 기술을 성공했거나 퀴즈나 보고서에서 좋은 성적을 받았을 때) 그들은 순간적인 성공에 완전하게 주목하고, 이를 바탕으로 노련함과 자부심을 느낀다. 그리고 그런 일이 또 다시 일어날 것이라 기대한다. 아무리 사소하더라도 건설적인 경험이 자신의 필터를 통과해 심리적 계좌로 들어가도록 만든다. 그리고 성공을 거두지 못했을 때 그 기억을 미련 없이 놓아주거나 확신에 부정적인 영향을 미치지 못하도록 새롭게 구성한다.

심리적 필터가 급박한 상황 속에서도 어떻게 효과적으로 기능할 수 있는지 잘 보여주는 사례로 퇴역한 미 육군 대위 존 페르난데스의 경우를 살펴보자. 롱아일랜드 노동자 계층 출신으로, 상냥하고 성실한 존 페르난데스는 2001년 사관학교를 졸업했다. 4학년 시절 그는 올아메리칸(all-American, 미국에서 스포츠에 특출한 재능을 지닌 선수를 선발해 구성한 대학팀이나 그 선수를 일컫는 말─옮긴이)이나 득점이 높은 스타 선수가 아니었는데도 라크로스(크로스라는 라켓을 사용하는 하키와 비슷한 구기 종목─옮긴이)팀 주장을 맡았다. 그리고 2003년 4월, 대위가 된 페르난데스는 자신의 포병대를 이끌고 쿠웨이트에서 북쪽으로 출발해 바그다드로 진격하고 있었다. 당시 그는 '이라크 자유'Iraqi Freedom라는 작전을 수행하고 있었다. 부대는 매우 빠르게 이동했다. 그들은 이틀을 자지 않고 진격한 이후 바그다드 남부에서 하룻밤을 쉬었다. 이후 존은 호위대의 험비 차량에서 잠깐 낮잠을 청했다. 그때만 해도 그가 이라크 전쟁 초기에 벌어진 비극의 일부가 되리라고는 상상하지 못했다.

침낭으로 들어가 잠을 청한 존이 알지 못했던 것은 미 공군 A-10 선더볼트 제트기가 머리 위를 날아가고 있다는 사실이었다. A-10 조종사는 휴식을 취하고 있던 존 페르난데스의 부대를 적군으로 오인했고, 레이저 추적기가 장착된 230킬로그램 규모의 폭탄을 투하했다. 폭탄이 터지면서 잠을 자고 있던 존은 차량 밖으로 날아갔고 양쪽 다리에 심각한 부상을 입었다. 만일 그가 거꾸로 자고 있었더라면 다리 대신 머리에 부상을 입고 목숨을 잃었을 것이다. 구급 헬리콥터로 야전 병원에 이송된 뒤 몇 시간 만에 눈을 뜬 존은 자신의 병사 두 명이 폭발로 사망했다는 충격적인 소식을 들었다. 게다가 오른쪽 다리는 무릎 바로 아래, 왼쪽은 종아리 아래로 절단해야 한다는 절망적인 말을 들었다. 대학 운동선수였던 혈기 왕성한 젊은 남성이 평생을 휠체어에서 보내거나 인공 다리를 달고 걸어 다니게 되었다. 그로부터 몇 년 뒤 존은 내게 이렇게 말했다. "그때 저 자신을 자책하지 않기로 결심했습니다. 그리고 훌륭한 삶을 살아가자고 다짐했죠." 나는 존이 객원 강연자로, 혹은 가족과 함께 라크로스를 즐기기 위해 사관학교를 찾아 생도들에게 이야기하는 모습을 여러 번 지켜봤다. 그는 이렇게 말했다. "정말 별일 아닙니다. 여러분은 아침에 일어나 양말과 신발을 신습니다. 저는 아침에 일어나 다리를 신습니다." 이야말로 정말 놀라운 심리적 필터이다.

이 장에서는 필터를 창조하고 활용하는 방법을 들여다보면서 당신이 일상적으로 심리적 예금 잔고를 최대한 높이고, 확신을 구축할 수 있도록 돕는 과제에 집중한다. 사실 여기서 **구축**Construction이라는 용어는 올바른 표현이 아닐지 모른다. 자신의 심리적 필터를 처음부터 창조해야 하는 것은 아니다. **이미 그런 필터를 갖추고 있기 때문이다. 실제로 우리는 그런 필터를 항상 갖고 있으며, 지금 이 순간에도 활용하고 있다.** 바로 지금 우리의 마음은 외부 세계와 내부 세계로부터 많은 정보를 '받아들이거나 걸러내고' 있다. 우리 마음은 깨어 있는 모든 순간에 주변 세상을 분주히 해석하고, 최근 및 과거 기억을 떠올리면서 내면의 잡담으로 가득한 멈추지 않는 교향곡(혹은 고성을 지르는 싸움)을 지휘한다. 어떤 정보에 '집중'하고 어떤 정보를 '차단'하는지는 우리가 자기 자신을 어떻게 느끼는지, 과연 첫 번째 승리를 거둘 것인지를 결정한다. 우리는 토니 그윈처럼 매일 자신의 모든 경험으로부터 영상 파일을 만들어낸다. 여기서 중요한 질문은 '우리의 심리적 필터가 건설적인 생각과 기억으로 이뤄진 심리적 계좌 잔고를 높이는 방향으로 기능할 것인지, 아니면 노력과 성공, 발전에 대한 생각을 차단하면서 자신에게 불리한 방향으로 기능할 것인지'이다.

　로이드의 경우처럼 필터가 미래를 향한 기대를 만들어내지 못한다면 많은 에너지와 열정을 만들어내는 기억과 생각을 유지하는 것이 비현실적이거나 부적절하다고 믿거나, 다른 이에게는 도움 되겠지만 자신에게는 그렇지 않을 것이라 믿기 때문일 것이다. 실제로 이런 믿음은 우리가 선택한 영역에서 실력을 쌓는 일을 더욱 어렵게 만든다. 그리고 단점과 실패, 불완전함, 즉 우리가 원하는 바와 정반대 것에 집착하도록 만든다. 한번 생각해보자. 성취를 기억하지 않고, 장점에 집중하지 않고, 자신이 원하는 미래를 떠올리지 않는다면 **무엇을 기억하고, 집중하고, 떠올리는가?** 아마도 실패와 좌절일 것이다. 이에 관한 과학은 대단히 명확하다. 우리의 의식적인 마음이 가장 많이 생각하는 것이 곧 우리의 무의식적인 마음이 이해하고 작동하는 방식이 된다. 결론적으로 우리는 가장 많이 생각하는 것을 가장 많이 갖게 된다.

　다행스럽게도 우리는 부정적인 심리 상태에 머무르지 않아도 된다. 심리적 필터의 한 가지 장점은 통제 가능하다는 것이다. 우리는 에너지와 낙관주의, 열정을 창조하는 생각과 기억을 받아들이거나 두려움과 의심, 걱정을 유발하는 생각과 기억을 받아들이도록 선택할 수 있다. 모든 인간에게는 자유의지가 있다. 이 말은 우리가 깨어 있는 동안 의식을 구성하는 생각을 선택할 수 있다는 뜻이다. 또한 '모든 주어진 상황에서 자신의 태도를 선택하는' 능력을 갖고 있다는 뜻이다. 심리학자 빅터 프랭클은 자유의지를 "인간의 자유를 위한 마지막 보루"라고 정의했다. 우리는 삶에서 일상적으로 일어나는 모든 일에서 건설적인 측면을 받아들여 스스로 일으켜 세우거나 부정적인 측면을 받아들여 스스로 위축시킬 수 있다. 여기서 중간은 없다. 그리고 바로 여기서 첫 번째 승리가 시작된다. 나는 당신에게서 모든 것을 빼앗을 수 있다. 하지만 무엇을 생각하고, 무엇을 기억하고, 자신에 대해 무엇을 믿는지 선택하는 능력만큼은 빼앗을 수 없다. 당신은 그 능력을 지금도 갖고 있고, 앞으로도 영원히 갖고 있을 것이다.

　심리적 필터는 세 단계로 작동한다. 가장 먼저, 오래전에 일어났던 일에서 어제 일어났던 일 그리고 5분 전에 일어났던 일에 이르기까지 과거의 기억을 걸러낸다. 다음으로 지금 당신이 어떤 사람이며 무엇을 할 수 있는지에 대한 생각을 걸러낸다. 마지막으로 미래에 대해 어떻게 상상하는지, 무엇을 할 것이며 어떻게 할 것인지에 대한 생각을 걸러낸다. 이 세 단계를 하나로 묶는 것은 다음과 같은 간단한 원칙이다. 그 원칙이란 자신이 선택한 분야에 대해 생각할 때마다 훌륭한 성과를 올리고 궁극적으로 성공을 성취한 것을 떠올려야 한다는 것이다. 당신이 자동차 영업사원이라면 자신의 직업에 대해 생각할 때마다 중요한 거래를 성사시키고 고객에게 멋진 경험을 선사하는 일을 떠올려보자. 그리고 의대생이라면 각각의 과목에서 중요한 기술을 익히고 앞으로 멋진 경력을 쌓아나가는 과정을 떠올리자. 테니스 선수라면 테니스에 대해 생각할 때마다 멋진 샷을 구사하고, 경기에서 이기고, 꿈의 시즌을 보내는 모습을 떠올리자. 물론 이렇게 생각하는 일은 그리 쉽지 않다. 그리고 어느 누구도 100퍼센트 성공하지는 못할 것이다. 하지만 이런 생각에 익숙해질수록 자신의 필터를 통해 심리적 계좌의 입금을 받아들이고 인출은 막으면서 자신을 위한 경쟁력을 끌어올릴 수 있다.

영화 속 가없은 로이드는 활용 가능한 경험이 부족했다. 그리고 일을 올바로 처리하는 재능과 기술도 부족했다. 그의 미래 전망은 가능성이 "100만 분의 1"밖에 안 될 정도로 어두웠다. 하지만 로이드는 자신의 특별한 필터 덕분에 그 낮은 가능성이 실현될 것이라 굳게 믿었다. 나는 이 장을 읽고 있는 당신이 분명 로이드보다 더 많은 경험을 갖고 있을 것이라 확신한다. 그리고 로이드보다 훨씬 많은 재능과 지원 시스템을 갖추고 있다고 생각한다. 성공 가능성도

100만 분의 1보다 훨씬 높을 것이라 기대한다. 그런데 당신의 필터는 로이드만큼 효과적인가? 로이드가 100만 분의 1의 가능성으로 자신의 마음을 채우고 끝까지 사랑을 추구했듯 당신은 과거의 성공과 현재의 발전, 그리고 미래의 성취에 대한 생각으로 자신의 마음을 채우고 있는가? 자신의 유용한 과거 경험과 현재의 자원 그리고 미래의 전망을 로이드의 놀라운 필터와 결합한다면 무슨 일이 벌어질지 상상해보자. 이 장과 이어지는 두 장에서 그런 조합을 만들어내는 방법에 대해 설명할 것이다. 이 장의 나머지 부분에서는 자신의 기억을 관리하고 과거 경험을 걸러냄으로써 심리적 은행 계좌를 구축하고 매일 예금하는 방법에 대해 살펴보겠다. 그리고 다음 두 장에서는 자신을 바라보는 현재의 생각과 원하는 미래에 대한 비전을 걸러내는 방법에 대해 설명할 것이다.

기억 발굴하기

여기서 가장 먼저 해야 할 일은 건설적인 기억이 필터를 통과해 들어오도록 만드는 것이다. 인간은 기억으로부터 동기와 영향을 받는다는 사실은 특별한 비밀이 아니다. 지그문트 프로이트는 어릴 적 기억이 무의식으로 남아 평생 영향을 미친다는 주장을 이론으로 정립했다. 그의 이론은 지금도 뜨거운 논쟁의 대상으로 남아 있지만 프로이트에 완강히 반대하는 이들도 과거 기억이 현재의 행동과 미래의 기대에 영향을 미친다는 사실만큼은 인정한다. 이런 기억은 우리를 확신과 신뢰, 혹은 의심과 우려의 방향으로 나아가게 만든다.

첫 번째 훈련: 나만의 톱텐

자신이 선택한 분야에 처음 뛰어들었던 때를 떠올려보자(여기서 "선택한 분야"란 자신이 중요하게 여기고 능숙해지기 위해 노력하는 영역을 말한다. 가령 스포츠 종목이나 직업이 그런 영역이 될 수 있다). 그 영역에서 활동하면서 어떤 즐거움을 누리고 있는가? 그 활동이 멋지고, 신나고, 흥미로운 이유는 무엇인가? 딱 꼬집어 이야기할 수 없을지 몰라도 자신만의 특별한 느낌은 있을 것이다. 기억을 거슬러 올라가 그 느낌을 온전히 느껴보자. 그리고 그 느낌에 이어 어떤 '그림'이 나오는지 생각해보자. 그 느낌과 함께 나오는 사진, 혹은 마음속에서 재생되는 짧은 영상은 무엇인가? 그것이 바로 자신의 심리적 계좌에 입금된 첫 번째 예금이자 개인적인 부로 커나갈 종잣돈이다. 그것을 공책에 한번 써보길 권한다. 전자 문서나 스마트폰 앱을 사용할 수도 있다. 하지만 연구 결과에 따르면 펜과 종이를 사용할 때 기억에 더욱 강하게 남는다. 공책이나 전자 파일을 가까이 둔다면 아마도 거기에 많은 이야기를 써 넣게 될 것이다.

처음 떠오르는 느낌과 그림은 어떤 것으로 이어지는가? 아마추어든 프로든 대부분 내 고객과 같다면 과거에서 비롯된 다양한 장면은 오랫동안 자신의 마음 뒤에 있었을 것이다. 초심자로서 선택한 영역에 뛰어들었던 즐겁고, 긍정적이고, 아마도 흥분이 되었을 순간, 그리고 어제에 이르기까지 발전해온 과정을 함께 적어보자!

이제 당신은 시작했다. 자신이 확인한 장면 각각과 떠올린 기억 각각은 심리적 계좌로 들어갈 예금이다. 이제 당신은 자신이 선택한 분야와 관련해 힘과 격려를 주는 생각의 합계를 늘려나가고 있다. 이는 확신이 구축되는 기반이자 첫 번째 승리로 나아가는 과정이다.

이제 한 단계 더 올라갈 시간이다. 잊어버린 보석을 발견하기 위해 과거 기억을 들여다보고 그렇게 발견한 보물을 심리적 계좌에 집어넣자. 이는 내가 '톱텐'Top Ten이라 부르는 훈련법이다. 제목이 말해주듯 이는 힘과 영감을 주는 열 가지 기억을 마음의 어두운 구석에서 끌어내고, 이런 생각의 보석을 갈고닦아 광채를 되살리는 작업이다. 먼저 빈 종이를 준비하고 맨 위에 "나의 톱텐"이라고 제목을 적자. 그리고 자신이 선택한 분야에서 성취한 일 열 가지를 목록으로 작성하자. 뛰어난 운동선수라면 경기에서 승리했거나 중요한 득점을 올린 순간이 되겠다. 음악가라면 자신이 연주했던 가장 아름답거나 인상적인 선율을 적어보자. 그것이 거대한 무대 위 공연이든 연습실에서 혼자 했던 연주이든 상관없다. 당신이 '화이트칼라 운동선수', 즉 경제의 바퀴를 돌리기 위해 매일 직장에서 열심히 일하는 수

많은 이 중 한 사람이라면 자신이 완성한 프로젝트, 만족시켰던 고객, 조직의 성공을 위해 기여했던 목록을 적어보자. 학생이라면 최고 점수를 받았던 보고서나 교수에게서 받았던 칭찬, 기발한 아이디어나 이론을 적어볼 수 있겠다. 나와 함께 훈련했던 한 젊은 골프 선수는 자신의 톱텐 목록을 다음과 같이 시작했다.

> 1996년 노스사우스 주니어 대회에서 보여준 완벽한 플레이
> 1996년 MGA 주니어 대회에서 보여준 훌륭한 플레이
> 1997년 BC 오픈에서 했던 모든 퍼팅
> 1998년 캐논컵에서 나무가 많은 지역에서 탈출해 홀컵 3미터 앞에 붙인 웨지샷
> 1999년 로클랜드 주니어 대회 6번 홀에서 승기를 잡고 마무리한 일

심리적 계좌에 들어갈 소중한 예금이라고 해서 반드시 탄성을 자아내거나 깜짝 놀랄 만한 것일 필요는 없다. 월드 챔피언십 우승이나 노벨상 수상이 아니어도 좋다. 자신이 속한 지역 테니스 클럽이 7월 4일에 열린 연례 토너먼트에서 우승을 차지한 일이 아니어도 좋다. 자신의 삶에서 성취한 중요한 일이라면 무엇이든 좋다. 미취학 아동을 돌보고 집 안을 청소하는 주부에게도 자랑할 것이 많다. 가령 아이에게 "플리즈"please라고 말하는 법이나 놀이터에서 친구와 장난감을 갖고 노는 법을 가르치는 일처럼 말이다. 또한 법대생이나 의

생, 예술대생 혹은 자동차공학과 학생은 그들이 지금까지 뭔가를 하고 만들었으며 고급 과정에 들어가기 위해 필요한 지식을 익혔기에 지금 그 자리에 있는 것이다. 톱텐 목록 작성은 우리가 선택적 사고라 하는 중요한 기술을 개발하기 위해 해야 할 많은 훈련 중 첫 번째 단계이다. 일단 목록을 완성했다면 사진도 붙여보자. 자신이 사랑하는 일을 하는 모습이든 자신이 추구하는 의미 있는 성취를 담은 사진이든 상관없다. 다음은 2021년 사관학교를 졸업하고 NCAA 레슬링 토너먼트에 참가했던 바비 힐드라는 레슬링 선수의 톱텐 목록이다. 그의 톱텐은 간단하고도 중요한 순간을 분명하게 보여준다. 맨 위에는 자신의 이름과 자신이 속했거나 들어가고 싶은 팀의 이름이 있다. 그 아래에 성공을 거뒀거나 목표를 달성한 순간의 사진이 있다. 다음으로 톱텐 순간의 목록이 이어진다. 그리고 맨 밑에는 마지막으로 간직해야 할 목표가 나온다.

육군 레슬링팀

바비 힐드

톱텐의 순간

1. 2018년 해군 대회 우승

2. 2015년 NHSCA AA

3. 2018년 UWW 올아메리칸

4. 2014년 첫 번째 스테이트 타이틀

5. 2015년 첫 번째 MOC 타이틀

6. 첫 번째 NCAA에서 드렉셀을 이긴 일

7. HS 소포모 시니어 나이트

8. 두 번째 MOC 타이틀

9. 두 번째 스테이트 타이틀

10. 펜실베이니아주 USMAPS 우승

다음은… 올아메리칸!

톱텐 포스터를 자주 보는 벽에 붙여놓고 자신의 성취와 발전 과정을 떠올리자.

내 고객 몇몇은 처음에 톱텐 목록 작성을 망설였다. 과거의 성취가 지금 시점에 큰 의미가 없다고 생각했다. 고객들은 초반에 자신이 선택한 분야에서 대단히 좋은 성과를 거뒀지만 지금은 그때의 확신을 모두 잃었다고 이야기했다. 다음은 그들과의 일반적인 대화 흐름을 보여주는 시나리오이다.

선수 선생님, 뭘 해야 할지 모르겠어요. 고등학교 시절 내내 주전이었고 3학년 때는 팀 주장이자 MVP였습니다. 2학년과 3학년 때는 득점을 주도하는 대표 선수였고요. 많은 대학팀에서 입

대학을 허가받았고, 작년에는 대학팀 신입생 중 최고 성적을 올렸습니다. 하지만 더 이상 확신이 없습니다. 그만둬야 할 때가 온 것 같아요.

나   고등학교 시절에 활약했던 경기나 대표 선수로서 받았던 상, 혹은 작년에 신입생으로서 올렸던 최고 기록을 떠올릴 수 있나요?

선수   글쎄요. 몇 달 동안 그런 생각은 하지 않았습니다. 오래전 일이니까요.

나   음… 자신에 대해 많은 것을 잊은 것 같군요. 특히 정말 잘해냈던 환상적인 순간을 말이죠. 힘과 편안함의 진정한 원천을 외면하고 있어요.

선수   하지만 모두 지난 일인걸요. 저는 이제 완전히 다른 차원에서 경쟁에 직면해 있고, 그때 이뤘던 성과는 더 이상 중요하지 않습니다. 그때 잘했다고 해서 지금도 잘할 거라는 보장은 없죠.

나   과거에는 작은 연못의 큰 물고기였지만 이제 큰 연못의 작은 물고기가 되었다는 말이군요.

선수   그렇습니다.

나   좋습니다. 그런데 연못과 물고기 비유에서 조금 혼동하고 있는 듯하군요. 예전에 당신이 연못에서 가장 크고, 강하고, 건강한 물고기였다고 해봅시다. 그런데 지역의 어류 및 야생동

물 보호단체가 그물로 당신을 잡아 더 큰 연못에 넣어줬어요. 이제 헤엄칠 수 있는 공간이 더 커지고 먹잇감도 더 많이 생겼습니다. 상상되나요? 좋습니다. 더 넓고 먹잇감이 풍부한, 큰 연못에 들어갔을 때 그 건강한 물고기에게 무슨 일이 생길까요?

선수 아마 더 커지겠죠.

나 맞습니다! 지금 그 일이 당신에게 벌어지고 있어요. 다만 인식하지 못할 뿐입니다. 큰 연못에 들어가면서 더 작아졌다고 생각한다면 곤경에 빠지게 됩니다. 당신은 작은 연못에 있었을 때처럼 여전히 크고, 강하고, 건강한 물고기입니다. 자신이 얼마나 큰 물고기였는지 기억해내야 해요.

선수 오! 그런 식으로 저 자신을 과소평가하고 있었다는 생각은 지금까지 한 번도 하지 않았어요!

'당신'은 얼마나 큰 물고기인가? 톱텐 목록을 완성했다면 이 질문의 대답에 틀림없이 놀라게 될 것이다.

두 번째 훈련: 일일 E-S-P

그렇게 계좌를 만들었다면 이제 예금을 늘리고 손실을 막는 노력을 시작해야 한다. 의학전문대학원 시험을 보거나 풋볼 토너먼트에 참가해야 하는 6개월 뒤 자신이 희망하는 확신의 수준은 매일 높아지거나 낮아질 것이다. 실제로 하루하루는 예금의 원천이다. 그리고 그 원천은 찾고자 한다면 얼마든지 발견할 수 있다.

하루를 마무리하면서 이 책을 읽고 있다면 오늘 있었던 일을 떠올려보자. 오늘을 시작하면서 읽는다면 어제 일들을 떠올려보자. 어떤 경우든 최근의 연습이나 훈련, 공부, 근무 시간은 우리에게 자신의 확신을 구성하는 생각의 합계를 높일 수 있는 기회를 여러 번 준다. 그런 기억을 심리적 필터 속으로 밀어 넣자. (1) 충분히 노력을 기울였다는 자부심 (2) 성취감 (3) 발전하고 있다는 느낌. 이런 느낌을 자신에게 전한 사건이 일어나는 동안 무슨 일이 벌어졌는가? 그리고 그때 무엇을 하고 있었는가?

톱텐을 적은 공책에서 새로운 쪽을 펴고 맨 위에 필터링 작업을 시작할 오늘 날짜를 적자. 그리고 다음 줄 왼쪽 여백에 대문자 E를 적자. 그 옆에 진정으로 최선을 다했던 **노력**Effort의 순간을 적자(연습이나 훈련, 운동, 근무). 이는 한 가지 반복 훈련이 될 수도 있다. 체육관에서 한 운동이나 휴식 시간에도 훈련을 멈추지 않았던 일이 될 수도 있다. 직접 정리한 서류 한 무더기일 수도 있고, 하루를 마치기 전에 정리한 수많은 이메일이 될 수도 있다. 이제 이 질문에 대답해보자. "오늘은 어디서 중요한 일을 했는가?" 오늘 최선을 다한 노력의 순간을 적어보자(둘 이상이라면 모두 적어보자).

그렇게 '노력'칸을 완성했다면 한 칸 띄고 왼쪽 여백에 다시 대문자 S를 적자. 이제 동일한 사건이 일어나는 동안 경험한 **성공**Success, 즉 뭔가를 올바로 했던 순간에 대해 적어보자. 반드시 큰 성공일 필요는 없다. 가령 두터운 수비를 뚫고 넣은 득점, 중간에 쉼 없이 완성한 연속 동작, 벤치프레스에서 수립한 개인 기록, 제시간에 제출한 보고서, 칭찬과 감사를 받은 일, 그날 정산 뒤 확인한 흑자 등. 이 질문에 대답해보자. "오늘 나는 무엇을 훌륭하게 해냈는가?" 아무리 사소할지라도 그렇게 오늘의 **성공**을 적어보자(마찬가지로 여러 가지라면 모두 적자).

'성공'칸을 완성했다면 다시 한 칸 띄고 왼쪽 여백에 대문자 P를 적자. 이제 같은 사건이 일어나는 동안 경험한 **발전**Progress 사례, 즉 완벽하게 하지 못했다 해도 뭔가를 더 잘하게 된 순간을 적어보자. 밀려 있던 주문을 처리했는가? 모든 구간을 목표에 근접한 속도로 달렸는가? 직장동료와 관계를 개선하거나 협상의 결말에 다가섰는가? 다음 질문에 대답하자. "노력의 결과로 나는 무엇을 더 잘하게 되었는가?" 아무리 사소할지라도 오늘의 **발전**에 대해 적어보자(마찬가지로 여러 가지라면 모두 적자).

일일 E-S-PEffort-Success-Progress에 대해 깊이 생각하고 적는 습관을 통해 우리는 적어도 세 가지 건설적인 기억을 자신의 계좌에 집어넣을 수 있다(그리고 얼마나 깊이 생각했느냐에 따라 열 가지 기억을 쉽게 집어넣을 수 있다). 이 단계를 마무리하는 데는 시간이 5분 정도 필요하다. 그러나 이 5분은 매일 우리가 확신을 강화하는 과정에서 분명히 건설적인 도움을 줄 것이다. 이를 자신의 하루 성과에 관해 짧은 하이라이트 영상을 만드는 과제라고 생각해볼 수 있다. ESPN에서 방송되는 축구 스타 매건 러피토의 월드컵 골 모음이나 테니스 스타 로저 페더러의 멋진 샷 모음 영상처럼 말이다. 물론 우리가 매일 이룩한 성공과 발전이 저녁 뉴스에 나오지는 않겠지만 이는 우리의 확신을 구성하는 벽돌이며, 주의를 기울일 가치가 있다. 매일 하이라이트를 기록하고 **그에 대해 스스로 좋은 느낌을 얻음으로써** 미묘하지만 강력한 방식으로 성공과 발전을 만들어내는 행동을 반복하도록 스스로 격려하게 된다. 긍정 심리학 연구 결과에 따르면 숙고의 결과로 자부심이나 흥분, 성취감과 같은 긍정적인 감정을 경험할 때 우리는 행동 범위를 넓히고, 미래에 활용 가능한 자원을 구축할 수 있다.

NHL 골키퍼 앤서니 스톨라스Anthony Stolarz는 떠오르는 선수 시절 매일 이 방법을 활용했다. 그는 한 시즌 내내 연습이나 경기를 마치고 내게 문자메시지를 보냈다. 메시지는 간단하고 직접적이었다("첫 피리어드에서 2 대 1 공격을 막음, 샷을 글러브로 멋지게 잡아냄, 골을 내주고 나서 곧바로 돌아와 마음을 다잡음") 하지만 그것은 그의 심리적 계좌를 위한 소중한 예금이었고, 이 방법을 통해 그는 팀의 주전 선수로 우뚝 섰으며, 아메리칸 하키 리그 올스타 선수로 뽑혔다(현재 NHL 애너하임 덕스에서 뛰고 있다).

한 고객은 내게 이렇게 물었다. "곰곰이 생각해봐도 아무것도 떠오르지 않는다면요? 매일 E, S, P를 발견할 수 없다면요?" 내 대답은 간단하다. 충분히 신중하게 들여다보지 않았기 때문이다. 자신이 했던 업무나 운동/훈련/강의를 시간이나 분 단위로 살펴보자. 진정한 노력을 전혀 하지 않았다고, 적어도 한 가지 사소한 일을 제대로 하지 못했다고, 자신이 했던 모든 일에서 하나도 나아진 게 없다고 말할 수 있는가? 일반적으로 대단히 냉소적이고 부정적인 사람이라도 1분 동안 머리를 쥐어짜면 자신의 훈련이나 하루 일과에서 특별한 순간을 발견할 수 있다.

당신이 자신의 경험에 대해 신중하게 생각하지 않고, 필터를 통해 걸러내지 않았다면 어떻게 될지 잠시 생각해보자. 그렇다. 당신은 계속해서 분주하게 움직이겠지만 자신의 계좌를 늘릴 수 있는, 성과를 낼 시점에 끌어다 쓸 수 있는 긍정적인 기억의 창고를 구축하는 많은 기회를 놓치고 말 것이다. '잃어버린 기회'(필요하기 전에 돈을 써서 장기적으로 벌어들일 수 있는 잠재적 이자를 잃는 일)라는 자금 관리 원칙이 있듯 '잃어버린 기회'라는 심리 관리 원칙도 있다. 우리는 매일 경험을 활용하지 않음으로써 첫 번째 승리를 거두는 기회를 얼마나 많이 놓치고 있을까? 노력과 성공, 발전의 순간이 제대로 인정받지 못한 채 흘러가도록 방치할 때 정체 상황은 우리가 모르는 사이 더욱 길어질 것이다.

세 번째 훈련: 즉각적인 발전 검토Immediate Progress Review, IPR

이 훈련법은 과거 기억을 걸러냄으로써 계좌를 구축하기 위한 마지막이자 잠재적으로 가장 강력한 방법이다. 계좌 잔고를 최대한 높이고 이자를 벌어들이기 위한 시간을 최대한 확보할 때 계좌는 가장 빨리 성장할 것이다. 이 단계에서는 업무나 연습 혹은 운동이 끝난 뒤가 아니라 그런 활동을 하는 **동안** 건설적인 기억에 대해 검토하고 걸러내는 기회를 활용하게 된다.

자신이 선택한 분야가 스포츠 종목이라면 일반적인 훈련 시간에 대해 생각해보자. 일반적으로 훈련은 일련의 연습을 비롯해 코치의 지시에 따른 다양한 활동으로 구성되며, 이 활동은 선발로 출전하고 (혹은 선발을 유지하고), 다음 대회를 준비하고, 궁극적으로 승리라는 목표를 향해 발전해나가는 과정이다. 당신이 학생이라면 일상적인 날들에 대해 생각해보자. 그런 날들은 일련의 강의와 실험 및 공부 시간으로 이뤄진다. 그리고 이런 활동은 학위를 취득하겠다는 목표를 향해 발전해나가는 과정이다. 앞서 언급했던 "화이트칼라 선수"라면 사무실이나 업무 현장에서 보내는 일상적인 나날을 생각해보자. 그런 날들은 동료 및 고객과의 회의로 이뤄질 것이며, 각각의 구분된 시간에 당신은 책상에 있거나 전화를 받거나 다음 회의로 이동할 것이다. 이 모든 활동은 조직에 기여하고, 고객과 고객의 요구를 충족시키며, 자신의 생계를 유지하는 목표를 향해 발전해나가는 과정이다. 이처럼 다양한 활동 과정 속에서 우리는 재빨리 성과를 검토하고, 기억을 걸러내고, 심리적 계좌에 예금하는 기회를 갖게 된다. 그리고 그 기회의 횟수는 일상적인 하루를 구성하는 다양한 활동 유형에 따라 상당히 많을 수도 있다.

　당신이 고등학교나 대학교 혹은 프로 무대에서 활동하는 농구선수라고 해보자. 당신은 훈련에 강한 의지를 갖고 제시간에 훈련장에 도착해 유니폼을 입고 신발 끈을 묶는다. 코치는 준비 운동으로 훈련을 시작하고, 다음으로 첫 번째 과제를 제시한다. 수비수가 없는 상황에서 드리블하다가 슛을 쏘는 것이다. 이 과제를 열 번 수행하고 나면 코치는 호루라기를 불고 다시 두 번째 과제를 제시한다. 베이스라인 수비 풋워크 훈련이다. 바로 이 순간, 즉 두 번째 과제로 넘어가기 직전에 당신은 가장 중요한 즉각적인 발전 검토를 실행하게 된다. 이때 첫 번째 과제에서 했던 일을 간략히 떠올리고 걸러낸다. 일일 E-S-P를 수행하면서 최고의 순간이나 하이라이트를 걸러내는 것과 마찬가지로, 이번에는 두 번째 과제로 이동하면서 열 번 반복했던 슛을 떠올리며 그중 최고의 슛에 집중한다. 풋워크 동작을 위해 베이스라인 쪽으로 달려가는 동안 최고의 슛을 떠올리면서 마음속에 저장한다. 이를 통해 건설적인 생각의 예금을 적립하고 이에 대해 긍정적인 느낌을 얻을 수 있다. 이는 순간적인 인식으로, 마음의 눈으로 찍는 사진이나 짧은 영상 혹은 소문자 h로 시작하는 '하이라이트'이다. 하지만 마찬가지로 건설적인 생각이며 우리가 더 많이 원하는 것이다. 많은 연구 결과에 따르면 **더 많이 원하는 대상에 대한 생각은 실제로 그것을 더 많이 얻기 위한 노력의 첫 번째 단계이다.**

이제 당신은 두 번째 과제를 수행하고 있다. 아마도 여섯 번 혹은 여덟 번 반복하고 있다. 코치는 다시 한 번 호루라기를 불고 세 번째 과제를 제시한다. 실제 경기 속도로 패스하는 일이다. 당신은 다시 한 번 세 번째 과제를 위해 이동하면서 방금 끝낸 과제에서 가장 잘했던 부분에 대한 기억을 재빨리 검토하고, 거르고, 집중한다. 어쩌면 그리 인상적인 부분이 없었을 수도 있지만 분명히 일부는 다른 것보다 나았을 것이다. 그것 역시 소문자 h의 하이라이트이며, 당신은 이를 자신의 계좌에 즉각 적립해야 한다. 이제 패스 과제를 위해 준비 자세를 취하는 동안 수비 풋워크를 좀더 긍정적으로 느낀다.

전체 훈련 시간에 걸쳐 과제-필터, 과제-필터, 과제-필터의 순서를 따른다면 당신은 직전 과거에 이룩한 발전을 효과적으로 검토할 수 있다. 그래서 이 방법의 이름이 즉각적인 발표 검토이다. 코치가 훈련을 마무리하면서 몸을 풀도록 할 때, 당신은 소문자 h의 하이라이트를 수십 개 적립하게 된다. 그리고 라커룸으로 돌아와 공책이나 태블릿을 꺼내 일일 E-S-P를 기록한다면 어마어마한 양의 자료를 확보하게 될 것이다. 이제 당신은 훈련 과정을 좀더 쉽게 검토하고, 전반적이고 재빠르게 그날의 E, S, P를 확인할 수 있다. 게다가 마지막 과제에서 최고의 실행에 대한 기억을 갖고 다음 과제로 넘어감으로써 그렇게 하지 않았을 때보다 전반적으로 나은 훈련을 할 수 있다.

왜일까? 자신의 생각을 건설적으로 통제함으로써 스스로 더 나은 감정 상태로 이동했기 때문이다. 물론 코치는 여기저기서 실수를 지적하겠지만 훈련이 진행되는 과정에서 당신은 최고의 실행을 지속적으로 발견하는 일에 충분히 익숙해지게 된다.

다시 한 번, 각각의 과제 뒤 IPR를 수행하지 않을 때 벌어질 일에 대해 생각해보자. 당신이 내가 이 방법을 가르친 수백 명의 고객과 비슷하다면 특정 과제에서 최고가 아니라 '최악의 실행'을 기억하는 나쁜 습관을 개발했을 것이다. 당신은 놓친 샷, 바보 같은 실수 혹은 첫 번째 과제에서 두드러지게 드러난 불완전함에 대한 기억과 더불어 두 번째 과제로 넘어갈 것이다. 여기서 다시 한 번 과학은 우리에게 **더 많이 생각할수록 더 많이 얻는**다라는 이야기를 들려준다. 이 말은 특히 그 생각이 강력한 수준의 감정과 연동될 때 더욱 진실하다. 당신은 틀림없이 스스로 높은 기대를 갖고 있을 것이며, 발전하고 성공하기를 진심으로 원할 것이다. 그러나 자신이 스스로 어떤 감정적 에너지를 전달하는지에 대해 신중할 필요가 있다. 그것이야말로 자신이 더 많이 얻기를 요구하는 것이기 때문이다.

분야를 떠나 누구나 IPR 기술을 활용할 수 있다. 앞서 소개한 농구선수가 활용한 과제-필터, 과제-필터, 과제-필터의 연속은 의대생이나 재무분석가 혹은 지붕수리공에게도 도움이 된다. 여기서 우리가 해야 할 일은 농구선수의 훈련 과제에 해당하는 자신의 활동을 확인하는 것이다. 가령 수업을 마친 학생은 수업을 시작했을 때보다 훨씬 편안하게 느끼게 된 한두 가지 지점을 발견할 수 있다. 내가 사관학교의 생도 운동선수들에게 강의 경험을 필터링하는 작업이 스포츠 훈련을 필터링하는 것만큼이나 도움 된다고 설명했을 때, 그들은 모두 그런 생각은 한 번도 해본 적 없다고 반응했다. 그러나 그건 명백한 사실이다. 그들이 어떤 이론이나 개념을 이해하게 되었다는 사실을 스스로 상기하면서 경제학 수업이나 기계공학 수업 강의실을 떠난다면 그 과목과 관련해 조금 더 확신을 가질 수 있다. 또한 전반적으로 나아진 태도를 바탕으로 다음 수업을 준비하게 된다. 반면 대부분 학생의 습관처럼 그 과목이 얼마나 어려운지, 그리고 다음 시험이 얼마나 까다로울지 생각하면서 강의실을 떠난다면 불안한 심리 상태에서 다음 수업을 준비하게 될 것이다. 이제 선택해야한다. 자기 자신과 자신이 처한 상황에서 최고를 모색할 것인가(가령 강의 내용을 정확하게 이해하지는 못했지만 적어도 교수님이 칠판에 적은 첫 번째 방정식은 이해했다는 사실을 떠올리면서), 아니면 그런 이해와 그것이 가져다줄 도움을 외면할 것인가?

자신의 삶에서 무엇이 이 '훈련 과제'와 비슷할까? 신속한 검토와 건설적인 기억을 예금하는 기회를 가져다주는, 업무나 개인적인 상황의 독특한 측면에는 어떤 것이 있을까? 내가 이런 이야기를 강의실을 가득 메운 신경외과 의사들에게 들려주자 그들은 기나긴 가능성의 목록을 곧바로 제시했다. 환자와의 만남, 팀원들과의 면담, 각각의 완치 사례, 현장 수술 보고서는 모두 에너지와 낙관주의 그리고 열정의 원천으로 기능할 수 있다.

세 가지 훈련, 즉 톱텐 목록과 일일 E-S-P, 즉각적인 발전 검토는 오래전이나 직전의 기억 대부분을 만들어내는 방법이다. 이 훈련법 중 어느 것도 많은 시간을 요구하지 않는다. 그리고 인정하자. 이 모든 방법은 전혀 복잡하지 않다. 매일 혹은 매 순간 자기 자신에게서 최고의 모습을 발견해내려는 의지가 필요할 뿐이다. 성공하려면 실수와 결함을 기억해야 한다고 믿고 자란 많은 이에게 이런 훈련법은 습관의 중대한 변화를 뜻한다. 하지만 기존의 사고 습관은 당신을 위해 얼마나 효과적으로 기능하는가? 자신에게 무슨 일이 벌어지든 이런 사고 습관으로 매일 확신을 얻고 있는가? 아니면 밥 로텔라 박사가 자신의 책 『열다섯 번째 클럽의 기적』 *Your 15th Club*에서 말했듯 "지금 당신의 사고방식은 당신이 추구하는 성공의 수준과 일치하는가? 자신이 얼마나 잘할 수 있는지 발견할 수 있도록 도와주는가? 그리고 당신은 그 사고방식을 과감하게 바꿀 수 있는가?"

이제 용감하게 도전해보자! 자신의 기억을 관리함으로써 최대한 많은 '돈'을 자신의 심리적 계좌에 적립하자.

3장
나는 내가 생각하는 대로 된다

나는 800을 1:56에 달린다.

나는 800을 1:56에 달린다.

나는 800을 1:56에 달린다.

이것은 올림픽 유망주 알레산드라 로스^{Alessandra Ross}가 2000년 미국 올림픽 육상 선발전을 앞두고 9개월 동안 현관문을 나서면서 스스로 다짐한 말이다. 당시 알레산드라는 800미터 달리기 종목에서 올림픽 대표팀에 들어가기 위해 훈련하고 있었다. 그 선발전은 특히 속도와 끈기를 요구하는 가혹한 테스트였다. 당신이 전력 질주로 800미터를 달려본 적 없다면 최고 속도로 400미터를 달리고 난 뒤 최고 속도의 8분의 7로 다음 200미터를 달렸다가, 다시 마지막 힘을 끌어모아 200미터를 전력 질주하는 모습을 상상해보자. 가능하다면 한번 시도해보는 것도 좋다. 그러면 아마도 세계적인 수준으로 이 경주를 펼치는 알레산드라 로스와 같은 선수를 무한히 존경하게 될 것이다.

선발전을 6개월 앞두고 알레산드라의 800미터 개인 기록은 2:02.82였다. 알레산드라는 훈련이나 단독 기록에서는 미국 최고 선수들에 뒤지지 않았으나 당시 전국 순위는 7위에 그쳤다. 자신의 최고 기록을 6초나 앞당기겠다는 '나는 800을 1:56에 달린다'라는 주문으로 그녀는 자신에게 무슨 메시지를 전하고 싶었던 걸까? **사실 알레산드라는 앞 장에서 소개한 훈련법을 실행에 옮겼다. 그것은 800미터 경주에 대한 자신의 생각을 자신이 바라는 성과의 수준과 자신이 최종적으로 달성하고자 했던 기록 수준과 일치시키려는 노력이었다.** 그 과정에서 알레산드라는 자신의 '심리적 필터' 활용을 다음 단계로 끌어올렸다. 즉, 과거의 건설적인 기억을 확실하게 만드는 작업에서 '현재' 루틴을 만들고 예금을 적립하는 작업으로 넘어갔다. 이는 첫 번째 승리를 거두기 위한 다음 단계이다.

우리의 기억이 정신적인 삶에서 대단히 중요한 부분을 이루고, 앞서 확인했듯 심리적 은행 계좌의 잔고를 높이는 과정에서 대단히 중요하게 기여하지만 우리 자신에 대한 생각과 **현재의** 자신에 대해 스스로 하는 수많은 말은 이보다 훨씬 중요하다. 1장에서 언급했듯 우리가 **지금** 자신에 대해 갖고 있는 생각(자신이 얼마나 유능하고, 똑똑하고, 노련한지에 대한 생각)이 우리의 행동을 통해 드러나고, 우리가 그 생각을 떠올릴 때마다 확장되고 강화되는 순환 과정은 인간 존재의 기반이다. 우리가 자신의 재능과 기술, 역량에 대해 지닌 의견이나 믿음은 우리를 가두는 벽으로 기능할 수도 있고, 새로운 성취를 향해 나아가는 문으로 기능할 수도 있다. 이 장에서는 심리적 필터링 과정을 어떻게 현재 순간으로 확장하고, **지금의** 자신에 대한 생각으로 확신을 구축하는 힘을 강화하는 방법에 대해 설명하고자 한다. 또한 알레산드라 로스가 어떻게 올림픽 선발전을 헤쳐 나갔으며, 이후 삶의 더욱 중요한 시합에서 어떤 성과를 거뒀는지 살펴보고자 한다.

생각과 행동 그리고 확신으로 이어지는 주기에 대해 사관학교 생도들에게 설명할 때, 일반적으로 나는 1학년 필수 체육 과목인 'PE 117 밀리터리 무브먼트' 첫 경험에 대해 이야기해보게 한다. 밀리터리 무브먼트 과목에 대해 사관학교 체육학과 웹사이트에는 이렇게 설명되어 있다. "생도들에게 다양한 기본 운동 기술을 알려주기 위한 열아홉 가지 레슨 과정. 이 과정은 많은 생도가 육군사관학교는 물론 이후 육군으로서의 경력에서 마주할 운동이나 군사 활동을 위한 기반이 되어줄 것이다." 한편 생도들은 밀무브를 좌절과 고난의 훈련이라고 설명한다. 여기서 그들은 열아홉 개 레슨 과정에서 단계별로 균형 잡기, 텀블링, 오르기 과제를 수행해야 하고, 마지막 스무 번째 레슨에서 실내 장애물 코스 테스트Indoor Obstacle Course Test, IOCT

라는 시험을 통해 그동안 익힌 모든 기술을 얼마나 잘 활용할 수 있는지 보여줘야 한다. **반드시** 통과하지 않으면 재수강해야 하는 이 시험에서 생도들은 장애물 열한 개를 최고 속도로 기고, 오르고, 달려야 한다. 남성은 3분 30초, 여성은 5분 29초 안에 통과해야 한다. 이 모든 과정은 사관학교에서 가장 오래된 체육 훈련시설인, 유서 깊지만 다소 낡은 헤이즈 체육관에서 이뤄진다. 모든 생도는 1910년에 지어진 이 체육관에서 기고, 뛰고, 도약하고, 균형을 잡고, 오르고, 마지막으로 350미터를 전속력으로 달리는 동안 소위 "헤이즈 폐"Hayes lung라고 하는 가슴이 터질 듯한 특별한 경험을 하게 된다.

나는 생도들에게 이렇게 물었다. "밀무브 첫날 출석을 확인하려고 줄 서 있을 때, 그리고 매트와 클라이밍 로프, 뜀틀을 비롯해 헤이즈 체육관에 설치된 다양한 기구를 살펴볼 때 무슨 생각이 들던가요?" 나는 그때 생도들이 자신에게 무슨 말을 하고 있었는지 알고 싶었다. 즉, 도전 과제를 앞두고 자신을 어떻게 생각했는지 알고 싶었다. 예전에 체조와 텀블링, 클라이밍 활동을 해본 적 있는 생도 소수는 일반적으로 이렇게 대답했다. "아주 멋진 거대한 놀이터 같아 보였어요!" 그들은 힘들지만 아주 재미있을 것이라 말하면서 밀무브가 가장 흥미로운 과목이 될 것이라는 믿음을 드러내 보였다. 반면 대부분 생도, 특히 몸집이 큰 남성(전직 풋볼 선수들)이나 몸집이 왜소한 여성들은 이런 식으로 대답했다. "밀무브을 보고 가장 먼저 든 생각은 이랬습니다. 예전에 이런 것들을 해본 적 없고 내게는 잘 맞지 않을 테니 이번 과정은 정말 지옥 같을 것이다!" 흥미롭고 재미있을 거라고 자신에게 말하면서 밀무브를 시작한 소수와 달리, 대다수 생도는 스스로 어떻게든 버텨내야 한다고 말하면서 밀무브 과제를 시작했다. 그리고 초반의 믿음에서 드러난 차이는 인간 행동의 보편적인 원칙, 즉 자기 충족적 예언의 두 가지 형태를 보여줬다.

이 주제를 놓고 생도들과 나눈 대화는 대개 다음과 같은 흐름으로 이어졌다.

나　　　　텀블링과 균형 잡기, 클라이밍이 자신에게 어울리지 않는 활동이라고 생각했다는 사실을 감안할 때, 각각의 활동에 노력과 에너지를 얼마나 많이 투자했습니까?

생도　　　약간요… 많이는 아니고… 그냥 뒤처지지 않을 정도로요.

나　　　　그래서 학점은 어땠나요?

생도　　　그럭저럭요… C로 통과했습니다.

나　　　　당신은 거기에 잘 맞지 않을 거라고, 그리고 형편없을 거라는 생각으로 시작했습니다. 당연하게도 그런 생각은 그저 그런 노력으로 이어졌고, 그저 그런 노력은 그저 그런 학점으로 이어졌어요. 결국 자신의 생각이 옳았다고 증명한 셈이군요. 자신은 밀무브 과제를 잘해내지 못할 거라는 생각을 말이죠.

생도들은 대개 그렇다는 듯 고개를 끄덕인다. 그들 표정에서 이런

메시지를 읽을 수 있다. '네, 그런 생각은 항상 맞아떨어졌던 것 같아요.'

그러면 나는 밀무브 과정 첫날에 똑같은 대기 줄에 서서 똑같은 매트와 로프, 뜀틀을 둘러보고 있던 다른 생도의 경험에 대해 설명함으로써 결정적인 말을 제시한다. 자신은 밀무브 과제를 잘해내지 못할 거라고 생각한 첫 번째 그룹 생도와 달리 다른 그룹의 생도는 이렇게 생각했다. '내가 잘하는 것들이군. 실력을 보여주겠어.' 그리고 이런 믿음은 그들이 에너지를 마음껏 발산하도록 했다. 그런 식으로 생각한 다른 생도의 경우, 새로운 기술을 배우는 데 내적 저항이 적었고, 초반에 몇 번 실패하긴 했지만 더욱 강한 끈기를 발휘해 결국 성공해냈다. '내가 잘하는 것들이군'이라는 초기 믿음에 따른 전반적으로 더 많은 노력은 거의 확실하게도 더 나은 최종 성적으로 이어졌다. 그렇게 이 다른 그룹 역시 첫 번째 그룹과 마찬가지로 자신의 초기 믿음과 더불어 그들의 생각이 옳았다고 입증했다.

이런 이야기를 듣고 곰곰이 생각하면 생도들의 마음속에서 다음과 같은 새로운 통찰력이 서서히 모습을 드러내기 시작한다. '어쩌면 특정 상황에서 자신과 관련해 스스로 말한 자기 자신에 대한 믿음이 결국 그 상황에서 실제로 경험하게 되는 일을 결정하는지도 모른다.' 이런 면에서 "생각하는 대로 된다"라는 속담에는 진실이 담겨 있다. 자기 충족적 예언의 세계에 온 것을 환영한다.

『옥스퍼드 분석사회학 핸드북』*Oxford Handbook of Analytical Sociology*에 따

르면 "자기 충족적 예언"은 1948년 미국 사회학자 로버트 머튼Robert Merton이 "믿음이나 기대가 맞든 틀리든 간에 원하거나 기대된 결과를 가져다주는 방식"이라는 개념을 설명하기 위해 만들어낸 용어이다. 여기서 머튼은 또 다른 미국 사회학자 윌리엄 아이작 토머스 William Isaac Thomas의 보다 이른 연구를 기반으로 삼았다. 1928년 토머스는 나중에 토머스 법칙이라고 알려진 이론을 통해 이렇게 말했다. "우리가 상황을 정의할 때, 그 정의는 실제 결과가 된다." 이 정의 속에는 사관학교의 밀무브 수업이든, 직장에서 다가오는 연례 성과 검토이든, 배우자/애인의 외모이든 간에 특정한 상황에 대한 믿음이나 기대가 실질적인 결과를 가져온다는 생각이 담겨 있다. 우리가 특정 상황과 관련해 지닌 생각과 기대('잘 못 할 것 같다' vs. '잘할 수 있다')는 '예언'을 구성하고, 일어날 상황에 대한 이런 예언('끔찍할 거야' vs. '실력을 보여주겠어')은 행동에 동기를 부여하고 에너지를 가져다준다(최소한의 노력 vs. 호기심과 끈기). 그리고 이런 동기와 에너지는 기대된 결과로 이어지면서 초기의 예언을 '충족'시키게 된다.

　인간 삶에서 이 같은 근본적 사실은 거의 모든 활동 속에서 다양한 모습으로 나타난다. 학생의 경우, 가령 수학과 과학은 잘하지만 영어와 역사는 못한다고 생각할 때 자기 충족적 예언의 희생양이 될 수 있다. 마찬가지로 운동선수는 경기의 특정한 부분(농구의 수비나 테니스의 포핸드)은 잘하지만 다른 부분(자유투나 서브)는 잘 못 한다고 자신에게 말할 때 그 희생양이 된다. 컴퓨터 프로그래밍부터 장거리

주행에 이르기까지 다양한 비즈니스 세계에서 살아가는 이들은 아무리 짧은 순간이라도 내면의 목소리가 '오, 이런. 또 시작이군'이라고 말할 때 그 희생양이 된다. 잠시 자신의 경기나 업무 혹은 자신이 특히 잘하는 기술이나 능력에서 최고의 부분에 대해 생각해보자. 당신은 그 분야에서 얼마나 잘하는지 습관적으로 떠올리면서 자신의 역량과 가능성에 대해 긍정적인 느낌을 얻는가? 아니면 반대로 자신이 경기나 업무의 특정한 측면을 얼마나 싫어하는지, 특정한 상황에서 자신이 얼마나 비효율적인지를 습관적으로 떠올리는가? 이런 습관이 자신에게 어떤 영향을 미치는지 알고 있는가? 그리고 지난 장 마지막 부분에서 던졌던 질문을 다시 한 번 반복해보자. '당신은 그 습관을 과감하게 바꿀 것인가?'

자기 충족적 예언의 힘과 그 영향력은 인류 역사에 걸쳐 알려져 있다. 그리스 신화 속 오이디푸스와 피그말리온은 자신과 다른 사람에 대한 초기 믿음이 어떻게 비극적인 결과(오이디푸스의 경우)와 성공적인 결과(피그말리온의 경우)로 결과로 이어지는지 상기시켜준다. 기원전 2세기 로마 황제 마르쿠스 아우렐리우스는 자기 충족적 예언에 대한 이해를 자기계발에 관한 고찰과 글로 표현했으며, 이는 『명상록』이라는 책으로 이어졌다. 여기서 그는 이렇게 말한다. "우리 삶은 우리의 생각이 만들어낸다." 그리고 "행복은 생각의 차원에 달렸다." 킹 제임스 성경의 잠언 23장 7절은 이렇게 말한다. "대저 그 마음의 생각이 어떠하면 그 위인도 그런즉." 또한 셰익스피어는 왕이 부주의하게 충족시킨 예언을 중심으로 자신의 유명한 배역 맥베스를 창조했다. 그리고 그 예언은 결국 비극적인 종말로 이어지고 말았다. 19세기 미국의 초월론자 랠프 왈도 에머슨Ralph Waldo Emerson은 노예제 폐지와 아메리카 원주민의 권리, 인류의 보편적 발전에 대해 역설하면서 이렇게 말했다. "인간이란 그가 온종일 생각하는 것이다." 좀더 최근 사례로, 뉴에이지 작가 메리앤 윌리엄슨 Marianne Williamson과 웨인 다이어Wayne Dyer는 독자들에게 그들이 자신에게 하는 이야기, 그리고 그들이 스스로 만들어낸 이야기를 주의 깊게 들여다볼 것을 권했다.

새것이든 옛것이든, 고전적인 것이든 현대적인 것이든 이런 표현은 모두 한 가지 주제를 중심으로 한 다양한 사례이다. 우리는 깨어 있는 동안 자신에 관한 이야기를 자신에게 하고, 이는 거의 자동적이고 무의식적으로 다양한 예언을 만들어낸다. 우리가 자신에게 하는 말과 이야기는 모두 확신이라는 심리적 계좌로 들어가 잔고를 높이거나 낮춘다. 그렇기 때문에 첫 번째 승리를 쟁취하려면 우리가 자신에게 하는 이야기, 즉 자신을 정의하고, 강화하고, 동기를 부여하기 위해 사용하는 지배적인 이야기를 파악해야 한다. 그다음 그런 이야기가 마지막 장에서 살펴봤던 기준을 충족시켜 심리적인 필터를 통과하도록 만들어야 한다. 즉, 에너지와 낙관주의, 열정을 창조하는 이야기로 만들어야 한다.

스탠퍼드 대학교 심리학자 제프리 코헨Geoffrey Cohen과 캘리포니아 대학교 심리학자 데이비드 셔먼David Sherman의 설명에 따르면, 30년 이상 체계적으로 이뤄진 심리학 연구 결과 사람들이 자신의 가치를 확인하고 **현재의** 자신에 관해 건설적인 내용으로 이야기를 구성할 때, "진정한 자아에 대해 포괄적인 이야기"를 만들어낸다. 두 사람은 연구를 통해 금연과 학업, 대인관계 및 다이어트를 포함하는 다양한 행동 변화에 자기 확언self-affirmation이 미치는 긍정적인 효과를 발견했다. 자기 확언 기술을 통해 진정한 자아에 대해 폭넓은 인식을 구축한 이들은 새로운 기술을 익히는 데 열중하고 난관에 좀더 효과적으로 대처한다. 셔먼은 연구를 통해 이렇게 결론지었다. "그러므로 자기 확언은 방어적인 태도와 스트레스의 감소, 그리고 긍정적인 행동 변화의 강화와 좀더 나은 성과의 차원에서 자기 발전으로 이어진다."

하버드 대학교 심리학자 알리아 크럼Alia Crum과 엘렌 랭어Ellen Langer는 호텔 근로자의 태도 변화가 건강에 미치는 영향에 대한 연구를 통해 이와 비슷한 결론을 도출했다. '나는 규칙적으로 운동하지 않는다'라는 생각에서 '나는 매일 15분 동안 청소하면서 규칙적으로 운동한다'라는 생각으로 전환하는 것만으로 호텔 근로자 마흔네 명은 한 달 만에 체중이 평균 0.9킬로그램 줄었고 수축기 혈압이 10포인트 떨어졌다. 반면 같은 호텔에서 같은 일을 하지만 업무를 운동으로 생각하라는 조언을 듣지 않은 대조 그룹 근로자들이 같은 기간 동안 경험한 신체적 변화는 이보다 훨씬 미미했다. 두 그룹 모두 업무 외에 추가적인 운동은 하지 않았다고 보고했으며, 어느 그룹도 업무량이나 할당된 과제를 처리하는 속도를 변경하지 않았다. 이에 대해 크럼과 랭어는 이렇게 결론 내렸다. "마음가짐이 건강에 영향을 미친다는 것은 분명한 사실이다."

　이제 잠시 숨을 고르고 오늘 하루 동안 마음 뒤에서 어떤 이야기와 말이 들려왔는지 곰곰이 생각해보자. 그 목소리는 이렇게 속삭이는가? 중요한 일이 다가오면 '그걸 망치지 않는 게 좋을 거야.' 혹은 이렇게 말하는가? 힘든 연습이나 훈련 시간이 끝나고 잠시 휴식을 취할 때 '왜 코치들은 항상 내 앞에 있는가?' 아니면 테니스공이 코트 밖을 벗어났을 때 이렇게 소리쳤는가? '바보야! 우리 할머니가 해도 그것보다는 낫겠다!' 아니면 자신이 바라는 느낌이나 그 순간에 경험하고자 했던 결과를 계속해서 확인했는가? (즉, '마음속으로 다짐했는가?') 그리고 중요한 일이 다가올 때 '나는 모든 새로운 상황에서 새로운 결심과 이해를 갖추고 대처한다'라는 말로 스스로 격려했는가? 또는 '매번 지적받을 때마다 점점 더 나아지고 있다'라는 말로 훈련을 마친 뒤에 건설적인 관점을 유지하도록 스스로 도왔는가? 테니스 경기에서 실수한 이후 '일단 한 점을 따면 다음 한 점으로 넘어갈 수 있다'라는 말로 다시 집중하도록 만들었는가? 우리가 '경험하길 원하면서도 현재 일어난 것처럼 표현된 현실'에 관해 자신에게 하는, 이와 같은 확언은 온종일 심리적 계좌에 자주 예금하기 위해 활용할 수 있으며, 도둑과 적을 동지와 협력자로 바꾸는 데 사용할 수 있는 보편적인 자기 충족적 예언이다.

자기 충족적 예언이 자신을 위해 일하도록 만들기: 심리적 예금 전표 작성하기

지금까지 우리는 자신에 관해 스스로 하는 말과 이야기가 삶의 과정, 다양한 과제와 행동에 투자하는 에너지와 노력, 자신이 난관에 대처하는 방식에 영향을 미칠뿐더러 생리적인 변화까지 촉발한다는 사실을 살펴봤다. 이제 그런 깨달음을 충실하게 활용해 첫 번째 승리를 거둬야 할 시간이다. 어떤 성과를 올리고 싶은지, 그리고 아직 결정되지 않은 미래가 아니라 지금 이 순간 어떤 존재가 되고 싶은지와 관련해 자신에게 건설적인 이야기를 들려줘야 할 시간이다.

우선 스스로 만족할 수 있는 자신의 기술이나 재능, 특성을 떠올리면서 시작하자. 아마 몇 가지가 떠오를 것이다.

자신이 하키 선수라면 '나는 빠르고 정확하게 샷을 날린다' 혹은 '나는 믿음직한 수비수이다'라고 말할 수 있겠다.

그리고 골프 선수라면 '나는 그린을 잘 읽는다' 혹은 '내 중간 아이언 샷은 대단히 일관적이다'라고 말할 수 있다.

조직을 이끄는 리더라면 '나는 반대 의견을 신중하게 다룬다' 혹은 '조직의 비전을 팀원들에게 잘 전달한다'라고 말할 수 있겠다.

축하한다. 이제 당신은 첫 번째 확언을 완성했다.

이제 위 사례들을 한번 살펴보자. 이 문장은 모두 개인적인 것이다. 다시 말해 '나'를 중심으로 이뤄져 있다. 이는 대단히 중요한 사실이다. 확신을 구축한다는 것은 '자신의 개인적인' 심리적 은행 계좌, 즉 '자신에 관한 전반적인 생각'을 구축한다는 의미이다. 이 말은 보편적이고 비인격적인 문장, 가령 '반대 의견을 신중하게 다루는 것은 훌륭한 일이다'와 같은 문장은 확신을 구축하는 데 도움이 되지 않는다는 뜻이다. 이 문장은 전적으로 참이지만 확신을 구축해야 할 주인공인 '나'에게 초점이 맞춰져 있지 않다. 확언이 효과를 발휘하고 심리적 계좌를 실질적으로 구축하려면 '나는 반대 의견을 신중하게 다룬다'처럼 '개인적'이어야 한다(주의: 일인칭 복수인 '우리'는 목표를 공유하는 팀을 위한 확언을 만들 때 사용할 수 있다. 가령 "우리는 경기가 시작될 때마다 단합된 집중력을 발휘한다" 혹은 "우리는 집단적인 경험을 바탕으로 고객과의 모든 문제를 해결한다"처럼 말이다).

다음으로 위 문장 모두 **현재 시제**로 되어 있다는 사실 또한 확인할 수 있다. 이 문장 모두 미래의 어느 시점이 아니라 **지금** 벌어지고 있는 일에 대한 표현이다. 이 점 역시 중요하다. 우리의 심리적 계좌 잔고는 언젠가 갖길 원하는 돈이 아니라 지금 보유한 돈이다. 이 말은 미래 시제를 사용해 '나는 팀 회의 때 더 신중하게 들을 것이다'라고 말하는 것은 우리가 구축하고 유지하고자 하는 확실성을 인식하는 데 크게 도움되지 않는다는 뜻이다. 그 이유는 우리 자신에게 '지금은 그렇지 않다'는 사실을 상기시키기 때문이다. '나는 이 기술을 개발할 것이다' 혹은 '내 역량은 발전할 것이다'처럼 미래 중심적인 표현을 확언으로 활용하는 사람은 대부분 변화를 미래로 연기하려는 경향이 있다. 핵심적으로 이는 계속해서 미루는 것이다. 모든 확언은 **현재 시제**로 구성해 그 안에 급박함의 느낌을 집어넣어야 한다. 지금 이 순간이야말로 의미 있는 유일한 시점이다. 현재 시제를 부지런히 활용하자!

마지막으로, 위 문장 모두 **긍정적**으로 기술되어 있다. 다시 말해 자신이 피하고자 하는 것이 아니라 **더 많이 원하는 것**에 대해 말한다. 확언을 효과적으로 만들려면 자신이 피해야 할 것을 최소화하고, 부정하고, 회피하는 것이 아니라 원하고 가치 있는 것을 단언하고 확인해야 한다.

그러나 많은 이가 이 중요한 차이점을 제대로 이해 못 해 활용하지 못하고 있다. 테니스 선수의 문장 "나는 두 번째 서브에서 실수하지 않는다"는 "내 두 번째 서브는 항상 서브 라인 안쪽에 떨어진다"와 별다를 것 없어 보이지만 신경학적 차원에서 완전히 다른 영향을 미친다. 테니스 서브의 실행을 관장하는 두뇌 부위는 "두 번째 서브를 실수하지 않는다"와 "두 번째 서브를 실수한다"의 차이를 잘 구분하지 못한다. 우리 두뇌는 단지 동사 "실수하다"만 인식하고, 과거에 실수한 서브의 기억과 관련된 신경 회로를 활성화한다. '나는 두 번째 서브를 실수하지 않는다'라는 생각을 반복할 때마다 우리는 본질적으로 두뇌에게 실수의 기억을 계속해서 반복하도록 요구하면서 그와 관련된 신경 회로를 활성화시키게 된다. 그리고 안타깝게도 특정 신경 회로를 활성화시킬 때마다 그 회로는 조금 더 빨리, 부드럽게, 강력하게 작동한다. 그리고 이 모두는 놀라운 신경학적 사실로 이어진다. 즉, 일어나기 원치 않는 것에 대한 생각은 그런 일에 대한 두뇌의 친숙성을 강화하면서 그런 일이 실제로 일어날 가능성을 더 높이게 된다. 그렇기 때문에 '나는 두 번째 서브를 실수하지 않는다'는 문장은 표면적으로는 '긍정적인 생각'처럼 보이지만 사실은 원치 않는 생각이 신경계 속으로 더욱 깊이 파고들게 만든다. 그렇다면 이에 대해 건설적인 대안은 명백하다. 더 많이 원하는 것을 자신이 이미 갖고 있거나 이미 존재하는 것처럼 현재 시제로 말함으로써 우리가 더 많이 원하는 것(두 번째 서브가 서브 라인 안쪽에 떨어지도록 하는 것, 업무팀과 공감대를 형성하는 것, 고객의 몸짓을 정확하게 파악하는 것)과 관련된 생각을 두뇌 속으로 더 깊이 밀어 넣는 것이다.

이 의미는 첫 번째 승리를 추구하는 모든 이에게 분명하다. 개인적이고 긍정적이며 현재 시제로 표현된 자신에 관한 이야기를 자신에게 반복해 말함으로써 우리는 심리적 계좌에 예금하고 확실성에 대한 인식을 구축할 수 있다. 자신의 기술과 역량 그리고 긍정적인 측면에 관한 확언을 통해 우리는 자신이 선택한 직업과 스포츠, 기술과 자신과의 관계를 바라보는 관점을 바꿀 수 있으며, 긍정적인 자기 충족적 예언을 시작할 수 있다. 그리고 이는 시작에 불과하다.

확언은 우리가 지금 성취한 것을 확인하고 강화하는 과정에서 강력한 힘을 발휘한다. 하지만 확언의 진정한 위력은 기술과 역량, 특성과 관련해 우리가 아직 성취하지 못한 것을 성취하도록 만들어주는 데 있다. 이 장을 시작하면서 만나본 올림픽 유망주 알레산드라 로스의 800미터 기록은 2:02였다. 이는 분명히 훌륭한 기록이지만 알레산드라가 원하는 기록은 아니었다. 알레산드라는 현재 기록에 만족하는 대신 단순한 확언에 투자했다. 그녀는 "나는 800미터를 1:56에 달린다"라는 확언을 하루에 수차례 자신에게 반복했다. 어떤 이들은 그것이 단지 희망사항에 지나지 않는다고 말할지 모르나 우리가 지금까지 살펴본 과학은 그녀가 올바른 궤도에 들어섰다는 사실을 말해준다. 자신이 원하는 기록을 확언함으로써, 그리고 그 기록에 대해 '예'라고 말함으로써('확언'이란 곧 '예'라고 말하는 것이다) 알레산드라 로스는 지극히 현실적으로 생각하고 이미 성취한 것에 집착하기보다 더 빨리 달릴 수 있는 가능성을 자신에게 열어주고 있었다.

이제 800미터를 1:56에 달리겠다는 알레산드라의 원하는 결과에 해당하는 자신의 개인적인 목표에 대해 생각해보자. 자신의 직업적인 삶 혹은 개인적인 삶에서 성취하고자 하는 목표는 무엇인가? 이에 대한 확언을 갖고 있는가? 그리고 현재 시제로 '예'라고 말하고 있는가? 한 걸음 더 나아가, 그 목표에 도달하도록 돕는 기술과 역량의 발전이나 변화에 대해 확언('예'라고 말하기)하고 있는가? 이는 확신을 구축하는 과정의 다음 단계로, 심리적 계좌에 매일 여러 번 입금하는 효과적인 확언을 꾸준히 말하는 습관을 말한다.

이것은 어떤 모습일까? 올림픽 유망주 알레산드라 로스를 우리의 모델로 활용해보자. 알레산드라의 전체적인 확언 "나는 800미터를 1:56에 달린다"에는 훈련 및 실질적인 경주와 관련된 여러 확언이 뒷받침되어 있다.

- 매일 훈련할 때 자세와 보폭을 유지한다.
- 코치가 정해준 시간에 맞춰 구간 기록을 완성한다.
- 몇 주 동안 몸이 좋지 않더라도 여전히 좋은 기록을 올릴 수 있다.
- 몸을 푸는 동안, 그리고 경기가 시작되기 직전 내 마음가짐은 최고조에 도달해 있다.
- 중요한 대회에서 1:56을 기록할 다음번 기회에 무척 흥분해 있다.

다음은 또 다른 운동선수이자 전국 대학 선수권을 목표로 삼고 있는 레슬러 필립 심슨Phillip Simpson이 사용한 확언 사례이다.

- 매일 목표를 갖고 훈련한다.
- 모든 훈련을 발전을 위한 소중한 기회로 삼는다.

- 회복을 위해 일주일 중 6일은 11시 30분까지 잠자리에 든다.
- 팀 훈련이 끝난 뒤 격일로 15분간 집중적으로 근력 운동을 한다.
- 내 평생 최고의 몸매를 갖고 있으며 그것을 사랑한다.
- 시상대에 올라 손을 천장에 닿도록 치켜들 것이다.

그리고 다음은 잡지 산업에서 발행인의 단계로 올라서려는 확신을 구축하기 위해 한 직장인이 활용한 확언이다.

- 일주일에 열 곳 이상의 세일즈 방문을 통해 영업 인력에 영향을 미치는 문제를 듣고 배운다.
- 모든 영업사원이 출판의 고유한 가치를 분명하게 보여주는 문화를 창조하도록 한다.
- 어떤 상황에서든 차분한 결단력으로 이끈다.
- 리더로서 팀원들이 우리 잡지의 가능성을 믿도록 만든다.

이제 당신 차례이다. 종이와 펜을 준비하고 자신의 최고 기술과 역량, 혹은 효과적이거나 자신이 선택할 활동에 대해 세 가지 확언을 작성해보자. 위 사례들을 지침으로 활용하고 다음 다섯 가지 규칙에 따라 확언을 만들어보자.

일인칭으로 "내가 존재감을 드러내고 영향력을 발휘할 수 있는 과

	제에 매일 참여한다" vs. "좋은 리더는 존재감을 드러내고 영향력을 미친다."
현재 시제로	"나는 박빙의 경기를 즐긴다" vs. "나는 박빙의 경기에서 더 잘할 것이다."
긍정적으로	"나는 활동과 시간을 효과적으로 조율한다." vs. "더 이상 시간을 낭비하지 않는다."
정확하게	"마일당 7분의 속도로 일주일에 세 번 4마일을 달린다." vs. "규칙적으로 달린다."
강력하게	"발사된 총알처럼 어느 자리에서든 내 능력을 폭발시킨다" vs. "어느 자리에서든 열심히 일한다."

이제 추가적으로 세 가지 확언을 작성함으로써 첫 번째 승리를 향해 또 한 걸음 내딛자. 첫 번째로 '아직은 갖추지 않았으나 개발하고자 하는 자질과 기술'에 관해 쓰자("팀원들이 나를 이해하지 못할 때도 확신을 최고조로 유지한다"). 두 번째로 '지금 하고 있지는 않지만 자신에게 도움 될 것이라 생각되는 행동'에 관해 적어보자("일주일에 열 번 이상 세일즈 방문을 한다"). 세 번째로 '성취하기를 바라지만 아직 경험하지 못한 결과'에 관해 쓰자("나는 손을 천장에 닿도록 치켜들고 시상대 위에 서 있다"). 이 문장들을 동일한 다섯 가지 규칙(일인칭으로, 현재 시제로, 긍정적으로, 정확하게, 강력하게)에 따라 작성하자. 자신이 이미 그 자질을 갖춘 듯이 그 행동을 하고 있으며 원하는 결과를 성취한 것처럼

작성하자.

이 훈련은 우리가 개인적인 안전지대에서 벗어나게 해준다. 가령 지난 6개월 동안 체육관에 가장 자주 간 빈도가 일주일에 두 번이었다면 '나는 일주일에 3일, 아침 8시 체육관에 도착해 열심히 운동한다'라고 확언하면 불편함을 느끼게 된다. 아직까지 한 번도 한 적 없는 일을 현재 시제와 긍정적인 표현으로 확언한다면 내면의 목소리가 거짓이라 말할지 모른다. 또한 자신의 비즈니스가 아직 아이디어 단계에 있는데 특정 시점까지 '월 순수익을 만들어낸다'라고 확언한다면 전혀 현실적이지 않다고 생각할지 모른다. 내 고객들 역시 이렇게 의문을 제기한다. "좀더 현실적이 되어야 하지 않을까요? 자신을 속이는 게 아닐까요?"

이런 질문을 받으면 나는 1992년에 발견한 오래된 흐릿한 영상 하나를 보여준다. 그 영상에서는 투르 드 프랑스에서 1986년과 1989년, 1990년에 우승을 차지한 그렉 레먼드Greg LeMond가 자전거를 타고 가파른 언덕을 오르고 있다. 1분쯤 지났을 때 레먼드는 다른 선수들 무리를 뚫고 앞으로 치고 나간다. 그때 레먼드의 독백이 나온다. 그의 목소리로 확언이 흘러나온다. "이 언덕은 쉽다… 내 다리는 강하다… 내 등은 강하다… 전혀 힘들지 않다… 숨 쉬는 것처럼 쉽다." 영상을 보여주고 나서 나는 청중에게 그렉 레먼드가 가파른 언덕을 올라가면서 실제로 그렇게 느꼈을지 묻는다. 대답은 언제나 똑같다. "물론 아니죠!" 그 말은 옳다. 레먼드는 그 순간 자신이 완벽하게 강인하다거나 전혀 힘들지 않다고 느끼지 않았을 것이다. 이 점이 핵심이다. 레먼드는 자신이 느끼는 고통이나 인내에 주목하기보다 '자신이 원하는 현실'에 대해 확언했다("예"라고 말했다). 즉, 그 순간 이상적으로 경험하길 원하는 감각에 대해 자신에게 말했다. 개인적이고, 현재 시제이며, 긍정적이면서, 정확하고, 강력한 확언의 흐름이 계속되는 가운데 레먼드는 피로와 자기 의심에 맞서는 첫 번째 승리를 거뒀다. 그는 언덕을 올라가면서 건설적인 자기 충족적 예언을 했고, 이를 통해 자신의 심장과 폐, 근육이 계속해서 최적의 상태로 기능하도록 에너지를 불어넣었다(자신이 정기적으로 운동하고 있다는 생각만으로 살이 빠지고 체중이 줄어든 호텔 노동자의 경우를 떠올려보자). 다음에 체육관을 가거나 조깅을 할 때 레먼드처럼 자신의 확언을 한번 시도해보자. 실내용 자전거나 일립티컬 트레이너, 트레드밀 위나 실제 거리를 달릴 때 원하는 느낌을 자신에게 말해보자. 실제로 그렇게 느끼고 있는 것처럼 말이다. '호흡은 안정적이고 충만하다… 다리 움직임은 부드럽고 강력하다… 심박 수와 혈압이 치솟는 느낌이 좋다…' 단지 그 순간에 생각을 가다듬는 일부터 자신이 원하는 성과에 이르기까지 그런 경험을 하고 난 뒤 좀더 긍정적인 느낌을 느끼지 못했다거나 조금이라도 더 좋은 성과를 올리지 못했다고 불평한 사람은 본 적 없다. 그들 모두 첫 번째 승리를 거뒀다.

이런 통찰력은 '나는 현실적인가? 자신에게 거짓말하고 있는가?'라는 질문을 '지금 이 순간 나 자신(우리 팀)에게 도움 되는 일을 하고 있는가?'라는 질문으로 전환시킨다. 당신은 실제로 현실적인가? 아니면 단지 부정적인 생각을 정당화하고 있는가? '나는 자유투를 100퍼센트 성공시킨다'라는 확언은 주저하면서 "나 자신에 대해 현실적이다"라고 주장하는 농구선수는 단지 과거에 실수했던 자유투에 기반을 둔 부정적인 자기 이미지를 그대로 유지하며 부정적인 자기 충족적 예언을 하고 있는 것이다. 선수가 과거의 경기를 객관적으로 돌이켜보면 틀림없이 자유투를 모두 성공했던 일을 기억해낼 수 있을 것이다. 그가 성공했던 자유투는 놓친 자유투만큼이나 '실질적인' 것이다. 그리고 성공했던 자유투는 실수한 자유투만큼이나 자기 이미지를 위한 기반이자 건설적인 자기 충족적 예언으로 기능할 수 있다. 이 농구선수는 기고, 오르고, 균형 잡는 군사 체육 과제를 두려워하는 사관학교 생도와 다르지 않다. 농구선수와 사관학교 생도 모두 당시 자기 자신에 대해 옳았을 것이다. 그들은 자유투를 넣지 못했거나 체육 과제를 제대로 수행하지 못했다. 그것은 부정할 수 없는 엄연한 사실이다. 하지만 그렇다고 해서 지금도 할 수 없다는 말인가? 그들은 정말 "현실적"인가, 아니면 단지 무의식적인 차원에서 '부정적으로 되기를 선택'한 것인가? 존재론적 철학 속으로, 그리고 '현실'이 무엇인지에 대한 질문 속으로 너무 깊이 들어가지 않더라도 우리는 모두 자신의 고유한 인식을 형성하고 특정한 순간에 무엇이 현실인지를 결정하는 깊이 있는 개인적인 렌즈를 통해 세상과 삶을 경험한다. 내일 태양이 떠오르는 것처럼 당연한 일을 또 다른 걱정스런 이야기의 시작으로, 혹은 오랫동안 기다린 기회의 시작으로 인식할 수 있다. 어느 것이든 우리의 '현실'이 될 수 있다. 당신은 어떤 것을 원하는가? 단기적인 관점이나 장기적인 관점에서 어떤 선택이 당신에게 도움 될 것인가?

자기 충족적 예언이 자신을 위해 일하도록 만들기: 자주 입금하기

방법 #1 자기 전 메모

미국 스피드 스케이트 선수 댄 잰슨Dan Jansen은 자신이 네 번째로 출전한 올림픽에서 마지막 경기를 앞두고 있었다. 1984년 사라예보 올림픽 성적은 실망스러웠다. 1988년 캘거리 올림픽에서는 경기를 치르는 동안 사랑하는 어린 딸이 비극적으로 죽음을 맞이하고 말았다. 이후 잰슨은 수렁으로 빠져들었고, 1992년 알베르빌 올림픽에서는 500미터 4위, 1,000미터 26위 성적으로 더욱 실망스러웠다. 댄 잰슨의 미래는 물음표 자체였다. 한때 세계 기록을 세우고 세계 선수권에서 우승을 차지했던 그가 어떻게 올림픽에서는 이렇다 할 성과를 전혀 보여주지 못한 것일까? 하지만 그의 마지막 올림픽인 1994년 릴레함메르 1,000미터에서는 1:12:43로 세계 신기록을 수립하면서 예상치 못한 금메달을 땄다. 무엇이 차이를 만들어냈을까? 그의 성공에 기여한 한 가지 요인으로 "1,000미터 경주를 정말 사랑하기 위해” 스포츠 심리학자 짐 로어Jim Loehr와 함께한 노력을 꼽을 수 있다. 잰슨은 이렇게 회상했다. “예전에는 1,000미터 종목을 무서 워했습니다. 마지막 바퀴에서 매번 체력이 떨어진다는 사실을 오랜 경험으로 알고 있었죠. 그래서 실제로 마지막 바퀴가 되면 지칠 거 라고 자동적으로 예상했습니다.”

마지막 바퀴에서 지칠 거라는 예상이 잠재적으로 재앙을 부르는 자기 충족적 예언으로 작용하고 있다는 사실을 깨닫고 잰슨와 로어 는 분주하게 작업을 시작했다. 잰슨은 당시를 이렇게 회상했다. “그 래서 우리는 그 모든 미친 짓을 했습니다. ‘나는 1,000미터를 사랑 한다’라는 문구를 매일 적는 일처럼 말이죠.” 실제로 로어는 잰슨이 공책에 “나는 1,000미터를 사랑한다”를 매일 밤 열두 번씩 쓰도록 했다. 이런 노력은 1994년 올림픽을 마지막으로 은퇴하기까지 2년 동안 계속되었으며, 실제로 마지막 바퀴에서 지칠 거라는 걱정 대 신 에너지와 열정을 강화하는 긍정적인 자기 충족적 예언으로 기능 했다.

나 역시 심리적 계좌에 여러 번 입금하기 위한 방법으로 ‘자기 전 메모’ 습관을 모든 고객에게 추천한다. 댄 잰슨의 자기 전 메모 습관 은 2년에 걸쳐 총 8,670회 입금으로 이어졌다. 자신이 만든 세 가지 확언을 공책이나 일기장에 ‘적어도’ 세 번씩 쓰면서 하루를 마무리 하자. 첫 번째 승리를 진지하게 생각하는 사람이라면 은퇴할 때까지 이런 훈련에 5분 정도는 기꺼이 투자할 것이다. 그리고 각각의 확언을 쓰면서 그 메시지가 내면에서 강력한 느낌을 만들어내도록 하자. 가령 특정한 기술이나 활동에 대해 확언한다면("나는 빠른 발로 어떤 상대와든 맞설 수 있다") 그런 기술이나 활동을 할 때의 느낌을 느껴보자. 특정한 결과나 성취에 대해 확언한다면("나는 2020년 올해의 세일즈 전문가이다") 그 결과가 가져올 성취감을 직접 느껴보자. 하루의 마지막 생각을 개인적이고, 긍정적이고, 강력한 것으로 만듦으로써 자는 동안 마음의 무의식적 부분이 의식적인 마음의 개입 없이 처리하게 될 유용한 재료를 자신에게 선사할 수 있다. 또한 이처럼 긍정적인 느낌으로 하루를 마무리하는 것이 평온한 수면을 취하는 데도 도움 된다는 사실을 깨달을 것이다.

방법 #2 열린 문

당신은 하루에 몇 번이나 문을 드나드는가? 사관학교 생도들에게 이 질문을 던지면 그들은 흔들리는 눈빛으로 이렇게 얼버무린다. "많이요! 너무 많아서 세기 힘들 정도로요! 잘 모르겠지만 분명히 많습니다!" 우리가 문을 지날 때마다 세 가지 핵심 확언을 반복함으로써 그 순간을 심리적 계좌에 입금하는 기회로 활용한다면 어떨까? 문을 지날 때마다 자신이 원하는 자질이나 결과를 재확언하는 촉매제로 활용한다면? 이제 '열린 문' 훈련의 세계에 들어선 것이다.

알레산드라 로스는 이 훈련법을 선택했고, 올림픽 육상 대표팀 선발전이 있던 2000년까지 9개월 동안 꾸준히 활용했다. 하루에 문을 몇 개 지나는지 세어보지 않아 '800미터를 1:56에'라는 확언을 얼마나 많이 반복했는지는 알 수 없다. 하지만 간단한 산수로 횟수를 가늠해볼 수 있다. 가령 그녀가 하루에 평균 50번 문을 지나갔다고 해보자. 여기에 9개월의 기간을 곱하면 1만 3,500번(하루 50번*270일)에 이른다. 알레산드라는 내 조언에 따라 이 훈련법을 선택했다. 자신이 원하는 자질이나 결과에 대해 하루 중 특정 시간에만 몰아서 확언해야 하는 이유가 있을까? 많은 테라피스트나 인생 코치가 자는 동안 우리의 무의식이 메시지를 받아들이도록 잠자리에 들기 직전, 비교적 이완된 순간에 확언을 반복하라고 권고하지만 확언을 하루 중 특정 시간으로 제한해야 한다는 주장을 뒷받침하는 과학적 증거는 없다. 그렇다면 하루 입금 횟수를 극대화해보는 건 어떨까? 하루에 우리가 얼마나 많이 현재의 문제나 다가올 성과에 대해 걱정하는지 생각해보자. 이제 상황을 뒤집어보는 것 어떨까?

올림픽에 출전하는 꿈을 이루지 못할까 봐 얼마나 자주 걱정하는지 로스에게 물어보지는 않았지만 그녀는 자주 자기를 의심했다고 인정했으며, 그런 의심이 기록에 영향을 미친다는 사실도 알고 있었다. 이런 면에서 로스는 전적으로 정상이었다. 자기 의심을 한다는 사실을 부정하고 스스로 비생산적인 자기 충족적 예언을 하고 있다는 것을 인정하지 않는 많은 이와 달리 로스는 자신이 처한 상황에 변화를 주기로 결정하고, 확신을 강화하기 위해 '열린 문' 훈련법을 선택했다. 물론 이 훈련법을 규칙적으로 실행하기란 쉽지 않다. 반복적이고 일상적인 자기 의심에 맞서 싸우는 많은 운동선수와 마찬가지로, 로스 역시 처음에는 자신이 원하는 기록인 1:56을 확언하는 데 불편해했다. 처음에 그녀는 이렇게 생각했다. '내가 정말 그 기록을 달성할 수 있을까?' 나는 초기 단계에서 그녀에게 작가 메리앤 윌리엄슨의 "가장 근본적인 두려움"이라는 표현을 언급하면서 이렇게 말했다. "왜 그렇게 생각하지 않죠?" 나는 계속했다. "세 선수가 미국 올림픽 대표팀으로 여성 800미터에 출전하게 될 겁니다. 그리고 그중 한 명은 틀림없이 당신일 겁니다." 로스는 자신의 태도와 사고 습관을 재검토함으로써 엄격한 육체적 훈련을 보완했다. 머지않아 지나친 완벽주의와 다른 선수와의 끊임없는 비교가 발전을 가로막고 있으며, 자신이 정말 원하는 것에 대한 생각은 아무 문제 없다는 사실을 깨달았다. 그렇게 로스는 심리적 계좌를 개설하고 잔고를 꾸준히 높여가기 시작했다.

로스는 문을 지날 때마다 확언을 반복하는 훈련을 시작한지 한 달 만에 스스로 만들어가는 자기 이미지에 점점 더 익숙해졌다. 초기 단계에 1:56 기록에 대한 믿음은 더욱더 강력한 자기 인식으로 바뀌었고, 그 시점에서 비록 목표에 도달하지는 못했지만 자신이 정말 1:56 기록으로 달리는 선수가 되어가고 있다고 느꼈다(그동안 로스가 활용하도록 내가 작성한 낭독 대본은 부록 1을 참조하라). 대학 시절 로스가 경기에서 떨치지 못했던 자기 의심 또한 점차 사라졌다. 그녀가 힘들게 쟁취한 첫 번째 승리, 즉 확실함에 대한 새로운 인식은

2000년 올림픽 대표 선발전에서 그녀에게 큰 선물을 안겼다. 선발전에서 로스는 참가자 중 유일하게 두 번 연속으로 개인 최고 기록을 갱신했고, 2000년 올림픽 대표팀 예비 선수 자격을 얻었다. 그녀의 마지막 기록은 2:01로, 확언했던 1:56에는 미치지 못했으나 자신의 최고 기록이었다. 게다가 예상치 못한 두 가지 불이익에도 이 기록을 세웠다. 하나는 가장 급하게 회전해야 하는 불리한 위치인 맨 안쪽 레인에서 달려야 했다는 것이다. 다른 하나는 운영진 실수로 로스의 레인까지 뻗어 나와 있었던 붐 마이크를 경기 도중 뛰어넘어야 했다는 사실이다. 1:56 기록을 달성하지는 못했으나 로스가 첫 번째 성공을 쟁취했다는 것은 의심할 여지 없는 사실이었다.

그리고 이는 단지 시작에 불과했다. 이후 로스는 미 육군 장학금을 받아 조지타운 의과대학을 졸업했고 정형외과 레지던트 과정까지 마쳤다. 정형외과는 여성들이 기피하는 전공이었다(면허를 취득한 정형외과 의사 중 여성의 비율은 2018년 기준 6퍼센트뿐이다). 이 힘든 분야에서 성공하기 위해 그녀는 올림픽 대표팀에 들어가기 위해 간직했던 것과 똑같은 수준의 확신을 필요로 했다. 로스는 원하고 성취하고자 하는 바에 대해 그것이 마치 지금 이뤄진 것처럼 계속해서 자신에게 이야기했다. 스트레스와 수면 부족을 이겨내기 위해 그녀는 이렇게 확언했다. '내 생각과 운명을 통제할 수 있다는 사실에 만족하며 살아간다. 다양한 상황에서도 항상 차분함을 유지한다. 모든 자기비판은 즉각 폐기한다.' 그리고 해부학 암기를 위해 이렇게 확언했다. '근육 발단과 삽입, 신경 분포, 기능의 이름을 즉각적으로 떠올린다. 내 수술 경험과 해부학 실력은 탄탄하다. 내가 배운 모든 지식을 유창하게 설명할 수 있다.' 그리고 그녀가 직면했던 적대적이고 남성 중심적인 업무 환경을 넘어서기 위해 이렇게 확언했다 '모든 진단 및 치료 방법과 더불어 임상 사례에 완전하게 준비되었다. 내가 무엇을 해야 하는지, 누구인지, 그리고 왜 이 분야를 선택했는지를 편안하게 느낀다.'

로스는 인턴과 레지던트 과정을 모두 마치고 난 뒤 6년간 미 육군에서 정형외과 의사로 복무하고 2014년 전역했다. 그동안 그녀는 사우스캐롤라이나 포트 잭슨과 대한민국 서울의 121 전투지원병원에서 근무했으며, 2011년 5월에는 아프가니스탄의 NATO 병원으로 6개월간 파견을 나갔다. 끔찍한 학살이 자행되는 현장에서 로스는 부상당한 병사들의 목숨을 살려야 했다. 그리고 이를 위해 자신의 운동 경력과 지금까지의 의료 경력 전반에 걸쳐 유지한 것과 똑같은 정신적 원천을 끌어모았다. 그녀는 계속해서 자신의 가치와 존재, 존엄에 대해 확언했다. 비록 남편과 두 아이를 남겨두고 왔지만 아프가니스탄에서의 경험이 자신이 평생 준비해온 도전의 무대가 될 것이며, 자신이 10년 동안 구축하고 지켜온 개인적인 용기와 확신에 대한 최고의 테스트가 될 것임을 알았다. 놀랍지 않게도 파견 임무가 끝났을 때 로스는 자신이 성장했으며, 자신이 경험한 난관으로부터 많이 도움받았다는 사실을 깨달았다. 그로부터 몇 년 뒤 로스는 내게 이렇게 말했다. "거기서 돌아왔을 때 제가 신뢰할 수 있는 저 자신의 일부, 경기장과 의대, 레지던트 과정에서 해온 모든 노력이 이번 임무를 위한 기반이 되어줬다는 사실을 깨달았습니다."

미군의 중동 지역 주둔 이후 외상 후 스트레스의 파괴적인 영향과 관련해 많은 글이 발표되고, 실제로 수천 명의 미군이 일상적으로 고통을 겪고 있는 데 반해 '외상 후 성장'post-traumatic grwth, PTG, 다시 말해 어려움을 겪은 뒤 삶에 대한 새로운 이해와 좀더 높은 목적의식을 발견하는 과정에 대해서는 거의 언급되지 않는다. 심리학자 리처드 테데스키Richard Tedeschi와 로런스 칼훈Lawrence Calhoun이 1990년대 중반에 제시한 외상 후 성장 이론은 심리적인 어려움을 견뎌낸 사람들이 종종 그 후 긍정적인 성장의 측면을 발견하게 된다고 말한다. 테데스키는 2016년 미국 심리학협회에 기고한 기사에서 이렇게 주장했다. "사람들은 자신, 그들이 살아가는 세상, 다른 사람과 관계를 맺는 방식에 대해 새로운 이해를 개발하며 어떻게 살아가야 할 것인가에 대해 더 나은 이해를 창조한다."

알레산드라 로스는 아프가니스탄 파병에서 바로 그 새로운 이해를 가지고 돌아왔다. 고향으로 돌아와 그녀는 환자를 돌보고, 여성 외과 의사들에게 힘을 실어주는 네트워크를 설립했으며, 자신의 생각에 책임이 있다는 사실을 받아들이도록 자녀들을 키웠다. 뭔가를 성취했다고 자신에게 말하는 아이디어를 완벽히 편안하게 느끼며, 지금도 여전히 문을 지날 때마다 확언하면서 확신을 강화해나가고 있다. 그녀가 문을 건널 때 충분히 가까이 있다면 아마 이런 속삭임을 들을 수 있을 것이다. "나는 빛난다!"

온종일 마주치는 모든 문이 우리를 하나의 물리적 공간에서 다른 공간(방이든 건물이든 간에)으로 넘어가게 만드는 것처럼 그 문은 또한 우리를 새로운 순간, 새로운 공간, 새로운 '지금'으로 데려간다. 그 순간 당신은 어떻게 확언할 것인가? 새로운 '지금' 무엇에 '예'라고 말할 것인가? 그리고 어떤 자기 충족적 예언을 들고 새로운 '지금'으로 들어갈 것인가? 이제 문을 넘어설 때마다 자신이 원하는 특성과 행동 그리고 결과에 대해 확언하자.

방법 #3 매크로 확언 대본 및 오디오

2016년 10월 말, 사관학교 1학년 생도 군나르 밀러가 내 사무실을 찾았다. 육군 남성 라크로스팀 가을 훈련 기간 동안의 성과를 돌이켜보는 그의 표정은 결코 행복해 보이지 않았다. 어느 스포츠 종목보다 라크로스가 인기 많은 업스테이트 뉴욕 출신의 뛰어난 미드필더 군나르는 고등학교 시절 올아메리칸으로 발탁되었으며, 치열한 경쟁을 뚫고 올해의 공격수로 뽑히기도 했다. 하지만 그날 군나르의 이야기를 들었다면 당신은 틀림없이 그가 사관학교 라크로스팀에 어울리지 않는 형편없는 선수라고 생각했을 것이다. 군나르의 생각이 얼마나 절망적이었는지("제 라크로스 IQ는 지나치게 높아서 실수할 때마다 화가 납니다"), 그의 심리적 필터가 얼마나 심각하게 고장 나 있었는지("5주일 전에 한 실수도 정확하게 기억합니다"), 그리고 심리적 계좌 잔고가 얼마나 바닥나 있었는지("해야만 하는 방식대로 해내지 못했습니다. 스틱으로 볼을 다루면서 골을 향해 달려갈 때면 불안감이 엄습합니다")는 매우 명백해 보였다.

우리는 서둘러 작업을 시작했다. 나는 군나르에게 라크로스 경기에서 그의 의식적인 생각과 무의식적인 실행 사이의 연결 고리에 대해 설명했다. 우리는 함께 그의 생각과 기억이 가을 훈련 기간 동안에는 물론 지금까지도 그의 기술에 미친 영향을 들여다봤다. 군나르는 심리적 계좌와 확신에 관한 은유적인 설명을 잘 받아들였고, 자신에게 전하는 건설적인 피드백이 60퍼센트 정도뿐이라는 사실을 인정했다. 이 정도면 사관학교 과목에서 D학점에 미치는 수준이었다. 나는 그에게 가을 훈련 동안 있었던 개인적인 하이라이트를 세 가지 떠올려보도록 했다. 놀랍지 않게도 그는 몇 분 만에 세 가지를 내놨고, 그것을 사무실 칠판에 적으면서 표정이 환해졌다. 나는 이런 기억이 질 좋은 정신적 양식이 된다는 사실을 설명했다. 그리고 다음번에 올 때는 다음과 같은 기억을 가져오라고 요청했다. (1) 골문을 향해 성공적으로 돌진했던 사례 세 가지 (2) 훌륭한 슈팅 세 번 (3) 그라운드 볼을 성공적으로 낚아챈 사례 세 가지 (4) 뛰어난 수비를 보인 사례 세 가지 (5) 공을 갖고 있지 않을 때 효과적으로 움직인 사례 세 가지. 내가 경험한 바에 따르면 성공을 갈망하는 선수는 내가 내준 이 소소한 과제를 결코 마다하지 않았다.

5일 뒤 군나르는 내 사무실을 다시 찾았고, 15분 동안 다음 목록을 작성했다.

다지(dodge, 라크로스에서 공격수가 수비수를 피해 몸을 재빨리 피하는 동작
—옮긴이)

- 패트리어트 리그 준결승전 득점
- 해군을 상대로 왼손 바운스샷
- 로욜라의 올아메리칸 수비 미드필더 상대로 롤 다지

슈팅

- 패트리어트 리그 챔피언십에서 콜게이트 상대로 득점
- 패트리어트 리그 준준결승에서 로욜라 상대로 오른손 슈팅
- 홀리 크로스 상대로 하이투하이 스틱사이드

그라운드 볼

- 미시건 상대로 까다로운 그라운드볼로 득점
- 홀리 크로스 상대로 어려운 그라운드볼로 득점
- 르하이 상대로 그라운드볼 수비 두 번

수비 플레이

- 르하이 상대로 오랜 볼 점유 뒤 처리

- 연습 게임에서 최고 공격수가 슈팅을 한 번도 날리지 못하게 막음
- 연습 게임에서 주전 공격수에게서 볼 가로챔

오프볼 무브먼트
- 네이트에게 크리스픽 뒤 공 잡아 콜에게 뒤로 패스
- 콜에게 리픽 뒤 롤 오프 해 퀵 릴리스로 득점
- 데이브에게 실픽으로 득점

이런 기억은 군나르가 심리적 계좌를 개설하도록 도왔다. 이는 시작이었다. 다음으로 우리는 그가 일일 E-S-P 훈련을 통해 확신을 지속적으로 강화하고, 정신적 관리를 현재 자신에 관한 생각으로 확장하는 방법에 관해 이야기 나눴다. 군나르는 자신만의 방식으로 '열린문' 훈련법을 즉각 실행에 옮겼다. 그는 사관학교 강의실에 들어가고 나갈 때마다 확언을 활용했다. 그리고 나는 다음 만남 때 군나르를 위해 아주 강력한 확언을 가져갔다. MP3 파일로 녹음한 포괄적이고 맞춤화된 확언 대본이었다. 나는 25년 넘게 고객들을 위해 이런 오디오파일을 만들어왔다. 그리고 군나르에게도 그 기회를 줬다. 나는 '매크로 확언 대본 및 오디오'로 군나르에게 10분 분량의 확언을 들려줬다. 이 대본은 긍정적으로, 정확하게, 강력한 표현과 더불어 일인칭 현재 시제로 작성된 다양한 문장의 연속으로 구성되었으며 영감을 주는 음악이 배경으로 깔려 있다. 다음은 군나르를 위한

매크로 확언 대본의 도입부이다.

> 나는 경기장 어디에서나 무서운 다저이다. 나는 중요한 게임에서 최고의 적을 상대로 다지 하는 것을 좋아한다. 나는 다지 할 때마다 기회를 만들어낸다. 나는 데드온피드 하거나 계속해서 날카로운 슛을 날리기 위해 손을 자유롭게 유지한다. 다지에서 실패하면 즉시 잊고 다음 기회를 준비한다. 나는 수비수를 보고, 골대를 보고, 달려간다. 모든 돌진은 자연스럽다. 나는 경기장 위에서 가벼움을 느낀다. 나는 내 능력을 믿으며, 나를 막을 사람은 없다. 나는 경기장 모든 곳에서 무서운 다저이다.

군나르의 전체 대본은 플레이에서 기술적인 측면(다지, 슈팅, 그라운드볼, 오프볼 무브먼트, 수비)과 정신적인 측면(피할 수 없는 실패에 대처하고 승자로서 확신 유지하기)으로 구성된다. 그 안에는 다음과 같은 문장들도 들어 있다.

> 이것은 지금부터 내가 생각하는 방식이다. 내가 경기를 새로운 차원으로 끌어올리게 될 방식이다. 나는 육군 라크로스팀의 일원임을 자랑스럽게 여기며, 그 명예가 가져다준 책임을 받아들인다. 이것을 최고의 기회로 만드는 일은 내게 달렸다. 나는 예전에 해본 적 없는 일에 도전할 것이다. 그리고 그 어느 때보다 잘할 것이다. 그리고 그 일이 끝났

을 때 나의 경기는 완전히 새로운 차원으로 도약할 것이다. 시작하자. 이제 빛날 시간이다!

나는 군나르가 내 사무실에서 매크로 확언 대본의 완성된 오디오 파일을 안락의자에 편안하게 기대 '시험'해보도록 했다. 10분 뒤 마지막으로 선곡한 음악이 끝났을 때, 그는 눈을 뜨고는 몇 달 동안 보지 못했던 미소를 지어 보였다. 어떤 느낌이 들었는지 묻자 군나르는 이렇게 대답했다. "정말 힘이 납니다!" 훌륭한 플레이에 관한 문장으로 그의 머리를 가득 채우고 난 뒤, 그의 마음은 당연하게도 열정과 흥분, 확신의 상태로 올라섰다. 그는 이렇게 외쳤다. "지금 당장 경기하고 싶어요!" 군나르는 첫 번째 승리를 거뒀다.

군나르는 2016~17년 겨울과 2017년 라크로스 시즌 전반에 걸쳐 매크로 확언 대본 및 오디오를 활용했다. 오디오 듣기는 그가 훈련을 위해 경기장으로 향하는 버스에서 하는 일상적인 의식이자 경기 전 마음을 다지는 루틴의 일부가 되었다. 2017년은 그에게 최고의 시즌이었다. 팀원 투표를 거쳐 주장으로 선발된 군나르는 열여섯 경기 모두 선발 출전 했고, 결승골을 두 번이나 넣었다. 또한 시라쿠스와 노트르담을 상대로 거둔 역전승에서 핵심적인 역할을 했으며, 패트리어트 리그 올토너먼트팀에 선발되었다. 한 해를 마무리하는 마지막 만남에서 나는 군나르에게 좀더 개선할 점이 있는지 물었다. 그는 이렇게 대답했다. "제 팀원 모두 확언 대본과 오디오를 활동하도록 감독님께 말씀해주세요!"

　이 글을 쓰는 지금 군나르 밀러 중위는 사우스캐롤라이나 포트잭슨에 자리한 기본훈련대대 지휘관으로 있다. 어느 사병이나 장교들이 말하듯 군사 업무는 언제나 문제와 복잡한 일로 가득하다. 밀러역시 마찬가지이다. 하지만 자신의 생각을 통제함으로써 2016년 가을 훈련 기간에 어려움을 극복했듯 군나르는 지금도 똑같이 하고 있다. 그는 문을 지날 때마다 이렇게 되뇐다. '내 가슴에 달린 이름표를 자랑스럽게 드러낼 새로운 기회가 찾아왔다. 나는 평생 최고의 몸매를 유지하고 있다. 그리고 사랑하는 여인을 매일 만나고 있다.' 군나르는 자신의 매크로 확언 대본 오디오파일을 지금도 휴대전화에 저장해놓고 있다(자신만의 매크로 확언 대본 및 오디오를 만들고자 하는 독자가 있다면 NateZinsser.com으로 내게 연락 주길 바란다).

앞 장에서 "지금 자신의 사고방식은 스스로 추구하는 성공의 수준과 어울리는가?"라는 질문으로 마무리했듯 이번 장 역시 또 하나의 질문으로 마무리하고자 한다. "당신은 자신이 어떤 사람이라고 생각하는가?" 당신은 '지금' 스스로에게 자신과 관련해 어떤 이야기를 들려주고 있는가? 다시 한 번, 그 이야기는 자신이 추구하는 성공과 만족의 수준과 일치하는가? 댄 젠슨의 1,000미터 경주에 해당하는 당신의 개인적인 일을 사랑하는가? 그것이 어떤 시합이나 시험, 과제이든 그런가? 의사의 진단 및 치료 선택에 해당하는 자신의 개인적인 선택을 내리기 위해 충분히 준비되어 있는가? 자신과 관련해 믿기로 선택한 것은 행동으로 이어질 것이며, 행동은 다시 성과로 이어질 것이다. 자기 전 메모, 열린 문, 매크로 확언 대본 및 오디오처럼 여기서 소개한 모든 훈련법은 이 같은 보편적 자기 충족적 예언의 힘을 활용하고 그것이 자신을 위해 작동하게 하는 건설적인 이야기를 들려주는 도구를 제공한다. 당신이 빛나기를 원하는가? 그렇다면 먼저 확언하자. 그리고 자신의 변화에 놀라지 말자.

4장
상상을 실현하는 내면적 관점의 힘

1995년 사관학교 수업 당시 내 후배 케빈 카프라 대령은 2018년 7월부터 2020년 6월까지 텍사스 포트후드에 자리한 육군 제1기병사단의 제3기갑여단을 이끈 인물이다. 이 여단은 37개 중대로 구성되었으며, 전체 규모 4,300명에 달했다(중대는 80~100명으로 구성되며 그 밑에는 소대가 있다). 각 중대는 3년 동안 조직의 훈련 및 준비를 책임지는 대위가 이끌며, 기간이 끝나면 그 대위는 다른 임무를 맡고 새로운 중대 사령관이 부임한다. 카프라 대령이 그 제3기갑여단을 이끄는 동안 그는 그곳의 모든 중대 사령관이 상상 훈련을 하도록 했다.

그는 지휘관들에게 이렇게 물었다. "어떤 형태의 훈련과 환경이 사병들에게 필요하다고 생각하는가?" 모든 지휘관은 "현실적인"이라는 표현을 동원해 대답했다. 전투를 위한 모든 훈련은 최대한 실제 상황에 근접해야 한다고 생각하기 때문이다. 우리가 영화나 TV 프로그램에서 보는 것과 반대로, 실제 전투에서 군인들은 영웅처럼 분연히 일어나 모두가 깜짝 놀랄 만한 성과를 올리지는 않는다. 대신 그들은 훈련받은 대로 움직인다. 카프라 대령은 다시 업무로 돌아와 그들이 말하는 "현실적인"이라는 말의 정확한 의미가 무엇인지 곰곰이 생각했다.

'현실적인 훈련을 떠올려볼 수 있는가?'

'무기를 발사하고, 커뮤니케이션이 이뤄지고, 폭발이 일어나는 소리를 들을 수 있는가?'

'손에 쥔 무전기, 땅 위나 차량 속 움직임, 등에서 흐르는 땀을 느낄 수 있는가?'

'화약과 모래, 바람 냄새를 맡을 수 있는가?'

'입 안에서 모래와 피의 맛이 느껴지는가?'

카프라 대령은 이런 질문과 논의를 바탕으로 새로운 지휘관의 중대를 세계 최고의 수준으로 훈련시키기 위한 환경과 일정 그리고 자원을 마련했다. 카프라 대령에게 '상상'이란 가장 강력한 단어이다.

미국의 전직 멀리뛰기 선수 마이크 파웰Mike Powell은 방이 시원해지고 어두워지길 기다렸다. 1994년 『스포츠 일러스트레이티드』 기사에서 언급했듯 그는 상상을 통해 "꿈을 더 선명하게 본다." 상상 속에서 파웰은 방에서 걸어 나가 거실을 가로질러 왼쪽으로 튼

다음 큰 방으로 걸어 들어가면서 점프한다. 그리고 1968년 밥 비먼 Bob Beamon이 멕시코시티 올림픽에서 세운 육상 최장기 기록을 깬다. 파웰의 상상은 언제나 관중의 함성을 듣고 그 순간의 벅찬 감동을 느끼며 손을 들어 올리는 장면으로 끝난다. 그는 이렇게 떠올린다. "머릿속에서 느낄 수 있습니다. 저는 그 점프를 100번이나 떠올렸어요."

또 다른 사관학교 후배(2016년 졸업생)인 폴 토치 소위는 저녁이면 자세를 잡고 의식을 수행한다. 기본 교관 리더십 과정(새로운 교관이 장교 직을 얻기 위해 가는 곳)에서 여러 일상적인 과제와 훈련을 마친 뒤, 폴은 가장 편안한 의자에 앉아 헤드폰을 끼고 휴대전화에 저장된 사운드 파일을 재생한다. 이완과 집중을 위한 간단한 안내 목소리가 이렇게 흘러나온다. "편안한 자세로 가슴에 의식을 집중하고 몸으로 공기가 들어오고 빠져나가는 것을 느낍니다…" 그렇게 4분이 지나면 상상을 안내하는 단계로 넘어간다. 목소리는 그를 기업가적 미래를 향한 꿈의 여행으로 데려간다.

'기회가 찾아왔다. 지금까지 꿈꿔본 적 없는 단계로 뛰어오를 기회… 성공적인 엘리트로 도약해야 할 시간이 왔다. 나는 사관학교를 졸업한 가장 성공적인 기업가가 되기 위한 여정을 시작한다. 10월 15일까지 포르 레오나드 우드의 인구 80퍼센트가 트레이드 U 플랫폼을 이용하도록 하고, 12월 1일까지 월별 순 현금 흐름을 이끌어낼 것이다. 그리고 1년 안에 통계 자료를 완성해 육군 안에서 새로운 기

회를 잡고 투자자를 끌어들일 것이다…'

이들은 과연 무엇을 했던 걸까? 게으른 몽상? 카프라 대령은 자신의 새로운 중대 지휘관들과 성인들의 '역할 놀이'를 하고 있던 걸까? 그렇지 않다. 카프라와 파웰 그리고 토치는 또 다른 강력한 방법으로 심리적 필터를 활용했다. 시각과 청각, 후각, 미각, 촉각의 오감을 비롯해 자세와 움직임까지 동원하는 특별한 사고 과정을 통해 심리적 계좌에 입금했다. 나는 이런 훈련 방법을 **상상**envisioning이라 부른다. 여기서 말하는 상상이란 **원하는 사건이나 미래에 대해 감정적으로 강력하고 다양한 지각을 동원한 가상적인 경험을 의식적으로 떠올리는 작업**이다. 지금까지 우리는 (1) 오래전이나 최근의 기억을 관리하고 (2) 현재 자신에 관해 자신에게 하는 이야기를 통제하는 방법을 살펴봤다. 그리고 여기서는 자신의 미래를 창조하고 유지하는 비전과 그림, 느낌을 통제하는 방법에 주목한다. 그렇다. 우리는 말 그대로 상상에 대해 이야기하고 있다. 우리는 인간의 고유한 정신적 기능인 상상을 통해 자신의 미래를 본다. 학업이나 업무 혹은 훈련 일정을 계획할 때, 자신의 장기적인 미래에 대해 고민할 때, 그리고 잘못될 수 있는 모든 상황에 대해 걱정할 때 우리는 자신의 일상에 대한 상상을 활용할 수 있다. 이 장을 다 읽고 나면 당신은 아마도 상상을 선택적이고 건설적으로 활용함으로써 확신을 강화하고, 최고의 성과를 위해 '정신적으로 준비'하는 방법을 깨달을 것이다. 과거의 기억을 통제하고 지금의 자신에 관해 자신에게 이야기하는 방법의 중요성을 살펴봤듯 여기서는 **상상**이라는 정신적 기술을 통해 미래에 대한 우리의 생각을 통제하는 노력의 중요성을 들여다볼 것이다.

운동선수가 경기를 앞두고 마음을 다잡기 위해 '시각화'visualization 방법을 활용하는 일에 관해 듣거나 읽어봤을 것이다. 체조선수가 마루 운동 루틴을 실행하기 전에 마음속으로 먼저 그 과정을 밟아보거나 축구선수가 페널티킥으로 결승 골을 넣고 느낄 환희를 상상해보는 일, 테니스 선수가 정확한 움직임으로 결정적인 샷을 날리는 자신의 모습을 떠올리는 일처럼 말이다. 운동선수를 비롯해 배우와 음악가, 의사, 영업사원 등 다양한 성과자는 정신적 리허설mental rehearsal, 운동 심상motor imagery, 창조적 시각화creative visualization 등 다양한 이름으로 그들만의 '시각화' 방법을 오랫동안 훈련하고 있다. 육군 또한 '록드릴'rock drill이라 부르는 훈련을 오랫동안 수행해오고 있다. 이는 땅을 깨끗이 청소한 뒤 돌멩이를 활용해 그 위에 지형의 특성과 위치, 여러 소대나 개별 병사의 움직임을 나타냄으로써 작전에 대비하는 훈련법이다. 이 모든 성과자는 직면한 도전 과제에 각자의 방법으로 좀더(아마도 훨씬 더) 준비되어 있다고 느낄 수 있다는 사실을 깨달았을 것이다. 하지만 그런 훈련 방법이 왜 도움 되는지는 알 필요 없었다. 모든 감각을 하나의 경험으로 통합하는 방식이 아니라 상상의 시각적인 요소만을 활용했기 때문에 그 과정 전부를 이해하지는 못했을 것이다. 그러나 최근 자기공명영상magnetic resonance imaging, MRI 및 (민감한 전극을 활용해 두뇌 세포의 활성화를 추적하는) 두뇌 모니터링 기술에서 이뤄진 발전은 인간의 상상력을 적절하게 활용했을 때 얼마나 강력한 힘을 발휘할 수 있는지, 그리고 그런 방법이 어떻게 첫 번째 승리에 도움을 주는지에 관한 비밀을 밝혀내고 있다.

상상은 단순하지만 놀라운 생물학적 사실에 기반을 둔 신뢰 구축 기술로, 심혈관이나 소화 및 내분비계 등 전반적인 시스템부터 특정 기관이나 근육, 우리의 움직임과 행동을 대단히 중요하게 통제하는 두뇌와 척추 속 신경 통로에 이르기까지 다양한 차원에서 신체적 변화를 실질적으로 촉발한다. 심리학자 잔느 아흐터베르크Jeanne Achterberg는 이제 고전이 된 자신의 책 『치유 속 상상』Imagery in Healing 서문에서 이렇게 밝혔다. "상상 혹은 상상의 내용은 일상적인 차원과 근본적인 차원에서 우리 몸에 상당히 영향을 미친다. 연인의 냄새에 대한 기억은 감정의 생물학을 불러일으킨다. 세일즈 프레젠테이션이나 마라톤 경주에 대한 정신적 리허설은 근육의 변화를 넘어 다양한 변화를 촉발한다. 혈압이 상승하고, 뇌파가 바뀌며, 땀샘이 더 활성화된다." 다시 말해 상상은 눈앞에 잠깐 나타났다 아무 효과 없이 사라지는 일련의 수동적인 슬라이드 쇼나 짧은 영상 혹은 의미 없는 그림이 아니다. 오히려 그 반대이다. 우리가 인식하든 그러지 못하든 상상은 우리 몸속의 모든 시스템과 기관, 조직, 세포에 강하게 영향을 미친다.

아흐터베르크의 주장에 관한 증거는 1929년으로 거슬러 올라가 상상/시각화가 근육 활성화부터 위장 활동 및 면역 체계 기능까지 모든 것에 미치는 영향에 대해 설명한 논문에서 발견할 수 있다. 시카고 대학교 에드먼드 제이콥슨Edmund Jacobson은 초기 연구에서 테이블 위에 누워 100미터 달리기를 하고 있다고 상상하는 한 훈련받은 달리기 선수의 허벅지와 종아리 근육에서 작은 규모의 수축을 일으키는 전기적 활동을 발견했다. 이 운동선수는 실제로 움직이지 않고 달리기에 대해 생각하는 것만으로 신경계 통로를 통해 자신의 달리기 근육에 수축하라고 지시했다. 수축 강도는 미미했지만 실제로 달리는 동안 일어나는 현상처럼 관절을 펴는 신근과 관절을 구부리는 굴근이 교대로 활성화되었다. 생생한 상상은 분명하게도 실제 움직임에 관여하는 동일한 신경 구조와 경로를 활용함으로써 근육에 영향을 미친다. 그렇다고 해서 이를 주술적인 관점에서 '마음이 몸을 지배한다'라고 받아들이지는 말자. 그저 말 그대로 '마음이 움직임으로 이어진다'라고만 이해하자. 상상이 신경계를 활성화시키는 이런 효과는 제이콥슨의 초기 연구 이후 230편 넘는 논문에서 언급되었다. 특히 한 최근 연구에서 워싱턴 대학교 카이 밀러Kai Miller와 연구 동료들은 피실험자가 주먹을 쥐었다 펴는 일처럼 단순한 동작을 상상할 때, 두뇌의 운동 피질 영역이 실제 움직임에서 생성되는 전기적 활동의 약 25퍼센트를 생성한다는 사실을 확인했다.

이는 적절하게 활용된 상상이 모든 형태의 움직임과 기술, 운동 능력 및 고난도 활동에 대단히 실질적으로 영향을 미친다는 점을 뜻한다. 서로 아주 다른 분야이기는 하지만 권투선수와 피아니스트는 모두 상상을 적절하게 활용함으로써 각자의 기술을 발전시킬 수 있다. 예를 들어 피아니스트는 스케일 연습을 상상하며, 권투선수는 잽과 크로스, 어퍼컷, 훅을 조합하는 일을 상상하며 기술 수준을 높일 수 있다. 이와 똑같은 이야기를 배우와 음악가, 의사, 영업사원 그리고 인사 관리자에게도 대입해볼 수 있다. 특정한 이미지, 특히 청각이나 촉각과 같은 감각이 동반될 때 각각의 기술과 행동을 관장하는 신경 연결 통로는 활성화된다. 신경 연결 통로는 대뇌 피질에서 척추를 거쳐 특정 근육으로 이동해 언제, 그리고 얼마나 강하게 수축해야 하는지 알린다. 우리가 운동장에서 육체적으로 훈련하든, 의자에 앉아 정신적으로 훈련하든 간에 신경 연결 통로가 활성화될 때마다 신호는 더 부드럽고 빠르게 전달된다. 어떤 경우에든 움직임과 기술을 가능하게 만드는 신경 연결 통로가 활성화된다. 육체적인 것이든 정신적인 것이든 간에 반복 훈련은 기존 신경 연결 통로를 통해 비슷한 신호 전달을 일으키며, 앞서 1장에서 살펴본 것처럼 각각의 신호 전달은 미엘린초의 또 다른 막을 형성해 좀더 부드럽고, 빠르고, 조율된 실행을 가능하게 한다. 놀랍고도 중요하게도, 그리고 대단히 의미 있는 차원에서 뉴런과 시냅스 그리고 화학 전달물질로 이뤄진 엄청나게 복잡한 네트워크인 인간 신경계는 실질적인 자극(육체적인 활동)과 상상된 자극(정신적인 활동)을 제대로 구분하지 못한다. 상상된 자극이 충분히 강력하기만 하다면 말이다.

우리의 근육이 상상에 반응하는 유일한 생리적 과정의 일부가 아니라는 사실은 상상의 위력을 더욱 강력하게 만들어준다. 지난 50년간 수많은 의학 연구는 상상이 혈당 수치와 위장 활동, 심박 수, 면역 시스템 기능과 같은 생리적 과정에도 영향을 미친다는 사실을 보여준다. 상상 훈련은 암 환자의 백혈구 수를 크게 증가시키고, 수술 뒤 고통 수치를 낮춰주며, 또한 이뮤노글로빈immunoglobin A 생성을 촉진한다. 위장과 호흡기 및 비뇨 생식기의 분비물에서 자연적으로 발생하는 항체인 이뮤노글로빈 A는 외부 미생물의 공격에 대한 최전선 방어막으로 기능한다. 다시 말해 상상을 효과적으로 활용할 때 우리는 기술 수준을 높일 뿐 아니라 몸을 더 건강하게 만들 수 있다.

상상 속에서 만들어내는 그림이 몸에서 실질적인 변화를 일으킨다는 주장에 여전히 약간 회의적이라면 나와 다음 실험을 해보자.

지금 식탁 앞에 앉아 있다고 상상하자. 부엌과 벽의 색, 창문 위치 그리고 앞에 놓인 식탁을 떠올려보자. 이제 바로 앞에 작은 접시가 놓여 있다고 상상하자. 접시 위에는 잘 익어 샛노란 레몬이 있다. 당신은 그 레몬을 바라본다. 빛이 닿은 레몬의 반지르르하고 오돌토돌한 표면이 보인다. 레몬을 들고 무게와 질감을 느껴보자. 레몬을 접시 위에 내려놓고 손바닥과 손가락에 남은 레몬의 흔적을 느껴보자. 다시 레몬이 놓인 접시를 바라보자. 바로 옆에 작고 날카로운 칼이 있다. 작은 과일을 자르기에 형태가 안성맞춤인 칼이다. 그 칼을 들어 조심스럽게 레몬을 반으로 잘라본다. 칼날이 레몬 껍질을 뚫고 중심부로 들어가는 감촉을 느껴보자. 이제 칼을 내려놓고 레몬 반쪽을 들어보자. 좀더 가벼워진 무게를 느껴보자. 그리고 더 부드럽고 말랑말랑해진 촉감을 느껴보자. 그런 다음 손으로 부드럽게 레몬을 쥐어짜보자. 잘린 표면에 즙이 맺힌다. 레몬을 얼굴 쪽으로 가져와 특유한 향을 맡아보자. 레몬 즙이 어느새 손가락으로 흘러내린다. 약간 끈적끈적하다. 이제 그 레몬 반쪽을 입으로 가져와 입술로 지그시 물고 부드럽게 맛보자. 레몬을 한입 크게 베어 물고 강한 신맛과 과즙을 느껴보자.

당신이 대부분 사람과 비슷하게 상상하며 이전에도 레몬을 만져본 적 있다면 아마 콧구멍이 화끈거리면서 입 주변 근육이 수축되고 침이 고였을 것이다. 왜일까? (1) 얼굴 근육의 움직임을 통제하고 (2) 소화를 관장하며 (3) 입 속에 든 것을 맛보도록 하는 자율신경계가 실제로 레몬이 없었는데도 작동했기 때문이다. 혀 위에 있는 미뢰의 미각 수용기가 두뇌의 미각 피질에 신맛을 내는 물질이 입 안으로 들어오고 있다고 메시지를 전했다. 실제로 맛을 느낄 어떤 물질도 없었는데 말이다. 다음으로 두뇌는 코에 있는 비근nasalis muscle에 갑작스럽게 유입된 강한 향에 대응해 수축함으로써 후각 통로를 닫으라고 메시지를 보냈다. 물론 실제 향은 없었다. 그리고 일곱 번째와 아홉 번째 뇌신경cranial nerve은 귀밑샘과 하악 그리고 설하선sublingual gland에 레몬 즙과 조직을 소화시키기 위해 침을 분비하라고 메시지를 보냈다. 이번에도 소화해야 할 즙이나 물질은 없었다. 당신은 상상을 통해 다양하고 생생한 감각을 떠올림으로써 자신의 신경계를 속였다. 우리는 이 생물학적 사실을 활용해 자신이 선택한 활동이 더욱 부드럽게 이뤄지도록 만들 수 있다. 한번 생각해보자.

상상의 이런 현상은 기술 수준을 높이는 데 흥미롭고 유용할 수 있지만 나는 상상력의 가장 큰 가치가 우리의 확신, 특히 미래에 대한 확신에 도움 된다는 사실에 있다고 믿는다. 과학 연구는 활동에 대한 상상이 기술에 영향을 미치고 치유에 대한 상상이 회복 과정에 다양한 형태의 영향을 미친다는 사실뿐 아니라 효과적인 상상이 자아에 대한 인식, 즉 우리가 누구인지, 그리고 앞으로 어떤 미래가 펼쳐질 것인지에 대한 생각에 긍정적인 영향을 미친다는 사실 또한 뒷받침한다. 과학이 들려주는 이야기에 따르면, 자신이 원하는 방식으로 움직이고 원하는 목표를 성취하는 모습을 생생하게 상상함으로써 우리는 자기 이미지, 즉 자신에 대해 지닌 지배적인 인상을 바꿀 수 있다. 자기 이미지는 우리가 3장에서 살펴본 또 다른 자기 충족적 예언의 시작이자 끝이다. 자기 이미지는 자신이 바라는 정신적인 목적지, 즉 건물의 청사진처럼 우리가 창조하고자 하는 바에 대한 시각적인 일련의 지침을 우리의 강력한 무의식에 가져다준다. 사우샘프턴 대학교 조디 할로위Jodie Harlowe와 동료들은 섭식 장애가 있는 사람을 대상으로 자신에 대한 긍정적인 이미지를 '최대한 생생하게' 그려내고 간직하도록 했을 때, 자기 인식과 자기 이미지 항목에서 훨씬 더 높은 점수를 기록했다는 사실을 확인했다. 연구원들은 피실험자들에게 '슬프고, 짜증나고, 스트레스받는' 부정적인 이미지를 갖도록 지시했을 때 부정적인 방향으로도 비슷한 효과가 나타난다는 점을 발견했다. 이런 발견을 비롯해 임상 심리학 및 성과 심리학에서 이뤄진 많은 유사 연구의 결과는 우리가 갖고 있는 이미지가 지금 자기 자신과 자신의 미래에 대해 어떻게 느끼는지에 강력하게 영향을 미친다는 사실을 말해준다. 자기 이미지가 두뇌와 몸에서 변화를 만들어낸다는 점에서 이 이미지를 신중하게 관리하는 일은 희망 근육을 단련하는 효과적인 방식이라 볼 수 있다. 의학박사 버니 시겔Bernie Siegel은 10년간 암을 수술하며 환자의 태도가 회복 과정에 얼마나 강력하게 영향을 미치는지 확인하고 다음과 같이 말했다. "우리가 몸속에서 만들어내는 감정적인 환경은 파괴나 회복의 메커니즘을 활성화한다." 우리가 창조하고, 유지하고, 강화하기로 선택한 자기 이미지는 낙관적인 내용물을 제시하고 확신의 생화학을 창조함으로써 심리적 계좌의 잔고를 높이고, 반대로 미래에 대해 주저하고 걱정하도록 내버려둠으로써 계좌 잔고를 낮춘다.

마이크 파웰이 개인 기록을 세우는 성공적인 성취를 떠올렸을 때, 그는 건설적인 생화학과 긍정적인 자기 충족적 예언을 만들어내고 있었다. 벤처기업의 성공을 상상했던 폴 토치의 경우나 이상적인 훈련을 상상했던 카프라 대령의 지휘관들 역시 마찬가지이다. 사무실이나 법정, 무대 혹은 그 어떤 개인적인 전쟁터에 들어섰을 때 자신이 바라는 모습의 가상현실을 떠올리는 것과 같은 유형의 상상은 우리가 혁신을 향해 나아가도록 준비시킨다. 이런 상상은 고등학교 운동선수가 대학에 진학해서도 잘해내도록, 대학생이 장학금을 받도록, 중간 관리자가 부사장 이상으로 승진하도록 확신을 불러온다. 이처럼 수많은 사례 속에서 운동선수와 학생 그리고 중간 관리자는 모두 필수적인 '노하우'와 역량인 물리적, 기술적, 전술적 능력을 갖췄으나 확신, 즉 혁신이 일어나도록 만들어줄 자기 자신에 대한 믿음이 부족했다. 그들은 자신이 그런 차원에서 성공적으로 활약하거나 인정받는 모습을 완전하게 바라보지 못해 불편함을 느꼈다. 전국 토너먼트에 참가하든, 올림픽 경기에 출전하든, 새롭고 거대한 세일즈 분야에 뛰어들든 불편함을 느끼게 만드는 경쟁이나 책임의 단계로 올라서는 일은 잘 훈련되어 완벽한 기술까지 위축시킬 정도로 우려와 불편함, 긴장감을 만들어낸다.

힘들게 단련한 기술이 두려움과 의심, 걱정의 희생양이 되지 않게 하는 효과적인 방법은 그처럼 놀라운 일이 어떻게 일어나길 원하는지, 그리고 그런 일이 일어났을 때 어떤 느낌이 들 것인지를 온전하고 생생하게 상상함으로써 그것이 실제 현실이 되었을 때, 경기장이나 법정 혹은 회의실로 걸어 들어갈 때 이미 그전에 그렇게 했던 것처럼 느낄 정도로 '자신이 원하는 상황에 대한 데자뷔 경험을 창조'하는 것이다. 이는 올림픽 금메달리스트 실비 베르니에Sylvie Bernier 가 1984년 올림픽 경기에서 정확히 겪은 일이다. 그녀는 말한다.

"8월 6일 오후 4시에 다이빙 결승전이 있을 거라는 사실을 알았습니다. 그리고 점수판이 왼쪽 어디에 있는지, 코치들이 어디에 앉아 있을지도 알았습니다. 모든 게 제 머릿속에 들어 있었죠. 저는 제가 원하는 다이빙, 즉 완벽한 다이빙을 그려봤습니다. 그리고 실제로 시상식에 서자 예전에 그 자리에 와봤던 것 같다고 느꼈죠."

이는 내가 당신이 인생의 중요한 성과를 올려야 할 순간에 경험하길 바라는 느낌이다. 이미 거기에 있었고, 그 일을 했고, 그것도 아주 잘했다는 인식에서 비롯한 편안함과 안전함이다. 서라운드 음향과 놀라운 특수 효과로 가득한 영화 속 주인공이 반복적으로 되어봄으로써 우리는 바로 그런 느낌, 즉 자신에 관한 궁극적인 확실성의 인식을 가질 수 있다. 우리는 그 영화의 주인공으로서 거의 완벽하고 놀라운 수준으로 다양한 과제와 기술을 실행에 옮기고, 어떤 주저함과 의심, 분석 없이 원하는 결과를 성취한다. 이 영화에서, 혹은 자신이 등장하는 이런 '가상현실'에서 우리는 확신에 가득 차 있고 자유로우며 어떤 실수나 결함도 신경 쓰지 않는다. 모든 감각을 동원한 고해상도 현실 속에서 기쁜 마음으로 자신의 꿈을 추구하고 세상 모두를 앞서간다. 자, 준비되었는가?

놀라운 데자뷔 경험 창조하기

파트 1: 상상 '근육' 이완하기

상상에 앞서 예비 운동을 시작해보자. 이를 통해 자신의 신경계를 '속이고', 몸에서 실질적인 변화를 만들어내며, 개인적인 혁신으로 이어질 좀더 구체적인 상상 에피소드를 위해 자연스러운 몽상과 공상 능력을 갖출 수 있다.

먼저 이 장에서 소개한 '레몬 테스트'를 떠올려보자. 여기서도 다시 한 번 그런 지시를 따라 상상을 동원해 익숙한 공간에서 익숙한 물체를 바라볼 것이다. 이번에는 우리의 마음이 좀더 구체적인 것을 만들어내도록 할 것이다.

- 레몬이 놓인 접시는 무슨 색깔인가?
- 어느 손으로 레몬을 집을 것인가?
- 칼로 레몬을 자를 때 어떤 미세한 소리가 들리는가?
- 칼은 전부 금속 재질인가, 아니면 손잡이가 나무나 플라스틱으로 되어 있는가?

잠시 시간을 갖고 이와 같은 세부사항에 대해 생각해보자. 자신을 영화 제작자이자 감독이라고 생각하자. 그리고 당신에게는 이 장면을 연출하기 위한 무제한의 예산이 있다. 당신은 상상한 '감각' 중 일부가 다른 일부보다 강력하다는 사실을 깨달을 것이다. 혹은 색깔과 형태를 상상하기는 쉽지만 소리나 향기를 상상하기는 힘들다는 사실을 알게 될 것이다. 이는 지극히 정상이다. 우리는 모두 저마다 내적인 감각적 취향을 갖고 있다. 하지만 조금만 연습하면 소리와 냄새를 비롯한 다양한 감각을 상상하는 능력이 빠르게 향상된다는 된다는 사실 또한 알게 될 것이다.

이제 시작해보자. 자신이 선택한 분야나 전공 혹은 스포츠에서 활용하는 물건이나 도구를 하나 선택하자. 가령 테니스 라켓이나 라크로스/하키 스틱, 풋볼/농구/야구 공 혹은 운동화가 될 수 있다. 음악가에게는 악기, 외과의사에게는 메스, 사무실에서 일하는 직장인에게는 전화기나 휴대전화가 될 수 있다. 우리는 이런 물건을 상상하고 정신적으로 활용함으로써 자신이 만들어내는 모든 이미지를 통제할 수 있는 능력을 단련하기 위한 준비 운동을 할 수 있다. 이를 통해 우리는 영화의 제작자/감독으로서 각각의 장면을 좀더 역동적이고 인상적으로 만들어줄 특수 효과 전문가의 범위로까지 자신의 역할을 넓힐 수 있다. 자, 시작해보자(시작할 때마다 '하나, 둘, 셋' 숫자를 세면서 마음속으로 구체적인 것들을 잠시 그려보자).

이제 마음의 눈으로 자신이 선택한 물건이나 도구의 이미지를 떠올려보자. 그것이 아무런 특징 없는 회색 배경을 뒤로하고 자기 눈앞에 둥둥 떠 있다고 상상해보자. 물건의 색깔과 형태를 살펴보자. 테두리의 한 지점을 선택해 그 외곽선을 시계방향으로 따라가보자. 그리고 반시계방향으로 따라가보자. 다음으로 부드럽게 물건을 회전시켜 상상 속에서 옆면을 보자. 그다음으로 뒷면, 반대편 옆면, 마지막으로 원래 위치로 돌아오자. 다음에는 회전 방향을 반대로 해서 옆면, 뒷면, 반대편 옆면 그리고 다시 한 번 정면으로 돌아오자. 이제 물건이 부드럽게 앞쪽으로 회전한다고 상상해보자. 그런 다음 뒤쪽으로 회전한다고 상상해보자. 물건이 회전하는 속도와 방향을 통제하자. 마치 자신에게 집중하는 것만으로 물건을 움직이는 슈퍼히어로의 능력이 있는 것처럼 말이다. 이제 그 능력을 발휘해 물건을 손으로 가져와보자(크기가 크다면 양손이 필요하다). 그리고 그것을 느껴보자. 계속해서 바라보면서 무게와 형태를 느껴보자. 표면 전체를 만져보면서 각각 다른 부분의 다양한 촉감을 모두 느껴보자(가령 테니스 라켓의 그립과 프레임, 줄을 만져보자). 이제 그 물건을 갖고 놀아보자. 한 손에서 다른 손으로 던져 잡아보자. 물건을 던지고 받을 때 팔과 손의 움직임을 느껴보자(부디 메스는 조심해서 다루길!). 이제 그 물건을 원래 목적대로 사용해보자. 공을 던지거나, 메스로 자르거나(주의해서!), 악기를 연주하거나 조율하고, 전화기로 통화하면서 그 과정에서 동반되는 신체의 움직임을 느껴보자. 이제 서서히 그 이미지가 사라지게 하고 다시 이 페이지로 완전히 돌아오자.

지금까지 한 일은 자신이 상상한 내용물을 **통제**하는 능력을 경험하고, 강화하고, 통제된 이미지의 효과를 구체적인 **세부사항**과 더불어 확대하는 것이다. 여기서 두 가지 사항인 통제와 세부사항은 효과적인 상상의 핵심 특징이다. 이제 그 두 가지 특징을 다음 훈련에서 활용할 것이다. 여기서 우리는 정신적인 훈련을 하고 놀라운 성과를 상상해볼 것이다. 상상한 이미지의 내용을 통제하고 그것을 성공과 발전의 장면으로 제한할 수 있다면 자신의 심리적 계좌에 소중한 예금을 할 수 있다. 반대로 실패와 난관의 이미지가 눈앞에 남아 있도록 내버려둔다면 그것은 그 실패와 난관과 관련된 신경 통로를 미묘하고도 강력하게 강화하면서 계좌 잔고를 인출할 것이다. 핵심은 상상된 내용물에 대한 통제이다. 어떤 장면을 상상하는 동안 실수나 나쁜 성과의 이미지가 나타난다면 영화감독처럼 "컷!"을 외쳐 그 장면이 진행되는 것을 멈추자. 그러고 나서 다시 무대를 정리하고 원하는 결말로 마무리 짓자. 우리는 상상 속에서 원하는 모든 성공을 거머쥐고, 바라는 모든 것을 성취하며, 어떤 적이나 경쟁자도 물리칠 수 있다. 한 번도 이겨본 적 없는 상대라 해도 말이다. 실제로 우리는 운동장이나 코트에서 이런 경쟁자를 물리치기 전에 마음속으로 먼저 그들을 물리쳐야 한다. 그러니 긍정적인 상상을 이어나가자!

상상하는 과정에서 또 다른 핵심은 구체적인 측면이다. 좀더 세부적인 수준으로 상상해야 그 과정에 관여하는 신경 통로의 수가 늘어나 자신의 신경 시스템을 더욱 완벽하게 '속일 수' 있으며, 성공적인 실행에 관여하는 통로를 강화할 수 있다. 세부적인 수준을 높인다는 말은 최대한 많은 수의 감각을 동원하고, 각각의 감각을 최고로 강력하게 활용한다는 뜻이다. 당연하게도 이를 위해서는 상상된 장면 속에서 시각적인 세부사항을 극대화하는 작업으로 시작해야 한다. 어디서 일어나고 있는가? 실내인가? 밖인가? 어느 방인가? 실내라면 벽과 바닥, 천장은 어떤 모습인가? 실외라면 땅과 주변 환경 그리고 하늘은 어떤 모습인가? 그 각각에 정확한 색을 부여할 수 있는가? 모든 집기와 가구, 도구, 팀원, 경쟁자, 동료 등이 서 있는 위치를 확인할 수 있는가? 기억하자. 당신은 이 영화의 제작자이며, 현실감을 높이기 위해 어떤 세부적인 요소도 추가할 수 있다. 다음으로 소리는 어떤가? 관중이나 청중이 웅성거리는 소리가 뒤에서 들리는가? 팀원이나 동료의 목소리가 들리는가? 스피커에서 안내 방송이 흘러나오는가? 음성적인 세부사항을 추가함으로 그 장면을 좀더 선명하고 생생하게 만들자.

이제 한 걸음 더 나아가 다른 감각 요소도 추가하자. 공기의 온도, 입고 있는 옷이나 유니폼의 촉감, 연주하는 악기나 손에 쥐고 있는 스틱/라켓/공의 익숙함, 자신이 연설하는 연단과 마이크 등 다양한 감각으로 꾸며진 가상현실을 창조하자. 통제와 세부사항으로 강화된 상상을 통해 우리는 더욱 복잡하고, 연속적이고, 성취와 관련된 정신적 이미지로 넘어갈 수 있다.

파트 2: 발전을 위한 훈련

상상 근육의 준비 운동을 마쳤다면 이제 앞으로 있을 성과의 기회에서 당신이 활용할 기술을 개선하기 위한 훈련을 해보자. 이를 위해 먼저 자신이 개발하길 원하는 스포츠나 일상적인 과제와 관련된 기술을 선택하자. 얼마 뒤 있을 경기나 시험에서 필요하다고 생각하는 기술, 혹은 자신의 분야에서 일반적으로 중요하게 평가받으며 완성하기에 상대적으로 그리 오래 걸리지 않는 기술을 한 가지 선택하자. 예를 들어 경기 전체를 수행하는 것이 아니라 강력한 테니스 서브, 브란덴부르크 협주곡 3번을 완전히 연주하는 것이 아니라 짧은 소절을 좀더 부드럽게 연주하기, 월간 비용 보고서 전체를 마무리하는 것이 아니라 데이터베이스에 데이터를 좀더 빨리 입력하는 것이 그런 기술이 될 수 있다. 이런 기술이나 과제를 실행하는 장면을 상상함으로써 우리는 두뇌의 운동 피질과 신경계 통로를 활성화할 수 있다. 기술과 과제를 관장하는 우리의 신경계는 우리가 실제로 하는 일과 그 일에 대한 생생한 상상을 잘 구분하지 못하기 때문이다. 운동 피질에서 척추를 거쳐 신경이 근육과 이어진 몸의 말단 부위로 이어지는 이 신경계 통로를 활성화한 상태에서 미세한 경련을 느낄 수도 있다.

여기서 잠시 NCAA와 올림픽 해머던지기 예비 선수로 활동했던 제리 잉걸스Jerry Ingalls의 사례를 참조해보자. 잉걸스는 확신과 통제, 집중의 느낌을 상상하며 자신의 기술 수준을 크게 끌어올렸다. 현재

인디애나주에서 목사로 활동하고 있는 잉걸스가 처음 사관학교에 들어왔을 때는 192센티미터 키에 82킬로그램 몸무게로 마른 17세 청년이었다. 그때까지 해머던지기를 한 번도 본 적 없었으나 룸메이트 권유로 용감하게 도전한 이후 그는 4년 뒤 학교 기록을 수립하면서 졸업했다(그 기록은 지금도 남아 있다). 뒤이어 패트리어트 리그 챔피언과 IC4A 대회 우승을 차지했으며, 1996년 올림픽 대표팀 선발전을 통과했다. 올림픽의 네 가지 던지기 종목 중 하나인 해머던지기는 대단히 정확한 균형과 타이밍 그리고 강력한 육체적 힘을 요구하는 스포츠로, 쇠줄로 연결된 약 7.3킬로그램의 쇠공을 회전시켜 최대한 멀리 날려 보내는 경기이다. 제리 잉걸스는 완전히 초심자로 시작해 많은 복잡한 기술을 배우고 연마했다. 사관학교에 이어 레인저스쿨(거기서 다리가 부러지면서 14킬로그램이 빠졌다)을 졸업한 뒤 제리는 미 육군 월드클래스 스포츠 프로그램World Class Athlete Program, WCAP에 선발되었고, 1998년 다시 사관학교로 돌아와 2000년 올림픽 대표팀 선발전을 위해 훈련했다. 여기서 제리는 세계 최고 무대에서 경쟁하기 위해 다시 한 번 많은 기술을 새롭게 배우고 익혀야 했다.

제리는 생도일 때와 올림픽을 앞둔 WCAP 시절 고난도의 포턴four-turn 해머던지기 기술을 익히고 대회를 앞두고 정신적으로 무장하기 위해 나의 정식 고객이 되었다. 적어도 일주일에 두 번 내 사무실에서, 그리고 혼자서 매일 수십 번씩 정신적인 훈련을 했다. 그 과정에서 근육이나 관절을 사용하는 일 없이 발과 무릎, 엉덩이, 어깨, 팔꿈치, 손의 움직임을 관장하는 신경 통로를 활성화시켰다. 제리는 아주 구체적인 기술적 측면을 상상했다. 머리를 정확한 위치에 유지하고, 어깨에 힘을 빼고, 등을 똑바로 펴고 무릎과 발목을 완전히 구부린 채 턴할 때마다 공을 가장 낮은 위치에서 가장 높은 위치로 가속하는(전문 용어로 '더블풋 캐치로 가속해서 싱글풋 서포트행으로 캐치하는') 동작을 상상했다. 또한 서클에 들어가 턴을 시작하고, 첫 움직임부터 마지막 릴리스에 이르는 전체 과정을 상상했다. 그 상상은 모두 '실제 시간', 자신이 원하는 리듬과 흐름, 느낌에 따라 이뤄졌다.

잉걸스의 사례는 특히 기술 수준을 높이기 위해 상상하는 동안 우리가 생각해야 할 중요한 요소를 두 가지 보여준다. 첫 번째는 상상을 훈련 루틴이나 일상적인 습관의 일부로 만드는 꾸준함이다. 체육관에 한 달에 두 번 가서는 근력을 키우는 데 거의 도움이 되지 않는 것처럼 구체적인 상상을 '간만에 한 번' 해서는 기술을 개발하기 어렵다. 제리가 하루 다섯 번 자신의 기술을 상상하는 데 할애한 15분은 특히 각각의 상상 훈련이 완벽하게 이뤄졌을 때(그는 통제 훈련을 실행했다) 아주 작은 투자에 지나지 않았다. 게다가 이런 상상 훈련은 그의 몸에 아무런 부담을 주지 않았다. 중요한 기술이나 동작을 일주일에 수백 번 훈련한 일이 중요한 순간 자신의 능력에 실제로 미칠 영향에 대해 생각해보자. 하루 15분이란 시간을 투자할 만한 가치가 충분하지 않을까?

또한 잉걸스의 이야기는 적절한 **관점**, 다시 말해 자신이 만들어낸 이미지를 적절한 위치에서 '바라보며' 상상하는 노력의 중요성을 잘 보여준다. 던지는 상상 각각이 신경 통로를 최대한 많이 활성화하기 위해 나는 제리가 자신의 몸 내부로부터 상상하도록 했다. 이는 **내면적 관점**internal perspective이라 부르는 방법이다. 정신적 훈련을 할 때 제리는 손과 어깨가 던지기 동작을 위한 움직임을 시작하면서 자신의 손이 출발 자세에서 앞으로 뻗어 나오는 것을 '보았다'. 그리고 실제로 몸을 사용할 때와 똑같이 던지기 동작의 마지막에 자신의 손이 해머를 놓은 순간을 '느끼면서' 해머가 멀리 날아가는 장면을 '보았다'.

고프로로 촬영하듯 자기 몸 내부로부터 바라보고, 실제로 기술을 발휘할 때 보게 되는 모습을 내면적 관점으로 상상함으로써 자신을 찍은 영상을 보는 것처럼 바라보는 외면적 관점으로 상상할 때보다 전반적으로 훨씬 강력한 정신적, 감정적 경험을 만들어낼 수 있다. 내면적 관점은 두 가지 측면에서 외면적 관점보다 더욱 강력하다. 첫째, 상상한 배경을 통해 움직이면서 자신의 몸으로부터 더욱 뚜렷한 감각을 만들어낼 수 있다. 둘째, 상상된 장면 속으로 진정한 감정을 집어넣을 수 있다. 일부 연구는 새로운 기술을 배우는 초심자에게는 외면적 관점이 더 유용하다고 주장하지만(실제로 우리는 보고 나서 따라 한다) 2016년 『스포츠 과학과 의학 저널』*Journal of Sports Science and Medicine*의 한 기사에 따르면 내면적 관점의 상상으로 근육을 좀더 활성화시킬 수 있으며, 특히 이미 수행할 수 있지만 더 완벽해지길 바라는 기술을 연습할 때 더욱 효과적이다. 1929년 제이콥슨이 연구 과정에서 육상선수에게 내면적 관점의 상상을 지시했는지 정확하게 확인할 수는 없지만 나는 분명히 그랬을 것이라는 쪽에 내기하겠다.

내면적 관점과 외면적 관점의 차이를 이해하기 위해 잠시 놀이공원 주차장에서 롤러코스터를 멀찍이 바라보고 있다고 상상해보자. 롤러코스터가 궤도 꼭대기로 올라갔다가 갑자기 떨어지면서 곡선을 따라 질주하는 모습을 바라본다. 아마도 탑승한 사람들의 비명 소리가 들릴 것이다. 이제 롤러코스터 맨 앞자리에 앉아 궤도를 따라 정점으로 올라가는 모습을 바라보고 있다고 상상해보자. 롤러코스터는 정점에서 갑자기 앞으로 떨어지고, 그 속도가 너무도 빨라 심장이 튀어나올 것만 같다. 자, 두 시나리오 중 어느 것이 좀더 생생하게 '느껴지는가?' 주차장에서 바라보는 관점인가, 아니면 맨 앞자리에 앉아 있는 관점인가? 맨 앞자리에 앉아 떨어지는 장면을 상상했을 때 심장이 더 빨리 뛰고, 혈압이 더 높아지며, 일부 근육이 더 긴장했을 것이다. 관점이 외부에서 내부로 바뀔 때 우리가 느끼는 현실감의 정도는 달라지고 더 많은 감각이 동원된다. 그리고 상상이 좀더 생생한 개인적인 현실 경험으로 느껴지면서 그 과정에서 자신의 신경계를 더 효과적으로 '속일 수' 있다.

물리적 혹은 역동적인 느낌을 강화하는 노력에 더해, 제리 잉걸스는 완전히 자기 몸속으로 들어가는 내면적 관점으로 정신적 훈련을 수행함으로써 실제 물리적인 훈련을 수행할 때와 동일한 감정을 훨씬 많이 경험했다. 그는 훈련 과정에서의 자부심, 순간적인 몰입, 급박함 그리고 단호함을 느꼈다. 진정한 감정은 상상을 효과적으로 만드는 과정에서 대단히 중요한 역할을 한다. 훈련의 효과를 기대하려면 거기에 완전히 몰입해야 한다. 마찬가지로 상상할 때도 몰입해야 한다. 이를 위해서는 그 과정에 수반되는 감정적 강도를 높이는 노력이 중요하다. 여기서 '감정적 내용물'을 시각적인 세부사항과 움직임의 느낌과 더불어 몰입하기 위한 또 하나의 감각으로 생각해보자. 악몽을 꿀 때처럼 자신이 상상한 장면 속으로 완전히 몰두해야 한다. 사실 악몽은 신경 시스템이 얼마나 실제 상황과 상상의 상황을 잘 구분하지 못하는지를 보여주는 최고의 사례일 것이다. 악몽을 꿀 때 우리 몸 전체는 반응한다. 심박 수가 빨라지고 근육은 수축된다. 꿈에 수반되는 감정의 강도가 너무도 강력하기 때문이다. 효과적인 상상을 일상적인 몽상이나 일반적인 '시각화'와 구분해주는 것은 바로 이런 감정이다. 멀리뛰기 선수 마이크 파웰은 자신이 세계 기록을 깬다고 상상할 때마다 뿌듯함을 느꼈다. 그는 말했다. "저는 실제로 느낄 수 있었습니다. 제 머릿속에서 질주하는 그 느낌을요." 이처럼 강력한 감정은 심리적 계좌의 소중한 예금이 된다. 진정한 감정을 상상 훈련 속으로 가져가자. 그러면 당신의 신경계는 발전으로 보답할 것이다.

지금 당장 해보자. 아래 지침을 활용해 자신이 선택한 기술이나 과제에 효과적인 '정신적 훈련'을 실행해보자.

　　자신이 선택한 기술을 연마하거나 특정한 과제를 처리하는 장소에 대한 정신적인 그림을 떠올려보자(가령 테니스코트, 연습실, 사무실 책상 등). 이미지를 통제하고 감각적인 세부사항을 채워 넣으며 실제로 그 물리적 공간에서 과제를 수행할 준비가 되었을 때 볼 수 있는 것들을 마음의 눈으로 '바라보자'(서거나 앉은 채로). 음향을 추가해 이미지를 좀더 생생하게 만들자. 실제로 그 장소에 있을 때 들을 수 있는 것들을 '들어보자'. 그리고 그 장소에 있을 때 경험할 수 있는 다양한 감각을 느껴보며 이미지를 완성하자. 시작하는 자세를 느껴보자. 가령 바닥이나 코트 혹은 잔디에 발이 닿는 감촉을 느껴보자. 손에 들고 있는 모든 도구나 물건의 감각을 추가하자. 공기의 온도와 그 공간에 존재하는 모든 냄새도 느껴보자. 마지막으로 자신이 선택한 기술과 과제의 실행을 개선하기 위한 목적과 의지를 떠올리며 장면을 완성하자. 왜 훈련하는가? 이 기술이나 과제는 얼마나 중요한가? 훈련하고 발전하기 위해 노력하는 자신의 모습에 자부심을 느껴보자.
　　이제 실질적인 배경과 출발 자세 그리고 목적의식을 마음속에 간직한 채 그 과제를 예전보다 더욱 자연스럽고 효과적으로 수행해내는 것이 어떤 느낌인지 상상해보자. 과제를 끝까지 수행하는 동안 손과 관절 그리고 몸 전체가 어떻게 움직이는지 느껴보자. 일단 그 과정이 마무리되었다면 잠시 성공의 느낌을 느껴보자. 오래전 두발자전거 타는 일을 처음 배웠을 때 '달리고 있어'라고 느꼈던 것과 같은 느낌을 경험해보자.

이 정신적인 훈련을 세 번 더 반복하자. 신중하게 통제해 각각의 반복이 완전하게 이뤄지도록, 풍부한 세부사항으로 가득하도록 만들자. 반복을 마칠 때마다 만족감을 느껴보자. 세 번째 훈련이 끝나면 숨을 크게 들이쉬고 훈련 장면의 이미지가 서서히 사라지게 하자. 천천히 눈을 뜨고 다시 이 페이지로 돌아오자.

무엇을 상상하느냐에 따라 한 번의 훈련이 몇 초로 끝날 수도 있다(가령 테니스 서브). 그런 경우라면 각각 반복의 마지막에 정신적으로 새롭게 무대를 마련하고, 과정을 열 번이나 스무 번 반복할 수 있다. 반대로 더 긴 시간이 필요한 경우라면(가령 안무나 복잡한 기구 조립, 프레젠테이션 보완) 한 번이나 두 번으로도 충분할 것이다. 여기서 중요한 것은 상상의 양이 아니라 생생함과 통제 그리고 몰입을 느끼는 상상의 질이다.

파트 3: 놀라운 성과를 이룩하기

댄 브라운 생도는 사관학교의 내 사무실에 있는 인체공학적으로 설계된 리클라이너에 편안하게 눕는다. 거대한 달걀이 옆으로 누워 있는 모습이라 '달걀 의자'라고 별명 붙은 의자의 정확한 이름은 알파

체임버. 푹신한 재질로 편안하게 기댈 수 있는 그 의자는 댄이 특별한 첫 번째 승리를 거머쥔 장소이다. 그는 이 의자에서 사관학교의 새로운 기록을 수립하고, 4분 안에 1마일을 주파하는 첫 번째 생도가 될 것이다. 나는 몇 분 동안 댄이 호흡 조절과 함께 근육을 이완하도록 한다. 먼저 발에서 시작해 다리, 팔, 마지막으로 얼굴에 모든 긴장을 풀도록 한다. 그러고 나서 우리는 정신적으로 사관학교의 다목적 경기장인 길리스 필드하우스Gillis Field House로 상상의 여행을 떠난다. 거기서 댄은 이틀 동안 달리고, 1954년 로저 배니스터Roger Bannister가 처음 깬 이후 모든 엘리트 1마일 선수가 기준으로 삼은 4분의 벽에 도전할 것이다. 우리는 필드하우스 경기장의 트랙을 생생하게 떠올리고, 트랙에서 나는 소리가 동굴 같은 벽과 천장에 반사되어 울리는 느낌을 정확하게 묘사한다. 시합이 있는 날에만 느낄 수 있는 흥분과 기대감의 특별한 뒤섞임을 정신적으로 경험한다. 댄은 내 목소리에 따라 몸을 풀고, 걷고 달리면서 스트레칭하는 모습을 상상한다. 상상의 시나리오를 안내하는 내 지시에 따라 출발점으로 들어서서 몸을 구부려 출발 총성을 기다리면서 스파이크가 트랙 표면에 닿는 감촉을 느낀다. "제자리에… 준비… 탕!" 댄이 출발할 때 나는 스톱워치를 누른다. 그리고 매 보폭과 전체 경기 각각의 구간을 생생하게 떠올린다. 4분 가까이 속도를 유지하다 결승점을 향해 속도를 높이는 일을 상상할 때 댄의 손가락에 매달린 심박 수 센서에 변화가 나타난다. 댄은 여전히 눈을 감은 채 상상 속에서 가장 먼저 결승점을 통과하면서 손가락을 들어 올린다. 나는 그 신호에 맞춰 스톱워치를 누른다. 3:59:7이라고 찍혀 있다. 실제로 댄 브라운은 이틀 뒤 열린 대회에서 정확히 똑같은 기록을 세우며 1위로 들어왔다.

2019년 9월 열린 US 오픈에서 캐나다의 테니스 스타 비앙카 안드레스쿠Bianca Andreescu가 세리나 윌리엄스Serena Williams를 꺾고 우승을 차지하리라 예상하는 사람은 없었다. 그해 안드레스쿠는 세계 랭킹 152위로 출발한 반면, 윌리엄스는 특히 뉴욕 국립 테니스 센터에서 줄곧 훌륭한 실력을 보여줬다(이곳에서 열린 토너먼트에서 우승을 여섯 차례 차지했다). 하지만 안드레스쿠는 윌리엄스와의 실제 매치에서 더 뛰어난 기량을 선보였다. 그녀는 댄 브라운과 마찬가지로 US 오픈 결승전 아침까지 끊임없이 신체 훈련 및 시각화를 통해 역대 최고의 여성 테니스 선수인 윌리엄스를 이기기 위해 만반의 준비를 했다. 캐내디언 프레스Canadian Press는 그녀의 우승 소식을 다음과 같이 전했다. "비앙카 안드레스쿠는 US 오픈에 참가한 이후 여느 때와 똑같이 토요일 아침을 시작했다. 명상을 했고, 다음 상대를 어떻게 이길 것인지 시각화 훈련을 했다. 그 과정에서 안드레스쿠는 자신이 미국 슈퍼스타 세리나 윌리엄스를 US 오픈에서 꺾는 장면을 보았다. 아서 애시 스타디움에서 열린 긴장되는 여성 결승전에서 윌리엄스를 6-3, 7-5로 꺾고 난 뒤 안드레스쿠는 그날 저녁 이렇게 말했다. "기본적으로, 매치에서 일어날 수 있는 상황 속에 있다고 상상합니다. 대처할 방법을 찾고, 다가오는 모든 상황을 위해 준비합니다. 가장 중요한 무기는 최대한 준비되어 있다는 사실입니다. 저는 마음을 바로잡는 것이 (중요하다고) 생각합니다. 이런 수준에 있는 선수 모두 테니스를 어떻게 해야 하는지 잘 알고 있으니까요. 최고와 나머지를 구분하는 기준은 마음가짐에 있습니다. 제겐 시각화 훈련이 매우 도움 되었습니다!'"

이 이야기가 말해주듯 브라운이 경주에서 기록을 세우고 안드레스쿠가 세리나 윌리엄스를 상대로 깜짝 승리를 거둔 것은 그들이 바로 그런 일이 일어날 것이라 상상한 **이후** 벌어졌다. 두 사람 모두 각자의 경기장에 들어서기 전에 이미 승리를 경험했다.

다음은 우리가 배운 핵심적인 상상의 요소(완전한 통제, 세부적인 감각 극대화, 내면적 관점, 진정한 감정)를 모두 편안하고 안전한 자신의 개인적인 공간에서 활용함으로써 똑같이 따라 할 수 있는 청사진이다. 하나씩 시작해보자.

먼저 자신이 정말 원하는 결과를 분명하게 인식하자. 어떤 성공과 성취가 자신에게 엄청난 만족감을 가져다줄 것인가? 간단히 말해, 꿈이 무엇인가? 어떤 아이디어가 떠올랐을 때 척추가 살짝 찌릿하거나 스스로 "정말로 놀라운 일이 될 거야"라고 말하게 만드는가? 그것은 그랜드슬램에 도전하는 (그리고 이기는!) 안드레스쿠의 경우처럼 오랫동안 마음속에 품어온 꿈이 될 수도 있고, 4분의 벽을 깬 댄 브라운이나 자신의 벤처기업으로 수백만 달러 규모의 기업을 인수한 폴 토치의 경우처럼 자신에게 중요한 다음번 성과 이정표가 될 수 있다. 가능성이 적어 보이고 지금 당장 성취하기 힘들다 해도 경력의 현 시점에서 성취하고자 하는 목표, 혹은 삶의 현 시점에서 경험하고자 하는 목표가 될 수 있다. 사실 이 목표는 자신이 현재 할 수 있는 수준을 훌쩍 넘어서고, 생각하는 것만으로 가슴 떨리는 일이 되어야 한다. 나는 모든 고객에게 이렇게 질문한다. "무엇이 당신을 소름 돋게 만듭니까?" 잠시 생각해보고 공책이나 이 페이지의 여백에 한번 적어보자. 그리고 그것을 상상하기 위해 준비하자. 지금 자신이 역대 최대의 스튜디오에서 일하는 제작자이자 감독, 카메라 기술자, 특수효과 전문가라고 생각해보자.

다음으로 자신이 성취를 거두게 될 장면을 준비해보자. 어디서 일어나고 있는가? 그곳에 가본 적 있다면 수정처럼 투명하게 구체적으로 그려볼 수 있겠는가? 가보지 못했다면 선명한 이미지를 떠올리기 위해 도움이 될 만한 사진이나 영상을 구할 수 있는가? 슈퍼볼과 올림픽에서 전국 챔피언십에 이르기까지 특정한 대회를 준비하는 운동선수라면 경기장이나 수영장, 트랙을 담은 온라인 사진이나 가상 투어가 도움 될 것이다. 음악가나 무용수라면 그 장소는 콘서트홀이 될 것이며, 영업사원이나 관리자라면 회의실이 되겠다. 이처럼 자신이 성공을 거둘 장소를 선택하자. 다양한 감각을 동원해 성공에 대한 가상현실 경험을 창조해야 할 때 충분한 이미지를 갖고 시작하도록 하자.

시작하기 전에 마지막으로 한마디 하자면 성공을 향해 나아가는 과정에서 만날, 그리고 성공에 실질적인 영향을 미칠 몇몇 주요 순간을 꼽아보자. 내가 확인한 바에 따르면 대부분 사람이 자신의 신경계를 효과적으로 '속이기' 위해 필요한 통제와 세부사항 그리고 감정을 유지하면서 상상할 수 있는 최장 시간은 20분 정도이다. 자신이 생각하는 성공의 과정이 댄 브라운의 4분 달리기처럼 짧다면 동작 각각과 매초의 상황을 실시간으로 온전히 상상해볼 수 있을 것이다. 하지만 비앙카 안드레스쿠의 3세트 챔피언십 테니스 매치처럼 아주 길다면 과정을 처음부터 끝까지 상상할 수 없다. 마찬가지로 음악회나 프레젠테이션, 수술 혹은 법정 대질심문처럼 그 과정이 긴 경우 특별하게 중요한 몇몇 순간을 선택하고, 이 순간들을 순서대로 20분 동안 완전한 통제, 생생한 세부사항 그리고 진정한 감정과 더불어 상상하는 쪽이 좋다. 분명하게도 과정의 시작과 끝은 중요한 순간에 해당한다. 음악이나 무용의 경우에는 특히 어려운 구간이 중요한 순간에 해당할 것이다. 수술에서는 특히 까다로운 부분이, 프레젠테이션에서는 특별히 중요한 개념을 설명해야 하는 대목이 될 것이다. 이런 순간들을 선택했다면 이제 상상에 몰입해 흘러가도록 하자.

가장 먼저 상상 훈련을 위한 개인적인 작업 공간을 마련해야 한다. 이 공간은 집이나 사무실에 있는 방이 아니라 자신의 마음속 공간으로, 기술을 발전시키거나 성취하기 위해 상상해야 할 때 들어가야 할 곳을 말한다. 이 개인적인 공간은 안전지대이자 천국 그리고 대피소이다. 이 안에 있으면 모든 것이 가능하다. 등을 기대고 편안히 앉자. 친구가 다음 문단을 읽어준다면 눈을 감은 채 좀더 편안하게 상상할 수 있을 것이다. 앞에서와 마찬가지로 몇 초 동안 '하나, 둘, 셋' 숫자를 헤아리고 난 뒤 마음속으로 세부사항을 떠올려보자.

1단계: 개인적인 방을 마련하자

호텔처럼 조명이 환하고 바닥에 카펫이 깔렸으며 양쪽에 문이 늘어선 복도를 걷고 있다고 상상해보자. 복도 맨 끝에 다다르면 개인적인 방, 즉 자신만의 정신적 훈련 공간임을 확인해주는 특별한 명패가 붙은 문이 나온다.

이제 문을 열고 훈련을 위해 만들어놓은 방으로 들어간다. 자신이 원하는 대로 집기가 배치되어 있고 장식되어 있다. 잠시 방을 둘러본다. 벽과 바닥, 천장 그리고 자신만의 공간으로 만들기 위해 가져다 놓은 물건들을 하나하나 살펴본다. 자신이 좋아하는 그림과 사진 혹은 포스터, 그리고 공간을 특별하게 만들어주는 화분과 조각상을 비롯한 다양한 장식들. 좋아하는 노래가 배경에 흐르고 있다. (창문을 내기로 선택했다면) 창문 밖으로는 자신이 선택한 풍경이 펼쳐져 있다. 햇살이 비추는 따스한 해변, 산정의 고요한 호수, 꽃이 만발한 아름다운 정원, 대도시의 화려한 불빛. 어느 것이든 자신에게 만족감과 내 공간이라는 느낌을 선사한다.

이제 자신이 원하는 정확한 장소에 설치해둔 편안한 의자나 리클라이너로 이동한다. 방 안의 세세한 부분을 둘러보면서 의자에 편안히 기대앉는다. 의자 옆에 놓인 작은 탁자 위에 좋아하는 음료가 좋아하는 잔에 담겨 있다. 손을 뻗어 잔을 들고 음미한다. 잔을 내려놓고 편안하게 몇 번 심호흡한다. 날숨에서 얼굴과 턱 근육에 힘을 풀어본다. 이제 이 방 안에서 안전하며, 완전한 정신적 훈련을 하거나 다음번 성공을 상상하기 위한 시간이 충분하다.

2단계: 자신의 경기장으로 가자

개인적인 방에 편안하게 자리 잡았다면 이제 출발점으로 향하는 상상을 하자. 이전에 그곳에 가본 적 있다면 기억을 바탕으로, 내면적 관점을 통해 자신이 정말로 거기에 있다고 상상하자. 가본 적 없다면 참조할 만한 사진이나 영상을 활용해 내면적 관점으로 상상하자. 유니폼을 갈아입을 라커룸, 세일즈 프레젠테이션을 하게 될 건물, 연주하게 될 공연장으로 들어가는 문을 바라보자. 모든 공연이나 실행에는 돌아갈 수 없는 출발점이 존재한다. 그 출발점을 최대한 자세히 상상하자. 공간과 소리, 관련된 모든 느낌을 온전히 경험하자. 이제 방에서 방으로, 장소에서 장소로 이동하는 상상을 하면서 자율신경계가 자연스럽게 긴장하는 것을 느껴보자. 라커룸이나 대기실 혹은 마지막 준비를 하는 장소로 이동한다. 분명함과 통제 그리고 집중의 느낌과 함께 나가 그 순간을 내 것으로 만들 수 있도록 유니폼으로 갈아입거나 의상과 머리를 정돈하자.

3단계: 준비 운동

댄 브라운처럼 먼저 준비 운동이나 조율 작업이 필요하다면 그런 행동을 상상하자. 준비 운동 전체를 상상할 필요는 없다. 동작 각각을 한 번이나 두 번 떠올리고 마음을 다잡는 것으로 충분하다. 프레젠테이션 자료를 준비하거나 노트를 훑어보거나 연주할 악보를 마지막으로 점검하면서 보게 될 것을 보고, 듣게 될 것을 듣고, 느끼게 될 것을 느껴보자.

4단계: 올바른 시작

이제 시작하자! 출발선이나 연단 혹은 활동이 시작되는 지점에서 자신이 입장하는 모습을 상상하자. 원하는 흥분과 기대감을 마음껏 느껴보자. 스스로 시작 사인을 외치고 난 뒤 즉각 자신의 행동을 통제하자. 첫 서브가 서비스 라인을 스치며 튀어나간다. 첫걸음부터 경쟁자들을 앞선다. 혹은 첫 음을 완벽한 피치와 음량으로 연주한다. 1분 동안 자신이 원하는 속도와 리듬 혹은 자신이 원하는 청중이나 고객과의 연결을 상상해보자.

5단계: 중요한 순간에 직면하자

이제 중요한 순간의 목록을 활용해 완전한 통제와 분명한 감정과 더불어 각각의 순간을 상상하자. 내면의 관점으로 게임 플랜이나 프레젠테이션 혹은 연주를 완벽하게 실행하면서 자신이 수행하는 행동을 '바라보자'. 거기에 함께 있는 동료와 경쟁자, 청중을 바라보자. 스스로 움직이면서 장면이나 배경이 바뀌는 모습을 바라보자. 그 순간에 들려오는 다양한 소리를 듣자. 특히 중요한 순간에 자신이 말하고 있다면 그 목소리를 들어보자. 매 순간 자신이 취하는 자세와 움직임을 느껴보자. 그리고 자신이 취하는 각각의 행동을 느껴보자. 순간순간 자신이 원하는 감정의 내용과 강도도 느껴보자. 당신은 대단히 열정적인가, 아니면 냉철한가? 공격적이고 기계적인가, 아니면 예민하고 직관적인가? 각각의 중요한 순간에 이상적인 감정 상태가 어떤 것이든 그 감정 상태를 자연스럽게 취한다. 다양한 감각을 동원한 각각의 순간에 각각의 장면에서 당신은 최고의 실력을 발휘하고, 적을 제압하고, 상황을 지배하거나 청중에게 강한 인상을 남긴다.

6단계: 마무리

이제 마지막 순간을 상상하자. 마지막 바퀴, 마지막 이닝, 연설을 마무리하는 말. 시작할 때 그랬듯 이 순간에도 완전한 분명함과 통제를 바탕으로 자신의 마지막 움직임, 마지막으로 연주하는 음, 수술 마무리 단계를 바라보고, 듣고, 느껴보자. 마지막 시간이 흘러가는 사이 자신이 느끼고 싶은 흥분과 만족 혹은 안도감을 모두 느껴보자.

7단계: 축하하기

잠깐! 아직 끝나지 않았다! 멀리뛰기 선수 마이크 파웰이 매번 자신의 거실에서 세계 기록을 갱신하는 일을 상상할 때마다 밀려드는 기쁨을 결코 외면하지 않았듯 성공을 상상한 뒤에 찾아오는 진정한 행복감을 외면하지 말자. 자신을 축하하기 위해 모여든 팀원들, 성공리에 마친 프레젠테이션을 축하하기 위해 모여든 동료들의 미소를 바라보자. 놀라운 성과에 대한 응원과 박수, 칭찬의 소리를 들어보자. 그리고 노력이 마침내 보상받았다고 여기면서 자부심과 만족감을 느껴보자.

일단 성공의 순간을 만끽했다면 축하의 장면이 서서히 사라지도록 하고 개인적인 방으로 다시 돌아오자. 편안한 의자에 앉아 자신이 가져다놓은 집기와 장식을 둘러보자. 의자 옆 테이블에 자신이 좋아하는 음료가 그대로 남아 있다. 다시 잔을 들어 몇 모금 마셔보자. 이제 잔을 탁자 위에 올려놓고 일어나 창밖 풍경을 감상하자. 그리고 문으로 다가가면서 자신만의 방으로 만들기 위해 가져다둔 사진과 그림을 비롯한 갖가지 물건을 바라본 다음, 문을 열고 마지막으로 잠시 개인적인 공간을 바라보자. 그리고 이 방은 언제나 여기 있을 것이며, 자신이 이루길 원하는 일이 있을 때마다 언제든 이곳을 찾을 수 있다고 생각하자. 복도로 나와 문을 닫자. 눈을 뜨고 다시 이 페이지로 돌아오자.

이 일곱 단계를 정신적 훈련 루틴으로 활용할 수 있다. 이를 위해, 그리고 성공을 경험한 신경계의 장점을 누리기 위해 특별한 도구나 재능은 필요하지 않다. 일단 자신의 신경계가 생생하게 상상된, 감정적으로 진정한 성공을 반복적으로 실행했을 때 의식적이거나 분석적이며 잠재적으로 분산적인 사고가 거의 없는 상태에서 똑같은 성과를 거둘 준비가 될 것이다. 최고의 확신을 지니고 실행하게 될 것이다. 첫 번째 승리를 거둘 것이기 때문이다.

하지만 잠깐…

지금까지 이 장과 이를 뒷받침하는 과학은 발전과 성공에 대한 상상의 건설적인 효과, 즉 구체적이고 다양한 감각을 동원해 만들어내는 상상의 긍정적인 효과에 초점을 맞추고 있다. 하지만 인정해야 할 것이 있다. 우리의 상상을 넘어선 외부 세상은 언제나 우리가 원하는 것에 관심을 기울이지 않는다. 그리고 '희망적인 생각'을 아무리 많이 하고 그것이 우리 신경계를 물리적으로 바꾼다 해도 적과 경쟁자를 비롯해 수없이 다양한 형태의 세력이 우리가 그토록 열정적으로 상상하는 성공이 실제로 일어나지 못하도록 가로막을 것이다. 군대에는 이런 말이 있다. "적에게도 투표권이 있다." 이 사실을 인식한 상태에서 내가 "펑크 난 타이어" 기술이라 부르는 특별한 형태의 상상과 더불어 적들을 물리칠 준비를 하자.

당신이 한 번도 가본 적 없는 목적지를 향해 어두침침한 도로를 따라 운전하고 있다고 생각해보자. 밤 시간이지만 당신의 차량(혹은 스마트폰) 내비게이션 안내를 따라 올바른 경로로 시간에 맞춰 달리고 있다. 아, 그런데 비가 내린다. 그래도 모든 것이 좋다. 깜깜한 모퉁이를 돌자마자 갑자기 나타난 포트홀에 운전석 쪽 앞 타이어가 빠지기 전까지는 말이다. 10초가 지나자 타이어 경고등이 켜지면서 바퀴에서 '쿵쿵쿵' 진동이 올라온다. 더 운전하다가는 차가 완전히 망가질 것 같다. 하는 수 없이 차를 갓길에 대고 타이어를 교체하기로 한다. 당신은 어서 빨리 목적지에 도착해야 한다. 긴급출동 서비스에 전화를 걸고 견인차가 도착해 당신을 구해주기를 기다리는 것은 지금으로서는 선택지가 아니다. 오직 스스로 이 문제를 해결해야 한다.

　　당신은 틀림없이 당황할 것이다. 그러나 현실은 당신의 일정을 완전히 망쳐놨고 이제 당신은 상황을 해결해야 한다. 이 상황에 얼마나 잘 대처할 수 있는지, 그리고 얼마나 쉽고 빠르게 타이어를 교체해 다시 운전할 수 있을지는 당신이 예전이 타이어를 교환해본 경험이 있느냐에 달렸다. 그 과정을 잘 알고 있고, 차를 들어 올리는 기구와 스페어타이어 그리고 각종 공구가 어디에 있는지 안다면 그것은 비교적 간단한 과제가 될 것이다. 하지만 **타이어를 교체해본 적 없다면** 그 일은 훨씬 더 길고 까다로운 과제가 될 것이다. 대시보드 서랍에서 매뉴얼을 꺼내 설명서를 찾고, 어두운 조명 아래에서 내용을 읽고, 차량을 들어 올리는 기구와 스페어타이어 그리고 각종 공구를 찾고, 비 내리는 어두운 거리에서 설명서에 따라 작업해야만 다시 안전하게 운행을 시작할 수 있다.

우리는 모두 비즈니스를 이끌어가는 동안 다양한 "펑크 난 타이어" 상황에 직면하게 되고, 최선을 다해도 우리가 완벽하게 상상한 성공은 순조롭게 이어지지 않는다. 이처럼 예기치 못한 어려움을 극복하는 자신의 능력에 대한 신뢰를 구축하게 하기 위해, 나는 내 고객들에게 그들이 저마다의 경기장으로 들어서기 전에 작은 첫 번째 성공을 몇 차례 거두는 방법을 가르친다. 첫째, 그들은 가능한 "펑크 난 타이어" 몇 가지를 솔직하게 확인하고, 각각에 대해 효과적인 대처법을 신중하게 떠올린다. 그리고 필요한 경우 그들의 신경계 속에서 효과적인 '서브루틴'subroutine을 구축한다. 비 내리는 어두운 도로에서 무엇을 해야 할지 잘 아는 운전자처럼, 내 고객들은 이 방법으로 완전한 확신을 갖고 계속해서 나아갈 수 있다.

이 장에서 앞서 소개한 해머던지기 선수 제리 잉걸스는 2000년 올림픽 대표팀 선발전에서 바로 그런 펑크 난 타이어 상황에 직면했으며, 대단히 훌륭하게 대처했다. 그는 선발전에서 첫 두 라운드를 통과하면서 최종 여덟 명 후보에 이름을 올렸다. 평가전 결승에서 이 여덟 명은 해머를 총 세 번 던지고, 그중 가장 멀리 던진 세 명이 올림픽 대표로 선발된다. 제리는 최종 평가전이 펼쳐지는 캘리포니아 주립대학교 경기장으로 자신의 돌덩이 같은 120킬로그램 해머를 들고 들어서서 스트레칭 루틴을 시작했다. 모든 것이 예상대로 진행되었다. 제리가 마지막으로 몸을 풀기 위해 스로잉서클에 들어섰을 때까지는 말이다. 거기서 그는 완전히 예상치 못한 뭔가를 발견했다. 누군가 스로잉서클 콘크리트 바닥면을 강한 철사 브러시로 긁어 거칠게 만들어놨다. 턴 속도를 좀더 느리게 만들기 위해서였다. 어느 결승전 진출자가 스로잉서클 표면이 너무 매끈해 턴 속도가 지나치게 빠르다고 생각하고 다른 선수들 모르게 자신에게 맞춰둔 것이었다. 이 말은 제리가 올림픽을 앞두고 인생에서 가장 중요한 세 번의 던지기를 하기 직전에 기술을 수정해야 한다는 뜻이었다.

쉽게 짐작할 수 있듯 당시 모든 선수는 스로잉서클에서 일어난 갑작스럽고 놀라운 변화에 크게 당황했다. 하지만 제리 잉걸스는 그러지 않았다. 여러 경쟁자가 그들이 불공정하다고 여기는 마지막 순간의 변화에 대처해야 한다는 압박감으로 흔들린 반면 제리 잉걸스는 모든 것을 담담하게 받아들였고, 결승전 라운드가 진행되면서 그의 기록은 더 좋아졌다. 비록 10년 넘게 전국 대회에서 활약한 한 베테랑 선수의 놀라운 마지막 던지기로 제리는 3위권에서 후보 선수 자리로 물러났지만 겨우 네 번째 시즌에 참여한, 그리고 불과 2년 전만 하더라도 100킬로그램의 보병대 소대장이었던 제리로서는 매우 놀라운 성취였다.

그렇다면 제리는 스로잉서클 표면에 스크래치가 발생한 "펑크 난 타이어" 상황에 어떻게 여유롭게 대처할 수 있었을까? 가능한 많은 문제 상황을 부지런히 상상해왔기 때문이다. 나는 제리와 함께 올림픽 선발전을 앞두고 몇 달 동안 그가 공격성과 편안함이 이상적으로 조합된 느낌(그가 "해머라마"hammerama라 부르는 심리적 상태)을 갖지 못하게 가로막는 다양한 상황과 환경을 점검했다. 우리는 그가 첫 두 번 시도에서 모두 파울을 기록하거나 한 번의 시도가 남은 상태에서 선두권에 한참 뒤져 있을 때 해머라마 상태로 되돌아오기 위해 스스로 무슨 말을 되뇔지, 그리고 어떻게 호흡하고 스트레칭할지 계획을 세웠다. 제리는 이런 상황을 비롯해 여러 다양한 문제 상황이 발생했을 때 신중히 상상하게 될 것이며, 그의 상상은 언제나 엄청나게 멀리 던지는 것으로 끝날 것이었다. 비록 올림픽 선발전에서 지표면에 스크래치가 난 상황에는 대비하지 못했지만 제리는 다양한 펑크 난 타이어 상황에서 원래 감정으로 돌아오도록 충분히 훈련했기에 갑작스럽게 생긴 표면 스크래치는 그의 심리 상태에 전혀 영향을 미치지 못했다.

완전히 예상하지 못한 상황에 적극적으로 대처한 또 하나의 사례로 사관학교 역사상 가장 성공적인 레슬링 선수로 손꼽히는 필 심슨Phil Simpson의 경우를 살펴보자. 필은 레슬링으로는 유명하지 않은 테네시주 내슈빌 출신이지만 전국 챔피언십 대회에 네 차례 출전했으며, 미국 대표로 세 번이나 선발되었다. 4학년 시절에는 전미 랭킹 2위에 이름을 올리기까지 했다. 그가 전혀 예상치 못한 펑크 난 타이어 상황에 직면한 것은 마지막 전국 토너먼트 준결승 라운드에서였다. 이때 그는 열심히 수행해온 상상 훈련 덕분에 과거 두 번이나 패했던 힘든 상태에서 끝내 승리를 거둘 수 있었다.

필 심슨과 코넬 대학교 더스틴 매노티가 68킬로그램급 준결승전을 치르기 위해 경기장에 들어섰을 때 ESPN 방송사는 미주리주 세인트루이스에 있는 사비스센터에서 중계방송을 하고 있었다. 모든 엘리트 선수가 그렇듯 두 선수 모두 잘 훈련된 시합 전 루틴을 통해 정신적, 육체적 상태를 최고로 유지한 채 경기장 맞은편으로 들어섰다. 두 사람은 경기 중간에 TV 중계로 인한 휴식 시간이 있을 것이라 안내받았고, 그래서 ESPN 프로듀서에게서 '1분 전' 신호를 받았을 때도 아무런 동요 없이 긴장을 풀기 위해 제자리에서 뛰며 팔을 흔들었다. 그런데 그 1분이 2분이 되고, 휴식 시간이 계속해서 길어지면서 매노티는 점차 인내심을 잃어갔다. 급기야 그 시간이 4분을 지나 5분이 되었을 때 매노티의 얼굴에는 짜증이 역력했다. 그의 시합 전 루틴은 완전히 망가지고 말았다. 반면 필은 5분의 시간 동안 자신의 코너에 차분히 앉아 이렇게 생각했다. '나는 완전한 통제 상태에 있다. 시합이 언제 시작될지 모르지만 나는 신경 쓰지 않는다.'

필 심슨은 무엇보다 중요한 **확실함에 대한 인식**을 쉽게 느낄 수 있었다. 지금까지 수행해온 상상 훈련 덕분이었다. 이번 토너먼트에 앞서, 그리고 수년간 많은 경기를 앞두고 필은 시합 중 발생할 수 있는 "펑크 난 타이어" 상황의 목록을 나와 함께 작성해봤다. 그리고 각각의 상황에 대해 건설적이고도 성공적인 대응 방안을 신중하게 상상했다. 필은 잘 훈련된 정신적 서브루틴과 함께 경기장에 들어섰기에 첫 번째 피리어드 마지막에 뒤처져 있다면 반격할 준비를 하고, 좋아하는 기술인 테이크다운이 득점으로 연결되지 않으면 공격 전략을 바꾸고, 석연치 않은 판정으로 불리해져도 침착함을 유지하고, 마지막 순간에 점수를 내야 승리할 수 있는 상황에 처했을 때 작전을 달리하기 위해 만반의 준비가 되어 있었다. 올림픽 대표팀 선발전에 나선 제리 잉걸스가 생애 가장 중요한 경기를 앞두고 스로잉 서클 바닥에 스크래치가 발생하리라 예측하지 못한 것처럼 필 심슨 역시 가장 중요한 시합을 앞두고 TV 중계 때문에 5분 동안 기다려야 하는 상황을 구체적으로 예상하지 못했다. 하지만 필은 나중에 이렇게 말했다. "지금껏 해온 훈련 덕분에 그 상황에도 쉽게 대처할 수 있었습니다. 그냥 거기 앉아서 제가 할 수 있는 일을 하면서 '아무 문제 없다!'라고 생각할 수 있었죠. 그때 저는 모든 정신적 훈련이 힘을 발휘하고 있다는 사실을 깨달았습니다." 그리고 마침내 경기장에 들어섰을 때, 필은 차분하게 매트 위로 올라가 8 대 0으로 대승을 거두며 결승전 진출권을 따냈다.

펑크 난 타이어 훈련을 직접 실행하기 위해 다음의 간단한 지침을 따라보자.

먼저 다가오는 기회에서 망설임과 의심을 촉발할 수 있는 세 가지 "플랫 타이어" 상황을 떠올려보자. 과거에 이미 일어났던, 그래서 일어날 가능성이 높은 상황으로 시작해보자. 가령 중요한 프레젠테이션을 앞둔 경영자나 영업사원이라면 회의실 시청각 시스템의 갑작스런 문제가 될 수 있겠다. 운동선수라면 선발로 뛸 주전 중 한 명이 부상으로 빠지면서 함께 손발을 맞춰보지 못한 후보 선수와 함께 나가야 하는 상황이 될 수 있겠다. 응급 의료요원의 경우라면 모니터나 전화, 펌프 등 장비의 고장이 될 수 있겠다. 외과의사라면 합병증의 경우를 생각해볼 수 있겠다.

내면적 관점으로부터 완전한 통제와 구체적인 사항, 감정적인 내용물을 바탕으로 목록의 첫 번째 상황을 상상해보자. 그 장면을 실질적이고 인상적으로 만들자. 펑크 난 타이어 상황이 가져다줄 우려에 대해 생각해보는 것도 좋다. **다만 그런 상상의 시간은 10초로 제한하자!**

그 장면이 더 나아가지 않도록 중단하자. 확신을 갖고 자신에게 '그만!' 혹은 '통제할 시간이야!'라고 말함으로써 상상을 멈추자.

상상할 것이 더 남았다 해도 충분히 오랫동안 심호흡하고 휴식을 취하면서 목과 어깨의 힘을 풀어보자.

이제 내면적 관점으로부터 완전한 통제와 풍부한 구체적 사항, 감정적인 내용물을 바탕으로 그 순간에 다시 확신으로 자신을 되돌아가게 만들어준 행동을 상상하자. 먼저 자신을 안심시키는 자신의 목소리를 '들어보자'('나는 이런 상황에 대처할 준비가 되어 있다' '내가 훈련한 상황이다' '이 정도로 경기에서 흔들리지 않는다'). 그리고 의식적으로 움직이면서 주변의 장면이 전개되는 흐름을 단계별, 움직임별로 '바라보자'. 이를 통해 그 순간 자신이 할 수 있는 것을 통제하자. 다음으로 스스로 상황을 통제하면서 자신의 감정이 걱정과 혼란에서 차분함과 열정으로 바뀌는 흐름을 '느껴보자'. 영업사원이라면 시청각 장비의 문제를 해결하면서 청중을 안심시키는 장면을 상상해볼 수 있겠다. 운동선수는 새롭게 주전으로 선발된 후보 동료를 보면서 이렇게 말할 수 있겠다. "함께 뛰게 되어 기뻐." 응급 의료요원이라면 고장 난 장비를 대체할 다른 도구를 발견하는 상상을 할 수 있겠다. **이처럼 펑크 난 타이어 상황에 대해 효과적이고 성공적인 대응을 적어도 30초 동안 상상하자. 이 단계는 펑크 난 타이어 훈련의 핵심이다. 적어도 문제 상황을 상상했던 것보다 세 배는 오랫동안 상황을 통제하고 모든 것을 되돌리는 상상을 하자.**

프레젠테이션을 성황리에 마치고, 새로운 팀 동료가 경기를 승리로 이끌고, 화재/사고/문제 상황이 최소한의 피해로 통제되는 것처럼 성공적인 상황을 상상하면서 이 훈련을 끝내자.

결론—'실제'인가 '망상'인가

종종 고객에게서 상상이라는 개념과 훈련이 단지 개인적인 망상에 불과한 것은 아닌지 질문을 받는다. "모든 기술 발전과 성공을 상상할 때 사실 저는 아무 일도 하지 않습니다. 저 자신을 속이는 것 아닐까요?" 내 대답은 항상 똑같다 "그렇습니다, 자신을 속이는 겁니다. 바로 그렇게 자신을 속임으로써 실질적인 변화를 만들어내는 겁니다." 이렇게 설명하면 고객들은 미간을 찡그린다.

어린 시절 우리는 한 가지 통과의례를 거친다. 지금은 당연하게 받아들이겠지만 여섯 살 무렵의 자신에게는 상당히 중요한 사건이었다. 바로 보조바퀴 없이 자전거를 타야 한다는 중차대한 과제이다. 첫 시도에 자전거 타는 데 성공했다는 사람은 만나본 적 없다. 모든 사람이 도전하고 실패하며 자전거를 배웠다. 수차례 자전거를 타다 넘어지고 좌절했다. 처음에는 **자전거를 타지 못했다.** 그런데도 언젠가 탈 수 있을 거라 생각했다. 다른 아이들이 타는 것을 봤고, 엄마나 아빠가 탈 수 있을 거라고 말했기 때문이다. 인도나 길거리에서 자전거를 타면서 방향을 잃고 넘어지거나 발을 디뎠다. 마침내 운동 피질이 필요한 신경회로를 모두 올바르게 조합했을 때 마음껏 페달을 밟으면서 위대한 환희의 순간을 만끽했다. 그렇게 성공할 때까지 자신이 자전거를 타는 정신적 이미지를 품고 있었다. 즉, 일시적인 '망상'을 갖고 있었다. 계속해서 넘어지면서도 언젠가는 성공할 것이라는 믿음이 있었다. 물론 자신이 성공할 것임을 뒷받침하는 실질적인 증거는 없었다. 그런데도 정신적인 이미지를 갖고 있었기에 신경계가 자전거를 타는 소프트웨어를 업데이트해서 실제로 성공할 때까지 자전거에 다시 올라 페달을 밟고, 나아가고, 균형을 잡는 도전을 이어갔다. 그 과정에서 약간의 망상을 품는 일은 행복한 순간을 만끽하는 데 대단히 중요한 역할을 했다.

곰곰이 생각해보면 거의 **모든** 변화와 발전 그리고 성취는 어떤 경험이나 증거가 없음에도 자신이 앞으로 뭔가를 할 수 있다거나 어떤 존재가 될 수 있다는 건설적인 망상이나 아이디어, 정신적 이미지라고 하는 비슷한 출발점에서 시작했다.

연구 결과에 따르면 분야를 막론하고 전문적인 기술을 개발하는 과정에서는 잠정적으로 '실패'를 경험하게 되는 능력의 한계치에서 '의식적으로 연습'하는 노력이 핵심이다. 이 연습을 이어나가도록 만들어주는 것은 지난 두 장에서 살펴본 효과적인 심리적 필터와 어느 정도 건설적인 망상이다.

실제로 모든 형태의 상상 훈련은 일종의 망상이다. 이는 건설적인 망상이자 꼭 필요한 망상이다. 이제 전 세계에 레이디 가가라고 알려진 스테퍼니 조앤 앤젤리나 제르마노타Stefani Joanne Angelina Germanotta는 상업적으로 대성공을 거두기 오래전부터 자신이 결국 스타가 될 것이라 믿었다. 2009년 『롤링스톤』의 머리기사에서 레이디 가가는 이렇게 밝혔다. "스스로 엄청난 스타인 양 거리를 걸어 다니곤 했어요. 저의 움직임은 망상에서 비롯됐죠. 저는 사람들이 자신이 얼마나 위대한 존재가 될 수 있는지 망상하며 걸어 다니고, 그 거짓말이 현실이 되도록 매일 부단히 싸우길 바랍니다." 멋진 조언이다. 자신의 이상적인 미래를 꿈꾸자. 비록 지금의 현실과 비교할 때 거짓말처럼 보일지라도 말이다. 그러고 나서 그것을 현실로 만들기 위해 노력하자. 첫 번째 승리를 거두자. 그러면 모든 것이 따라올 것이다.

　또 다른 사례를 살펴보자. 매력적인 팝 뮤직 스타의 세상과는 한참 거리가 먼 자동차 판매 분야이다. 팟캐스트 〈아메리칸 라이프〉*This American Life*의 513회 에피소드인 '129 자동차'에서 진행자이자 저자인 아이라 글래스*Ira Glass*는 우리를 뉴욕 레빗타운에 있는 크라이슬러 영업소로 이끈다. 여기서 그는 자동차 영업사원들이 월간 판매 목표를 달성하기 위해 어떻게 애쓰는지 들려준다. 영업소 최고 영업사원 제이슨 마샤는 매월 계속해서 다른 동료들의 실적을 훌쩍 넘어서고 있다. 한 달에 15~20대만 판매해도 '놀라운 성과'로 인정받는 자동차 영업 세계에서 제이슨 마샤는 30대 정도를 판매하고 있으며, '40대 이상'을 목표로 삼고 있다. 그의 비결은 뭘까? 바로 건설적인 망상이다. 그의 영업 관리자는 이렇게 말한다. "제이슨도 시기에 따라 고객들 중 어느 정도는 자동차를 사지 않고 그냥 걸어 나간다는 사실을 압니다. 그런 일은 언제나 일어납니다. 하지만 역설적이게도 제이슨은 그런 일이 일어나지 않을 거라는 확신을 갖고 모든 거래에 임합니다." 제이슨 마샤는 영업소 문을 열고 들어오는 모든 고객이 계약서에 서명할 것이라 확신한다. 어쩌면 그 믿음을 망상이라 부를 수 있을 것이다. 물론 제이슨 역시 이론적으로, 현실적으로 그건 불가능한 일이라는 사실을 알지만 레이디 가가와 마찬가지로 그는 망상으로부터 움직인다. 그의 망상은 모든 거래에서 계약은 기정사실이

며, 자신이 해야 할 일은 단지 거래를 마무리 짓는 것이라는 생각이
다. 그런 확실성에 대한 인식, 즉 첫 번째 승리는 그가 계속해서 거래
를 성사시키도록 힘을 실어준다.

마지막 언급

앞서 우리는 과거의 기억과 현재 자신에 대한 생각을 관리하는 법을
살펴봤다. 그리고 이 장에서는 자신의 미래에 대해 상상이라는 정신
적 과정을 활용해 선택적이고 건설적으로 생각하는 방법을 배웠다.
스스로 만들어낸 자기 이미지는 자신에게 힘을 실어주고, 육체적,
기술적, 전술적 역량을 개선시켜주며, 다음번 기회에 대비하도록 만
드는 엄청난 잠재력을 지닌다. 우리가 지금까지 다룬 내용을 요약해
보자.

> 미래의 성공과 패배에 대한 정신적 이미지가 근육, 소화기관, 심혈
> 관계 및 면역계 기능에 영향을 미치는 많은 신경 자극을 만들어내는
> 과정.
> 이런 신경 자극이 원하는 행동의 반복을 활성화하는 신경 통로를 구
> 축하는 과정.
> 올바른 관점과 다양한 감각의 통합, 진정한 감정의 창조라는 구체적인

상상 지침을 의식적으로 활용함으로써 이런 시스템 속으로 침투하는 방법. 그것이 가능한 이유는 인간의 신경계가 실제 자극과 상상 자극을 제대로 구분하지 못하기 때문이다.

개인적인 정신적 공간, 즉 성공적인 성과를 구체적으로 상상하기 위한 마음속의 안전한 장소를 마련하고 활용하는 방법.

상상을 활용함으로써 자신의 기술과 다음번 성공, 그리고 성공을 향해 나아가는 길에서 발생하는 펑크 난 타이어 상황에 대처하기 위해 역량에 대한 확신을 좀더 강력하게 구축하는 방법.

이제 우리는 이 새로운 도구들을 바탕으로 첫 번째 승리를 거머쥘 만반의 준비가 되었다. 분명한 사실은 목표에 대한 성취와 그 성취를 향한 과정을 더 생생하게 상상할수록 목표를 달성할 가능성은 그만큼 높아진다는 것이다. 여기서 나의 바람은 당신이 이런 도구를 일상적으로 활용함으로써 다음번 성공을, 그리고 그 성공을 위해 필요한 모든 기술과 능력을 생생하게 상상하는 것이다. 이를 꾸준히 실천함으로써 우리는 심리적 계좌에 더 많이 예금하고, 무엇을 하든 다양한 긍정적인 이미지를 계속해서 떠올리는 습관을 만들 수 있다.

그러나 상상 기술은 여느 도구와 마찬가지로 그저 상자에 보관해 놓고만 있다면 아무런 도움이 되지 않는다. 우리에게 성공을 가져다 주는 것은 훈련을 통해 흘리는 땀의 양이나 과제를 파고드는 시간의 양이 아니다. 물론 그런 노력 역시 반드시 필요하다. 하지만 우리에게 진정한 성공을 가져다주는 것은 자신이 목표를 달성할 수 있다는 믿음, 즉 자신이 수백 번 그것을 상상했다는, 그래서 말 그대로 성공을 만들어낼 신경 시스템을 창조했다는 사실에 기반을 둔 믿음이다. 삶의 모든 영역에는 하루에 서너 시간에서 다섯 시간을 기꺼이 훈련하고 연구하고자 하는 열정적인 운동선수와 의지가 강한 전문가들이 있다. 하지만 내가 확인한 바에 따르면 오직 소수만이 자신이 가장 열망하는 꿈을 생생하게 상상하며 하루 15분의 시간을 보낸다. 이것은 다른 형태의 노력이자 훈련인 동시에 그 분야의 챔피언과 나머지를 구분하는 형태의 노력이자 훈련이다.

5장
상황을 내 편으로 만드는 안전장치들

마리오 바바토Mario Barbato가 막 사무실에 들어섰을 때 그는 여러 문제에 직면했다. 그는 편지에서 내게 이렇게 말했다. "부정적인 느낌이 밀려들었습니다. 문제를 해결해야만 했죠. 확신이 흔들리고 불안이 높아지는 느낌이 들었습니다." 하지만 부정적인 느낌을 다루는 방법과 오늘날 직장에서 피할 수 없는 까다로운 문제에 건설적으로 대처하는 방법을 배우고 훈련한 마리오에게는 무기가 있었다. "사무실에 있는 사람들에게 잠시 비켜나 시간을 달라고 정중히 부탁했습니다. 그리고 자리에 앉아서 당신이 내게 보여줬던 훈련을 실행했습니다. 개인적인 확언을 각각 세 번씩 쓰고, 심호흡하고 나서 제게 주어진 과제들을 해결하기 시작했습니다." 그 짧은 순간은 그가 재빨리 첫 번째 승리를 거두고, 마리오의 표현으로 "올바른 마음가짐"을 회복하기 위해 필요한 전부였다. 그는 이를 통해 그날 자신에게 주어졌던 힘든 과제를 성공적으로 해결했고, 기업의 고위 간부에게서 특별한 칭찬을 받았다.

며칠 뒤 마리오는 상사에게서 한 대기업 전 CEO와의 회의를 주재하라고 지시받았다. 그런데 회의 직전 그 상사는 호출을 받고 나갔고, 마리오는 혼자서 회의를 시작해야만 했다. 나중에 그는 이렇게 말했다 "회의를 앞두고 그런 상황이 벌어져서 회의 시간에 계획한 모든 것을 다시 한 번 생각하고, 잘못된 부분은 이후에 생각해야 한다는 사실을 분명히 알았습니다. 하지만 대신 저는 제 톱텐을 떠올리면서 심리적인 은행 계좌를 열었습니다. 그러고 나서 회의실로 들어갔고 CEO를 만나 곧장 악수를 나누고 회의를 시작했습니다. 크게 고함을 지르고 싶었습니다."

마리오의 경험은 우리에게 중요한 이야기를 들려준다. 실제 상황에서 첫 번째 승리를 거두고 나서 확신을 갖고 일을 수행하려면 실제 부정적인 사건과 그런 사건이 빚어내는 부정적인 생각 모두로부터 자신의 심리적 계좌를 보호해야 한다는 사실이다. 아무리 기억을 잘 관리하고, 자신에게 올바른 이야기를 하고, 성공적인 미래를 효과적으로 상상한다 해도 삶은 우리의 발목을 붙잡을 것이며 힘들게 구축한 소중한 확신은 위기에 처할 것이다. 우리가 직면하는 문제, 경험하는 난관, 자신과 다른 사람이 저지른 실수는 우리의 생각 속으로 침투한다. 오늘날 사이버범죄와 마찬가지로 그런 부정적인 생각은 우리의 심리적 계좌를 공격해 잔고를 증발시킬 수 있다. 적어도 보호 장치를 미리 마련해두지 않는다면 말이다. 이 장에서는 바로 이런 보호 장치, 다시 말해 외부의 부정적인 사건(필연적인 오류나 실수 혹은 장애물)과 그에 따른 내면의 부정적 생각(사실 **모두**가 하는)이 이제 무대 위로 올라가 '고함'을 질러야 할 순간에 우리가 갖길 원하는 확신을 허물어뜨리지 않도록 보호해줄 정신적 습관을 구축하는 방법을 집중적으로 살펴볼 것이다.

안전장치 #1 건설적인 태도 유지하기—오류와 실수, 실패를 바라보는 방식

내가 일주일에 서너 차례 나누게 되는 대화 일부를 소개하고자 한다. 대화 상대는 명예의 전당에 입성하려는 프로 선수일 수도 있고, 스탠퍼드 대학교에 진학하기 위해 높은 SAT 점수를 받으려는 고등학생일 수도 있으며, 최우수 성적을 받고 졸업하고자 하는 사관학교 생도일 수도 있다.

"선생님, 대단합니다. 정말 마음에 듭니다. 도움이 될 거라고 생각합니다. 그런데 한 가지 질문이 있습니다." 이 말이 기억을 관리하는 방법을 논의한 뒤에 나왔든, 자신에게 긍정적인 이야기를 들려주는 방법을 논의한 뒤에 나왔든, 미래를 상상하는 논의 이후에 나왔든 간에 이 말을 듣자마자 내 직감은 즉각적으로 발동한다. 나는 그다음에 무슨 말이 이어질지 안다. 그것은 다음과 같은 말의 다양한 변형일 것이다. '그런데 상황이 잘못 돌아가면 어떻게 해야 하나요?' 그 몇 가지 사례를 살펴보자.

- 모든 실수를 걸러내야 할까요?
- 일을 제대로 해내지 못했다면 어떻게 생각해야 할까요?
- 제 일에서 긍정적인 것들만 생각해야 할까요?
- 정말 제가 100만 분의 1의 가능성을 좇는 영화 주인공과 같은 사람이 되길 원하십니까?
- 제가 잘 못 하고 노력해야 하는 걸 생각하지 않는다면 어떻게 발전할 수 있을까요?

이런 질문을 들으면 그 질문을 던지는 사람이 심리적 필터가 하는 일의 절반만 이해하고 있으며, 이제 필터의 완전한 위력을 이해할 준비가 되었다고 생각하게 된다. 앞서 언급했듯 필터는 우리의 심리적 계좌를 위해 **두 가지** 기능을 수행한다. 첫 번째 기능은 에너지와 낙관주의, 열정을 만들어내는 생각을 통과시켜 내면에 머무르도록 만드는 것이다. 기억을 관리하고, 확언을 활용하고, 자신의 미래를 올바로 상상함으로써 이 기능을 실행할 수 있다. 두 번째 기능은 마찬가지로 중요하지만 종종 간과된다. **필터는 또한 두려움과 의심, 격**

정을 빚어내는 생각과 기억을 유용한 조언으로 재구축 혹은 정화시킨다. 그리고 이를 통해 부정적인 감정이 심리적 계좌의 잔고를 인출하지 못하도록 막고, 실질적으로 추가 예금으로 전환한다.

이렇게 질문한 고객에게 나는 즉각 대답한다. "자신에게 무엇이 필요한지 생각하는 노력은 항상 중요하고, 언제나 자신의 일과 관련해 나타나는 부정적인 것이나 때때로 벌어지는 어려운 경기에 대해 생각해야 합니다. 우리는 상황이 언제든 잘못 돌아갈 수 있는 불완전한 세상에서 살아가고 있습니다. 당신이 톰 브래디건, 세리나 윌리엄스건, 빌 게이츠건 간에 이따금 평균 이하의 날들은 있을 겁니다. 그리고 매일 평균 이하의 순간이 있을 겁니다. 그렇습니다. 우리는 그리 좋지 않은 순간이 올 때마다 그런 순간에 대해 생각해야 합니다. 다만 여기서 그런 순간을 생각하는 **방식**에 주의를 기울여야 합니다. 다시 말해…"

심리적 필터의 두 번째 기능은 에너지와 낙관주의, 열정을 갉아먹는 모든 생각과 기억 혹은 경험을 떨치거나 재구성하는 것이다. 다시 말해, 심리적 필터는 우리가 기뻐하거나 열광할 일이 별로 없을 때도 모든 것을 건설적인 차원에서 존재하도록 만든다. '나쁜 일'이 미치는 피해를 최소화하는 노력은 '좋은 것'이 가져다주는 이익을 받아들이는 일만큼, 혹은 그보다 중요하다. 유명 배우이자 무술계의 상징적 존재였던 이소룡은 이런 개념을 자신의 중요한 책 『절권도』 *The Tao of Jeet Kune Do*의 '태도'를 주제로 한 장 첫머리에서 이렇게 밝혔다.

자기 확신이 있는 사람은 "과거의 성공으로부터 힘을 얻고, [과거의 실패를 완전하게 합리화하며] 자신을 피라미들 사이의 트리톤(신화 속 바다의 신)이라고 느낀다." '과거의 실패를 합리화'하는 과정은 심리적 필터의 두 번째 핵심 기능이며, 심리적 계좌를 보호하기 위해 반드시 필요하다. 여기서 "합리화"라는 말은 실패를 부인하거나 행동의 결과를 거부한다는 의미가 아니다. 자신의 심리적 계좌를 보호하고, 스스로 학습하고, 성장하고, 발전할 수 있도록 과거에 벌어진 일을 **자신에게 설명**한다는 뜻이다. 이제 확신을 유지하고 더욱 강화하기 위해 실패를 자신에게 설명하는 세 단계 정신적 방법을 소개하고자 한다.

파트 1

모든 실수와 오류, 실패를 단지 **일시적인** 것으로 생각하자. 실수는 벌어지기 마련이고, 우리는 때로 그 대가를 치른다. 하지만 그것을 **한 번만 일어났던 일**로 바라보는 태도가 중요하다. 자신의 실수와 결함에 대해 이렇게 생각함으로써 우리는 '또 이렇게 됐군'이라는 걱정과 자기 의심의 덫에 빠지지 않을 수 있다. 실수나 결함이 앞으로 계속해서 일어날 것이라 생각한다면 자신의 심리적 계좌를 비열한 범죄자에게 맡겨두는 셈이다. '한 번뿐이었다. 그리고 지금은 앞날을 바라보고 있다'라고 자신에게 말하며 그 범인을 꼼짝 못 하게 묶어두자. **자신의 실수와 결함을 일시적인 것으로 바라볼 때** 그것을 현재와 미래의 순간으로 가져오는 것이 아니라 그것을 인정하면서 그 일이 일어났던 과거에 남겨둘 수 있다.

그렇다면 실제 상황에서는 어떻게 이뤄질까? 2020년 사관학교를 졸업한 생도이자 사관학교 여성 라크로스팀 골키퍼 매디 번즈의 사례를 살펴보자. 골키퍼로서 매디의 역할은 가로세로 약 180센티미터의 골대를 향해 시속 110킬로미터로 날아오는 돌멩이처럼 딱딱한 고무공을 막아내는 일이다. 매디는 2020년 시즌 남부럽지 않을 정도로 성적이 좋았다. GAA(goals-against average, 경기당 평균 실점) 7.75를 기록하면서 전국 5위에 이름을 올렸다(전국 1위는 7.07). 7.75라는 숫자는 매 경기 평균 일곱 번 이상 골을 허락했으며, 그때마다 함성을 지르면서 기뻐하고 축하하는 상대팀에게서 돌아서서 공을 찾아 심판에게 넘겨줘야 한다는 것을 의미한다. 아무리 확신이 넘치는 사람이라도 이런 상황에서는 위축되기 마련이다. 매디는 사관학교 3학년 시절 나와 함께 훈련을 시작하면서 모든 실점 골을 그저 일시적인 것으로, 즉 '단지 한 번' 일어난 일로 바라보는 태도를 유지했다. 매디는 자신의 플레이가 아무리 훌륭하더라도 경기 특성상 어쩔 수 없이 실점할 수밖에 없다는 사실을 깨달았다. 이는 중요한 인정이었다. 그것은 자신이 통제할 수 없는 일이 일어나게 마련이며, 경기를 더 잘 운용하려면 그런 상황에서 건설적인 방향으로 대응해야 한다는 사실을 의미했다. 얼마나 자주 실점하든, 상대팀이 두 번, 세 번, 혹은 네 번 연속으로 득점할지라도 매디가 할 수 있는 최고의 선택은 '단지 한 번이야'라는 태도를 유지하고, 자신과 팀에 대한 확신을 지키는 일이었다. 실수와 결함을 과거에 묶어두자. 그것이 있어야 할 곳은 바로 그곳이다.

파트 2

모든 실수와 오류, 실패를 **제한적인 것**으로 생각하자. 그런 일은 일어나기 마련이고, 불편한 감정을 느꼈을 것이다. 하지만 그 일이 '하나의 특정한 장소'에서 일어났다고 생각하는 태도가 중요하다. 실수와 결함을 이런 식으로 생각할 때, '종일 되는 일이 없군'이라거나 '이제 게임은 어렵게 됐어'라고 포기하는 함정에 빠지지 않을 수 있다. 드라이버를 페어웨이가 아니라 나무들 사이로 친 골퍼는 그 실수 탓에 아이언과 웨지, 퍼트 등 경기의 다른 모든 부분까지 어렵게 되었다고 일반화하는 대신 그 잘못된 샷을 적절한 장소에 묶어둬야 한다. '드라이브 하나를 실수했을 뿐이고, 경기 나머지는 괜찮다'라고 생각하는 쪽이 훨씬 더 도움 되고, 완벽하게 합리적인 대안이 된다. 방독면을 제대로 쓰지 못해 화생방실에서 5분 동안 고생한 훈련병은 그 실패를 이렇게 생각할 수 있을 것이다. '실수했군. 그래도 아침 구보에서 속도를 잘 유지했고 사격 훈련도 잘 받았어. 그리고 방독면 끈을 고정해놓으면 다음번에는 더 빨리 할 수 있을 거야.' 한 상황에서 일어난 실수나 잘못이 다른 상황에 영향을 미칠 것이라 생각한다면 자신의 심리적 계좌를 또 다른 교활한 범죄자에게 맡겨두는 셈이다.

자신에게 이렇게 말함으로써 범죄자를 묶어두자. '거기에서만 그런 일이 벌어졌어. 다른 건 모두 문제없어.' **실수나 결함을 제한된 범위로 치부할 때** 우리는 그 일을 인정하면서 한계를 정하고, 특정한 공간에 가둬놓게 된다. 이를 통해 더 강한 확신으로 다른 일을 수행할 수 있다. **실수와 결함을 제한된 범위로 바라보고 일시적인 것으로 바라볼** 때 우리는 강력한 심리적 원투 펀치를 장착하게 된다. 실수는 오직 한 번, 특정한 장소에서 일어났다. 그렇기 때문에 최고의 확신을 창조하는 심리적 계좌의 완전한 가치를 바탕으로 얼마든지 직장에서 다음 과제에 착수하고, 다음 도전에 임하고, 테니스 시합에서 다음 포인트를 따낼 수 있다. 이는 곧 첫 번째 승리를 뜻한다.

파트 3

여러 가지 실패와 불완전한 순간을 자신의 전형적인 모습과는 거리가 먼 것, 즉 **예외적인 것**으로 여기자. 여기서도 다시 한 번, 실패의 순간이 왔다고 인정하고 그에 따른 피해와 영향을 받아들이자. 하지만 그런 순간이 자신의 정체성과 역량을 대변한다고 생각하지는 말자. 실수를 **일시적인 것**으로 바라봄으로써 '또 이렇게 됐군'이라는 생각으로부터 자신을 지키고, 실수를 **제한적인 것**으로 바라봄으로써 '오늘 하루도 엉망이겠군'이라는 생각으로부터 자신을 보호할 수 있듯 실수를 **예외적인 것**으로 여김으로써 '나는 재능이 충분하지 않아'라는 생각, 혹은 언제나 우리를 집어삼키려 호시탐탐 기회를 노리는 가차 없는 자기비판의 늪으로부터 자신을 지킬 수 있다. 자기 확신을 허물어뜨리는 함정은 자기 의심의 강도를 높이고 특정 실수가 앞으로 반복될 것이라는 느낌을 불러온다('또 이렇게 됐군'). 그리고 실수가 더 자주 일어날 것이라 느끼게 한다('오늘 하루도 엉망이겠군'). 결국 이런 느낌은 우리 자신이 선수로서, 전문가로서, 한 인간으로서 능력이 충분하지 않으며 굳이 더 도전할 필요가 없다는 인식으로 이어진다. 오늘날 우리가 살아가는 세상에는 단점에 집착하고, 자기 자신을 실수와 한계, 그리고 할 수 없는 것으로 정의하려는 이상한 성향이 존재한다. 당연하게도 이런 생각은 우리의 확신을 잡아먹는다. 이는 전적으로 불필요한 생각이며, 그렇게 생각해야 할 필연적인 이유도 없다. 이제 다음과 같이 생각함으로써 세 번째이자 마지막 범죄자를 가둬두자. '그것은 진정한 내가 아니다. 나는 더 잘할 수 있다. 일종의 불운이었다.' 그리고 훌훌 털어버리자.

몇 년 전 사관학교 남성 라크로스팀의 시즌 초반 훈련 기간 중 여러 가지 실수에 건설적으로 대응하는 좋은 사례를 목격했다. 그날 오후 조 알베리치Joe Alberici 감독은 선수들의 패스 훈련에 만족하지 못했다. 실수가 너무 잦았다. 결국 그는 호루라기를 불고 훈련을 중단시켰다. 그러고는 선수들에게 실수했다고 나무라는 대신 훈련장 가운데로 걸어가 이렇게 외쳤다. "우리는 이보다 잘할 수 있다! 무슨 일인지 모르겠지만 이게 원래 우리의 모습이 아니라는 사실만은 분명하다." 여기서 알베리치는 "이것은 우리의 모습이 아니다!"라는 말로 실수를 **외면화**하고 합리화했다. 다시 말해 잘못된 패스가 팀 능력 면에서 **예외적인 것**이라 주장함으로써 그것을 팀의 집단적인 확신으로부터 밀어냈다. 그러자 코치 A도 훈련장으로 걸어 들어와 떨어진 공을 주워 들고는 팀원들에게 이렇게 외쳤다. "모두 이 공 때문이야!" 그러고 가까이에 있는 선수에게서 라크로스 스틱을 받아 들고는 스틱 안에 공을 넣어 경기장 관중석을 향해 높이 날렸다. 코치 A는 스틱을 돌려주면서 이렇게 외쳤다. "이제 똑바로 하자고!" 그렇게 훈련은 다시 시작되었다. 선수들은 팀의 특징이라 할 수 있는 부드러운 패스를 다시 보여줬다.

정말 공이 문제였을까? 물론 아니다. 알베리치 감독 역시 공이 문제라고 생각할 만큼 무분별하지는 않았다. 코치가 "이 공 때문이야"라고 외친 것은 선수들에게 실수의 부담감을 덜어주고 자신이 그들을 믿는다는 사실을 다시 한 번 확인시켜주기 위해서였다. 선수들이 '완전히 형편없군'이라고 생각하게 함으로써 1장에서 살펴본 마음 —성과 상호작용에서 부정적인 "하수구 주기"로 들어가도록 만드는 대신, 알베리치 감독은 말과 행동을 통해 선수들의 확신을 지켜줬다.

훈련이 제대로 진행되지 않을 때, 예상치 못한 실패를 했을 때, 직장이나 학교에서 오랫동안 성과와 관련해 어려움을 겪을 때(스포츠에서 말하는 '슬럼프') 그 문제를 **개인화**personalize함으로써 '내게 무슨 문제가 있는 걸까?'라는 식의 질문을 자신에게 던지는가? 아니면 문제를 **외면화**externalize함으로써 '그것은 내가 일을 처리하는 방식이 아니다'라거나 '나는 그것보다 나은 선수다' 혹은 '와! 그런 일이 일어 났다니 믿을 수 없군. 오늘 밤 별자리가 이상해'라고 생각하며 문제를 심리적인 차원에서 자기 자신의 외부에 놓아두는가? 여기서 문제를 외면화한다고 해서 행동이나 행동의 결과에 대한 책임을 외면한다는 뜻은 아니다. 우리가 실수할 때마다 어깨를 으쓱하며 코미디언 플립 윌슨Flip Wilson이 생전에 종종 그랬듯 "악마가 나를 그렇게 하도록 만들었어!"라는 말로 넘어간다면 인생에서 큰 성공은 거두지 못할 것이다. 외면화는 또한 자신을 솔직하게 바라보고, 훈련과 새로운 기술을 더 많이 습득해야 한다는 사실을 외면해도 좋다는 뜻도 아니다. 우리는 외면화를 통해 무엇보다 인간으로서 자신의 기본적인 가치에 대한 인식을 유지하고, 더 많은 훈련이나 공부를 통해 자신이 개발해야 할 역량의 수준을 받아들이는 단계로 나아간다. 이제 자신이 얼마나 잘 것인지 확인하고자 하는 호기심을 갖고 새로운 고객을 만나거나, 다음 타석에 들어서거나, 다음번 숏을 날리게 될 것이다. 자신의 결함을 일시적이고 제한적이며 예외적인 것으로 바라보는 기술로 무장할 때, 우리는 삶에서 필연적으로 일어나게 마련인 실패에 따른 확신의 붕괴를 막기 위한 원투쓰리 콤비네이션 방어 기술을 갖추게 된다.

긍정 심리학의 아버지 마틴 셀리그만Martin Seligman과 그의 여러 동료가 개척한 방대한 규모의 연구에서 확신을 보호하기 위한 이런 방법의 기원과 증거를 찾아볼 수 있다. 1980년대 셀리그만은 긍정적인 대안이 존재하는데도 인간과 동물이 어떻게 비관하고 좌절하는지(그가 '학습된 무력감'learned helplessness이라고 부른 현상)에 대한 연구를 시작으로 낙관주의와 건강에 관한 연구에 집중했다. 당시 그는 몇몇 사람이 문제와 난관에 봉착했을 때 비관적으로 바뀌는 일을 고집스럽게 거부한다는 사실을 발견했다. 적절한 제목이 붙은, 그의 중요한 책 『낙관성 학습』Learned Optimism에 따르면 좌절을 거부하는 낙관적인 사람들은 IQ나 재능 혹은 동기 차원에서가 아니라 그들의 '설명 방식', 다시 말해 그들이 경험하는 긍정적인 사건과 부정적인 사건의 원인을 자신에게 설명하는 방식의 차원에서 비관적인 그룹과 다르다. 비관주의자는 부정적인 사건이 (1) **영구적이고**(반복해서 계속 일어나는) (2) **보편적이며**(특정 상황이 아니라 다양한 상황에서 발생하는) (3) **개인적인**(자신의 특성이나 행동에 의해 내면적으로 발생하는) 경향이 있다고 셀리그만은 설명한다. 반면 낙관주의자는 똑같이 부정적인 사건을 **일시적이고, 제한적이며, 외부적인 것**이라 여긴다. 셀리그만과 그의 동료들은 초등학생과 보험 영업사원처럼 다양한 집단과 환경을 기반으로 연구를 지속해 확신 있는 운동선수는 "과거의 실패를 합리화하고", 그런 실패를 개인의 확신을 보호하는 방식으로 "설명"하는 방법을 효과적으로 찾아낸다는 이소룡의 주장을 뒷받침하는 경험적인 증거를 거대한 규모로 제시했다.

이제 고전이 된 셀리그만의 연구 중 하나는 1988년 여름 미 육군 사관학교에서 이뤄졌다. 당시 셀리그만은 기초생도훈련Cadet Basic

Training, CBT을 받는 신입생도 전체를 대상으로 사람들이 긍정적, 부정적 사건을 얼마나 낙관적 혹은 비관적으로 설명하는지 측정하기 위해 만든 '귀인 방식 설문지'Attributional Styles Questionnaire를 바탕 삼아 연구했다. 생도들 사이에서 "야수의 막사"Beast Barrack 또는 "야수"라는 애칭으로 불리는 CBT 과정에서는 고등학교에서 뛰어난 성적을 기록한 1,200명의 젊은 남녀가 6주에 걸쳐 매일 새벽부터 자정까지 군사 훈련을 받는다. 뉴욕주에서 가장 무더운 6주 동안 모든 생도는 감정적인 차분함, 육체적인 강인함, 그리고 새로운 기술을 재빨리 습득하는 능력에 대해 이제껏 받아본 적 없는 새로운 차원의 테스트를 받는다. 최종적인 성과를 일궈내야 하는 힘든 환경에서 설명 방식이 어떻게 끈기에 어떻게 영향을 미치는지 오랫동안 연구해온 셀리그만이 보기에 사관학교 CBT만큼 적절한 연구 환경은 없었을 것이다. 그는 여기서 무엇을 발견했을까? 셀리그만은 1학년 말에 실시한 통계 검증을 통해 여름 CBT와 이후 학기 동안(스트레스가 높은 또 다른 기간) 사관학교 프로그램을 포기한 사람들은 CBT와 학기 프로그램을 끝까지 이수한 이들보다 훨씬 비관적인 설명 방식을 보여줬다는 사실을 확인했다.

셀리그만은 연구 보고서를 이렇게 결론지었다. "비관적인 설명 방식을 지닌 사람은 문제를 해결하는 데 어려움을 더 많이 겪었고, 장애물을 맞닥뜨렸을 때 비관적으로 바뀌며 포기하려는 경향이 강했다. 또한 그는 보고서 마지막 문단에 희망적인 소식을 추가했다. "우리는 인지치료를 통해 설명 방식을 안정적으로 강화할 수 있다. 설명 방식에 관해 예방적이거나 치료적인 훈련을 통해 사관학교 생활에 따른 필연적인 어려움은 물론 전투와 관련된 고유한 스트레스에 대해 생도들이 무력감을 느끼지 않도록 도울 수 있다." '야수의 막사'나 사관학교 신입생 시절 생도들이 직면하는 특정한 유형의 어려움을 경험하지 않았다 해도 당신은 삶에서 필연적으로 일어나는 부정적인 사건에 대해 자신에게 이렇게 설명하려는 유혹을 느꼈을 것이다. "문제는 나야."(내적인) "앞으로도 계속될 거야."(영구적인) 그리고 "내가 하는 모든 일을 망쳐놓을 거야".(보편적인) 이런 설명 방식은 우리를 더 중대한 위험에 처하게 만든다. 확신을 파괴함으로써 다음 도전을 헤쳐 나가지 못하도록 가로막기 때문이다. 우리가 지금 어떤 설명 방식을 지녔든 평생을 비관적으로 살아가야 할 운명이 지워진 것은 절대 아니다. 우리는 필연적으로 일어나기 마련인 부정적 사건을 **일시적이고**('단지 한 번 그랬어'), **제한적이며**('거기서만 그랬어') 그리고 **예외적인**('그건 진정한 내 모습이 아냐') 것으로 여김으로써 부정적인 사건을 바라보는 관점을 전환할 수 있으며, 심리적인 계좌를 지킬 수 있다.

안전장치 #2 마지막 말—부정적인 생각과의 싸움에서 이기는 법

고객들이 내게 "선생님, 어떻게 하면 부정적인 생각을 멈출 수 있을까요?"라고 물을 때마다 1달러씩 받았다면 지금쯤 아마도 캐리비언 섬에서 행복한 은퇴 생활을 만끽하고 있을 것이다. 어떤 질문도 이보다 많이 받지는 않았다. 그리고 어떤 질문도 이보다 간절하고 절박하지는 않았다. 수 세기에 걸쳐 수많은 심리학자와 철학자가 자신을 향해 끊임없이 속삭이고, 애원하고, 꾸짖고, 외치는 부정적인 목소리에서 벗어나기 위한 방법을 모색했다는 것은 전혀 놀랍지 않다. 하루에 얼마나 많이 생각하고, 그중 어느 정도가 확신을 파괴하는지 객관적으로 정량화하기는 어렵지만 당신은 내면에서 생성되는 자기비판과 자기 의심 그리고 자기 비난('난 실전에 약해!')의 목소리를 무척이나 많이 경험했을 것이다. 이런 생각은 우리가 살아가는 불완전한 물리적 세상이 우리에게 던지는 외적인 실패와 부정적인 사건만큼이나 우리의 심리적 계좌에 치명적인 영향을 미친다. 여기서는 이런 목소리를 통제하고 확신을 지키는 방법을 소개하고자 한다. 내가 "마지막 말"Last Word이라 부르는 방법이다.

가족이나 직장 동료, 팀원 혹은 상사와 의견이 달라 논쟁을 벌인 적 있을 것이다. 논쟁의 주제는 다양하다. 하지만 두 가지만큼은 항상 똑같다. 첫째, 당신과 상대방 사이에서 주장이 왔다 갔다 한다. 둘째, 일반적으로 논쟁의 과정에서 마지막으로 말하는 사람이 '이긴다'.

내면의 부정적인 생각과 두려움, 걱정에 대처하는 일 역시 이런 논쟁과 다르지 않다. 두 가지 주장이 자신의 마음에 대한 통제권을 놓고 경쟁을 벌이다 그중 하나가 주도권을 잡는다. 여기서 한 목소리는 우리가 앞으로 나아가게 만들고, 해야 할 일에 집중하도록 하며, 우리를 일으켜 세우는 반면 다른 목소리는 우리가 실행하는 모든 단계를 비판하고, 미래의 부정적인 결과에 대한 걱정으로 주의를 흩뜨린다. 어떤 목소리가 '그 순간을 장악할 것인가?' 그것은 바로 마지막에 말하는 목소리이다. 이제 그 순간을 장악하기 위해 다음 세 단계를 따르자.

1단계: 인정하기

우리는 자신의 마음이 자신을 공격하는("선생님, 저는 종종 저 자신의 가장 나쁜 적이 됩니다!") 상황을 좋아하지 않지만 내면의 적을 물리쳐야 하는 상황이라면 첫 번째 단계는 **적이 모습을 드러낸 순간에 인식하는 것**이다. 상식은 우리가 참여하고 있는지도 모르는 전쟁에서 승리할 수 없다는 이야기를 들려준다. 의심과 두려움이라는 내면의 적을 모두 물리치고자 한다면 먼저 적의 존재를 인정해야 한다. 내 고객과 제자 중 일부는 그들이 언제, 어디서 내면의 부정성과 마주하는지 정확하게 알고 있는 반면(가령 "라커룸에 걸어 들어가는 순간" "숏이 연달아 두 번 실패할 때" "사무실에 들어설 때") 다른 이들은 적의 정체를 분명하게 발견하지 못한다. 당신이 어느 쪽이든 첫 번째 규칙은 내면의 레이더를 가동해 부정적인 생각이 등장하자마자 곧바로 발견해내는 것이다. 일단 목소리가 들려온다는 것을 눈치챘다면 그 존재를 인정하고 배경으로부터 가까이 가져오자. 대부분 부정적인 목소리는 멀찍이 그림자 속에 숨어서 우리를 괴롭힌다. 그러나 여기서 '좋아, 목소리가 들려오는군'이라고 자신에게 말함으로써 그 목소리를 눈앞으로 데려올 수 있다. 이를 통해 그 적을 직면하게 된다. 이제 우리는 그 목소리에 괴롭힘당하는 희생양에서 벗어나 반격을 시작할 수 있다.

당신이 베테랑 철인 3종 경기 선수인 닉 밴덤Nick Vandam이라 가정해보자. 당신은 2012년 밀리터리 월드 트라이애슬론 챔피언십에 출전했다. 예전에 수영선수였다가 사관학교 3학년 때 철인 3종으로 전환한 당신은 수영 실력에 자부심이 있고, 3종 경기 중 수영이 자신의 경쟁력이라 확신한다. 당신은 2001년 사관학교를 졸업한 뒤 육군 월드클래스 스포츠 프로그램에 참여했다. 우수한 코치진 밑에서 수천 시간 동안 수준 높은 훈련을 받았으며, 코스를 수백 번 완주했다. 이번 대회 수영 코스에서 예상대로 강한 다리로 힘차게 치고 나아가려 했으나 갑작스레 과호흡이 시작되었다. 그러자 마음속 목소리가 이렇게 소리쳤다. '뭔가 문제가 있어! 숨이 차고, 앞서가야 할 때 오히려 뒤처지고 있어! 이번 경기는 내 최고의 시합이 되어야만 해!' 당신은 물속에서 멈춰 섰고, 다른 경쟁자들이 양쪽에서 당신을 지나치자 공포에 휩싸였다. 이제 두 가지 선택이 남았다. 하나는 여기서 경기를 포기하는 것이고, 다른 하나는 확신을 회복해 재개하는 것이다. 이제 심리 훈련법을 활용해 두려움과 의심의 목소리를 맞받아칠 때가 왔다. 당신은 확신과 운동선수로서의 정체성이 공격당하고 있다는 사실을 인정함으로써 시작한다(넌 훌륭한 수영선수야, 그렇지?). 그리고 '나 자신과의 심리 게임을 멈춰야 해'라고 생각하면서 때로 스스로 최악의 적이 되는 지극히 인간적인 성향을 인정한다.

2단계: 침묵하게 만들기

머릿속으로 침입하는 생각의 정체를 확인하고 이를 직면했다면 이제 다음 단계로 넘어가 실제로 그런 생각을 없애야 한다. 이 방법은 얄미운 형제가 짜증스런 이야기를 할 때, "아냐, 넌 잘못 알고 있어"라고 말하는 일과 같다. 혹은 반려견이 지나가는 이웃을 보고 으르렁거릴 때 단호하게 "안 돼!"라고 말하는 것과 같다. 여기서 우리는 논쟁에서 통제력을 확보하고, 확신을 훔쳐가려는 심리적 도둑을 막아야 한다. 내면의 목소리로 확고하게 '멈춰!'라고 말하자. 멈춤 표지 이미지나 경찰 경고등을 활용할 수도 있다. 손목에 고무 밴드를 차고 당겼다 놓으며 신호를 보낼 수도 있다. 고인이 된 내 친구 켄 라비자는 학생들에게 변기에서 물이 내려가는 이미지를 상상하도록 가르쳤다. 손잡이를 당기면 물 내려가는 소리가 나는 손바닥 크기의 장난감 변기를 메이저리그 야구팀 덕아웃에 가져다놓아 선수들이 타석에서 나쁜 기억이나 경기장에서 했던 실수를 마음속에서 재빨리 '내려 보낼' 수 있도록 했다. 마지막과 새로운 출발 혹은 부정적인 생각에 대한 삭제의 메시지를 자신에게 전달할 수만 있다면 어떤 그림이나 상징, 행동도 좋다. 그게 무엇이든 이런 메시지를 자신에게 전하는 촉매제는 우리가 비생산적이고, 자신을 무력하게 만드는 생각에서 완전히 벗어나 좀더 건설적으로 생각하는 길에 들어서게 만든다.

철인 3종 경기의 사례를 계속해서 떠올려보면 침묵하게 만들기 단계는 대단히 간단하다. 그저 자신에게 '멈춰'라고 단호하게 외침으로써 그 순간을 완전히 장악할 수 있다.

3단계: 대체하기

이제 결정적으로 맞받아칠 시간이 왔다! 적의 공격을 읽고 펀치를 성공적으로 막아낸 권투 선수처럼, 혹은 법정에서 상대편이 제시한 증거를 무효로 만든 변호사처럼 이제 카운터펀치나 최후 변론으로 작지만 중요한 첫 번째 승리를 거둬야 한다. 그렇다면 무엇이 카운터펀치 혹은 최후 변론이 될 수 있을까? 톱텐을 통해 신중하게 작성한 기억이나 일일 E-S-P 혹은 규칙적인 IPR 숙고는 어떨까? 일기장을 빠르게 훑어보면 다양한 '마지막 말'을 발견할 수 있다("나는 두터운 방어벽을 뚫고 3점 슛을 쏴서 열 개 중 여덟 개를 성공시킨다"). 문을 지날 때마다 되뇌는 확언은 어떨까? 이 모든 것이 심리적 계좌에 대한 공격에 효과적인 카운터펀치로 작용할 수 있다("나는 힘든 상황에서 올바른 결정을 내린다'). 어려운 수학 문제를 풀다가 '나는 이걸 절대 이해하지 못할 거야'라는 생각이 든다면 다음과 같은 생각으로 즉각 대체할 수 있다. '나는 이전에도 새로운 공식을 배웠고, 다시 한 번 해낼 수 있다.' 마지막 두 번의 드리블에서 실수했던 축구선수의 머릿속에 떠오른 의심의 목소리('오늘 나한테 무슨 문제가 있나?')는 다음과 같은 생각으로 대체할 수 있다. '괜찮아, 다음 기회에 집중하자.' 우리는 훈련을 통해 자신의 마음이 만들어내는 확신에 대한 모든 공격을 인식하고, 침묵시키며, 다른 것으로 대체할 수 있다. 실질적인 안전과 생존을 위협하는 공격도 마찬가지이다.

철인 3종 사례를 마무리하면서 당신은 모든 두려움과 의심을 훈련 상황 그리고 과거 시합에서 수백 번 연습했던 간단한 주문으로 대체할 수 있다. 크게 심호흡하고, 다음처럼 강력하게 지시해 자신에게 동기를 부여한다. '다시 집중하고 시작하자!' 이는 다시 스트로크를 시작하고 경기로 되돌아오는 데 필요한 전부이다. 이를 알기 전 당신은 수영 코스에서 참가자 예순네 명 중 7위를 기록했고, 선두에 비해 5초나 뒤졌다. 하지만 이제 톱 아메리칸으로서 전체 10위의 성적으로 경기를 마치고 개인 최고 기록을 달성한 것은 물론, 의심과 두려움의 목소리와 벌인 개인적인 심리전에서 승리하면서 특별한 성취감을 얻는다. 실제로 몇 년 뒤 닉 밴덤은 내게 이렇게 말했다. "모두 언젠가는 좌절을 겪게 됩니다. 그리고 바로 그때부터 진짜 시합이 시작됩니다."

조나스 아나자가스티 중령 역시 이 말에 분명하게 동의했다. 그는 이렇게 말했다. "확신은 의심이 없는 상태가 아니라 우리가 의심에 대처하는 방식입니다." 조나스는 사관학교 4학년 때 전투 다이버 자격과정Combat Diver Qualification Course, CDQC에 도전했다. 그러나 그 과정에서 그의 확신은 매일 공격받았다. CDQC는 육체적으로 힘들고 기술적으로 복잡한 특수부대 자격 과정으로, 여기에 참가한 훈련생은 5주 동안 아주 힘든 상황에서 잠수 장비를 사용하는 방법을 배운다. CDQC의 졸업 요건이자 그 이름도 적절한 '일인 확신 테스트'One Man Confidence Test에서 훈련생은 잠수 장비를 모두 장착하고 검은색 마스크까지 쓰고서 시야가 전혀 확보되지 않은 수중에서 20분을 보내야 한다. 그 20분 중 10~15분 동안 그들은 교관들에 의해 몸이 뒤집히고, 균형을 잃고, 잠수 장비의 작동이 중단되는 등 계속해서 괴롭힘을 당한다. 이 모두는 그들이 예측할 수 없는 문제 상황에 얼마나 잘 대처하는지 확인하기 위한 테스트이다. 그리고 10~15분 사이호흡 장치를 재조정하고 평형 상태를 회복하는 과정에서 30~60초간 숨을 참아야 한다.

조나스 아나자가스티는 두 번째 일인 확신 테스트를 위해 잠수를 시작하면서 이번에는 반드시 해내야 한다고 생각했다. 그는 첫 번째 테스트를 통과하지 못했다. 그리고 한 번 더 실패한다면 CDQC 과정 전체를 망치게 될 것이었다. 하지만 이번에는 올바른 관점으로 실패를 바라보고(안전장치 #1), 숨이 찰 때 부정적인 생각을 인정하고, 침묵시키고, '차분함을 유지하자, 넌 괜찮다'라는 말로 대체함으로써 테스트를 당당히 통과했다. 아나자가스티는 이렇게 말했다. "이번 성공은 제가 예상치 못한 상황에 얼마든지 대처할 수 있다는 사실을 보여줬습니다." 현재 아나자가스티는 미 육군 제4특공훈련 대대 사령관으로서 많은 어려움에 직면하고 있다. 하지만 그럴 때마다 "나는 이 상황에 대처할 수 있다"라는 마지막 말을 되뇐다.

자신에게 하는 이야기가 건설적인 모습으로 남아 있도록 하기 위한 '마지막 말'이라는 단순하고 상식적인 방법은 1970년대 중요한 인지치료법 중 하나였다. 앞서가는 심리학자인 애런 벡Aaron Beck과 앨버트 엘리스Albert Ellis는 기존 심리분석과 행동주의에 기반을 둔 이론에서 벗어나 무의식적인 동기가 아닌 의식적인 사고가 불편함의 주요 원천이며, 이런 사고는 합리적으로 검토할 수 있고, 그런 사고가 불편함을 촉발할 때 반박하고 다른 강력한 사고로 대체할 수 있다고 주장하는 심리학의 움직임을 이끌었다. 이런 움직임은 개인에게 삶에 대한 책임을 더 많이 요구하는 당대의 사고방식에서 확고하게 벗어나는 것이었다. 그리고 추후 마틴 셀리그만이 좀더 긍정적인 방향으로 이끌었던 심리학 흐름의 출발점이 되었다.

1980년대 말부터 긍정적인 자기 대화가 성과에 미치는 영향에 대한 연구가 본격적으로 시작되었으며, 이후 수십 건의 연구 결과는 그런 자기 대화가 개인의 확신이라는 주관적인 기준, 그리고 다트 던지기, 스키, 장거리 달리기, 사이클링, 사격, 농구 슈팅처럼 다양한 과제의 성과라는 객관적인 기준 모두를 높이는 과정에서 긍정적인 역할을 했다는 사실을 보여줬다. 2011년 그리스 테살리아 대학교 연구팀은 자기 대화의 효과를 주제로 한 연구 37건을 포괄적으로 메타 분석해 이렇게 결론지었다. "전반적인 차원에서 자기 대화는 스포츠 성과를 높이는 효과적인 방법이라 확인했다." 같은 해 영국 뱅거 대학교 연구팀 역시 또 다른 메타 분석을 통해 이렇게 결론 내렸다. "지금 밝혀진 증거들은 자기 대화가 인식(특히 주의 집중 및 집중과 관련된 변수들)과 인지적 불안 그리고 움직임 기술의 전문적인 실행에 긍정적인 영향을 미친다는 사실을 말해준다." 또한 스포츠와 기술 영역 외에서도 자기 대화의 개입은 대중 연설과 신체 이미지 개선, 스트레스 관리에 효과적이라고 입증되었다.

하지만 내가 알고 있는 자기 대화의 중요성에 관한 가장 유용하고 의미 있는 연구 결과는 기자 알렉스 허친슨Alex Hutchinson의 경험에서 비롯되었다. 그는 2018년 출간한 『인듀어』Endure에서 "인간 성과의 기묘하게도 유연한 한계"를 살펴본다. 1997년 캐나다 몬트리올에 있는 맥길 대학교를 졸업한 허친슨은 대학 시절 1,500미터 달리기 선수로 활동했으며 캐나다 올림픽 대표팀에 두 번이나 선발되었다. 맥길 대학 선수팀에서 활동하는 동안 허친슨은 한 스포츠 심리학자에게서 내면의 목소리가 모든 중장거리 선수의 삶 일부인 두려움과 걱정('이번 페이스는 너무 빠르다' 혹은 '따라잡을 수 있을지 모르겠다'와 같은 우려)을 제기할 때마다 자신에게 반박하며, 그 우려의 목소리를 '버티자'라거나 '밀고 나가자'와 같은 조언을 끊임없이 제시하는 목소리로 대체해야 한다고 들었다. 하지만 허친슨을 비롯해 팀 동료들은 '동기를 부여하는 자기 대화'가 아무 의미 없다고 여기고 한 번도 시도하지 않았다. 신체적으로 전성기에 있는 많은 운동선수가 그러듯 그들은 스포츠에서 성공이란 누가 가장 큰 폐와 잘 훈련된 근육을 갖고 있느냐의 문제라고 생각했다. 확신과 자기 의심 사이의 심리적인 싸움은 당시 그들이 그리 받아들이고 싶어 하지 않는 주제였다.

자, 이제 22년의 세월을 건너뛰자. 허친슨은 물리학으로 박사학위를 받은 뒤 마라톤과 (일반 마라톤보다 훨씬 긴) 울트라마라톤을 수십 번 완주했고, 훈련 방식과 식이요법 및 스포츠 심리학 등 지구력에 영향을 미치는 모든 요소를 철저히 연구했다. 그 과정에서 켄트 대학교 새뮤얼 마코라Samuele Marcora를 만났다. 마코라의 인간 지구력 연구에는 동기를 부여하는 자기 대화(허친슨과 그의 동료들이 비웃었던 바로 그 훈련법)가 탈진 시간(time to exhaustion, 운동선수가 실내 자전거 페달을 밟을 수 있는 시간의 길이)에 미치는 영향에 대한 실험도 포함되어 있었다. 마코라와 연구 동료들은 2014년 연구에서 사이클 선수 스물네 명을 대상으로 탈진 시간을 측정했다. 그런 다음 그중 절반에게는 2주일 동안 훈련 시작과 마지막에 긍정적인 문구를 활용하도록 했다. 다시 말해 본질적으로 지루함과 피로 혹은 고통이 그들 심리적 계좌의 문을 두드릴 때 마지막 말을 활용하도록 했다. 이런 심리적 훈련을 받은 그룹은 이전 테스트보다 18퍼센트나 오래 페달을 밟았다. 반면 그런 훈련을 하지 않았던 대조 그룹은 아무런 변화를 보이지 않았다. 게다가 긍정적인 자기 대화를 활용한 그룹은 인식된 강도(훈련을 얼마나 힘들게 느꼈는지)를 테스트 전반에 걸쳐 더 낮게 평가했다. 여기서 18퍼센트나 오랫동안 지속했다는 것은 어떤 의미일까? 어떤 과제에서 18퍼센트 개선은 얼마나 대단한 변화인가? 어느 누가 성과에서 18퍼센트 개선을 원치 않을 것인가? 그게 타율이든 슛 성공률이든 회복 시간이든 성공적으로 마무리한 거래이든 말이다. 이런 실험 데이터를 확인하고 자신이 조사한 다른 모든 사례와 함께 고려한 허친슨은 내면의 부정적인 목소리에 반박하고 마지막 말을 하는 방법의 중요성에 대해 기존의 생각을 바꿨다. 그는 『인듀어』 260쪽에 이렇게 썼다. "지구력 훈련에 관한 최신 연구를 주제로 10년 동안 글을 써온 지금 시간을 되돌려 내 달리기 경력의 과정을 바꿀 수 있다면 의심으로 가득한 젊은 나에게 동기를 부여하는 자기 대화 훈련을 성실히, 그리고 결코 가벼이 여기지 말고 실천하라고 당부하고 싶다." 나 또한 모든 고객과 학생이 허친슨의 경험으로부터 영감을 얻고, 마지막 말 훈련을 꾸준히 실행하도록 격려한다.

그러나 안타깝게도 모든 사람이 그렇게 하지는 않는다. 수년 전 한 하키 선수가 NHL팀과 수천만 달러에 달하는 꿈의 계약에 서명했다. 그는 우리가 바랄 수 있는 신체적 재능을 모두 갖췄고, 팀은 그를 핵심 포지션에서 영향력을 발휘할 선수를 영입하고자 했던 오랜 기도에 대한 응답으로 여겼다. 하지만 그들의 기대는 어긋나고 말았다. 선수는 부정적인 자기 대화의 끊임없는 흐름이 불러온 두려움으로 얼어붙었으며, 그의 플레이는 심각하게 어려워졌다. 내가 그에게 내면의 공격적인 목소리에 대응하라고 제안했을 때, 그는 고개를 들어 나를 제정신 아닌 사람처럼 바라봤다. 그는 자신의 생각을 통제할 수 있고, 이를 통해 스스로 더 나은 감정 상태로 이끌 수 있다는 생각은 한 번도 하지 않으며 완전히 말이 안 되는 소리라 여겼다. 내면의 부정적인 목소리는 그의 절대적인 상사였고, 그는 그저 말 잘 듣는 부하에 지나지 않았다. 결국 그는 부정적인 자기 대화를 그대로 방치하는 치명적인 정신적 습관 탓에 무너졌으며, 선수 경력도 일찍 끝나고 말았다. 물론 이는 지극히 극단적인 사례이다. 하지만 부정적인 자기 대화가 그만큼 강력한 확신 도둑이 아니라면 첫 번째 만남에서 그토록 많은 고객이 내게 "아주 오랫동안 저는 저 자신의 적이었습니다"라고 말하지 않았을 것이다.

모든 것이 남아 있도록 만들기

마지막 말은 간단하면서도 직접적인 방법이지만 세 가지 요소가 그 방법의 지속적인 활용을 방해한다. 우리는 이런 요소를 이해함으로써 부정적인 생각을 좀더 쉽게 인정하고, 침묵시키고, 대체할 수 있다.

첫 번째 요소는 다음처럼 널리 퍼진 오해이다. "진정으로 확신한다면 어떤 부정적인 자기 대화도 끼어들 틈이 없다." 흔히 르브론 제임스Lebron James나 마이클 펠프스Michael Phelps 같은 챔피언처럼 확신이 가득하고 성공적인 사람은 마음이 탄탄해 부정적으로 생각하지 않으며, 두려움과 불안의 목소리를 영구히 잠재울 수 있을 것이라 생각한다. 반대로 우리는 저마다 자기 분야에서 성공하기 위해 고군분투하며 종종 부정적인 자기 대화를 떠올리기에 항상 확신할 수는 없다고 여긴다. 이는 말이 되지 않는다. '챔피언'들 역시 부정적인 자기 대화를, 그것도 최악의 순간에 떠올리곤 한다. 한 예로 테니스계의 전설 아서 애시Arthur Ashe는 1980년 나를 우연히 만나, 준결승전을 치르러 윔블던 경기장으로 들어서면서 이렇게 생각했다고 이야기했다. '오늘 첫 번째 서브가 하나도 안 들어가면 어떡하지?' 그리고 골프계의 전설 바비 존스Bobby Jones는 1926년 US 오픈 마지막 홀에서 3인치가 안 되는 우승 퍼팅을 남겨뒀을 때 이런 생각이 들었다고 했다. '퍼터로 잔디를 때려서 공을 움직이지 못하면 어떡하지?' 1972년 올림픽에서 은메달을 딴 미국 레슬링 선수 존 페터슨은 1976년 올림픽 경기장으로 들어서면서 CCTV에 비친 자신을 보고는 이렇게 생각했다. '전 세계가 지켜보는 가운데 꼼짝도 못 하면 어떡하지?' 각자 분야에서 승리를 거둔 이들 '챔피언'과 우리의 유일한 차이점은 두려움과 걱정의 목소리에 대응하는 방식뿐이다. 앞서 소개한 하키 선수처럼 '일반적인' 사람은 이런 목소리가 계속해서 속삭이고 고함치도록 내버려둔다. 반면 '챔피언'은 이런 목소리를 다른 사람과 똑같이, 크게 듣지만 그때마다 마음을 다잡고 공격적인 생각이나 목소리를 건설적인 생각이나 목소리로 대체할 시간이 왔다고 생각한다. 용기란 두려움이 없는 상태가 아니라 두려움을 느끼는 가운데 올바른 행동을 취하는 태도를 말한다. 마찬가지로 확신이란 아나자가스티 중령이 언급한 바처럼 자기 의심이 없는 상태가 아니라 자기 의심에 지속으로 저항하려는, 다시 말해 자기 의심 속에서도 올바로 생각하려는 태도를 뜻한다.

마지막 말을 하는 것과 관련해 우리가 이해해야 할 두 번째 요소는 안타깝게도 자신의 직업이나 스포츠 혹은 연구 분야에서 은퇴할 때까지 계속해서 반복적으로 노력해야 한다는 사실이다. 우리 자신의 확신 계좌를 공격하는 목소리는 우리가 아무리 노력해도 두더지 잡기 게임처럼 계속해서 떠오를 것이다. 이런 면에서 확신이라는 첫 번째 승리를 거두는 것은 독일과 일본의 항복으로 2차 대전이 끝난 것처럼 전쟁을 완전히 종식시키는 결정적인 전투에서 승리하는 일과는 다르다. 일반적인 전쟁의 적과 달리 의심과 두려움, 불안이라는 내부의 적은 완전히 물리칠 수 없다. 이는 인간이라면 누구도 피할 수 없는 운명이다. 그럼에도 영화와 TV를 비롯한 다양한 매체는 현자나 스승에게서 성공의 비결을 배우기만 하면 모든 두려움과 불안이 사라지고 어느 때보다 행복하게 살아갈 수 있다고 말한다. 그런 거짓말에 속지 말자.

내면에 만연해 좀처럼 사라지지 않는 자기 의심을 떨치도록 고객들을 돕기 위해 나는 2013년 방영된 리얼리티 TV 프로그램 〈최고의 파이터〉The Ultimate Fighter 시리즈 중 종합격투기 선수이자 코치 차엘 소넨Chael Sonnen이 젊은 선수인 유라이어 홀Uriah Hall과 대화하는 영상을 종종 보여준다. 여기서 홀은 코치에게 때로 확신을 잃는다고 말한다. 그는 이렇게 털어놓는다. "독이 머릿속에 방울처럼 떨어지는 느낌입니다. 그러면 모든 것이 흔들립니다." 이에 소넨 코치는 그 역시 선수 시절에 똑같은 경험을 했다고 공감을 표하면서 스포츠 심리학 전문가와 협력하면서 배운 두 가지 해결책을 제시한다. 첫째, 그것은 자신만의 문제가 아니다. 그는 그런 의심을 경험했기 때문에 자신에게 결함이 있다고 생각했다. 하지만 모든 선수가 그렇게 의심한다. 의심은 성공을 추구하는 과정에서 나타나는 정상적인 현상이다. 둘째, 의심은 결코 완전히 사라지지 않는다. 다음 장면에서 소넨은 명예의 전당에 입성한 MMA 선수 랜디 커투어Randy Couture와 대화를 나눈다. 커투어는 이렇게 말한다. "머릿속에서 자책과 부정적인 목소리를 없애진 못했지만 [그것과 겨뤄볼 수는 있었습니다.]" 소넨은 그 젊은 선수가 자신의 지속적인 정신적 싸움을 인식한 일을 축하하며, 자기 의심이라는 피할 수 없는 공격에 대처하는 데 선택권이 있다는 사실을 상기시켰다. "의심이 스며들 때면 두 가지 길이 펼쳐집니다. 하나는 승리로 이어지는 길입니다. 발을 움직이고 손을 치켜들면서 하늘로 날아가는 길이죠. 다른 하나는 실패로 추락하는 길입니다." 훌륭한 조언이다. 우리는 한 번의 성공으로 전쟁을 완전히 끝낼 수 없다. 부정적인 생각이 고개를 들 때마다 그것을 인식하고, 중단하고, 대체하며 작은 승리를 많이 거둘 수 있다. 이런 승리는 대단히 중요하다. 그러니 얼마나 꾸준하고 지속적으로 작은 승리를 성취했는지에 자부심을 갖자. 부정적인 생각에 맞서 그것을 대체하는 한 승리는 우리 편이다.

마지막 말에 영향을 미치는 세 번째 요소는 확신의 적이 대단히 교활하다는 사실이다. 그렇기 때문에 어떤 스포츠 기술이나 직업적 역량 혹은 개인적인 관계 기술에 가장 취약한지 이해해야 한다. 확신의 적은 바로 그 취약 지점에서 당신을 공격하고, 가장 크게 피해를 입힐 것이다. 동료나 팀원, 경쟁자가 특정한 기술 혹은 항상 자신이 어려워하는 과제를 쉽게 실행하는 모습을 볼 때 확신의 적은 고개를 들어 우리를 공격할 것이다. 가령 플립턴을 잘하기 위해 열심히 노력하는 수영선수는 경쟁자가 연습하는 모습을 지켜볼 때 그 위력을 느끼게 된다. 그리고 '나도 저렇게 잘할 수 있으면 좋을 텐데'라는 생각으로부터 공격받는다. 수학에서 한 번도 좋은 성적을 올리지 못한 대학원생은 '통계 중간고사는 정말 어려울 것'이라는 생각으로부터 공격받을 것이다. 앞선 두 가지 요소와 마찬가지로 세 번째 요소 역시 인간이 처한 조건의 일부이다. 우리는 자신의 성과에 영향을 미치는 개인적인 단점에 집착하고 민감하게 반응한다. 그러나 이런 단점을 어떻게 받아들일지 선택할 수 있다. 단점을 보완하기 위해 노력할 수 있으며, 스스로 성공하지 못할 것이라는 부정적인 목소리를 물리칠 수도 있다.

1994년 개봉한 야구 주제 코미디 영화 〈메이저리그 2〉*Major League II*에는 웃긴 장면이 나온다. 거기서 한 야구팀 구단주는 자신의 팀을 다른 도시로 이전시키기 위해 그 팀이 경기에서 지기를 원한다. 그는 선수들이 중요한 플레이오프 게임을 위해 경기장으로 나가기 전 라커룸으로 들어간다. 마거릿 휘튼이 연기한, 반짝이는 검은 이브닝 가운 차림의 구단주는 주요 선수들에게 다가가 그들에게 최악의 기록을 상기시킨다. 먼저 한 선수에게 이렇게 말한다. "주자가 스코어링 포지션에 있을 때 기록한 0.138의 타율을 절대 넘어서지 못할 겁니다." 그러고는 다른 선수에게 다가가 이렇게 말한다. "작년 플레이오프에서 18타수 1안타를 기록했군요." 우스꽝스러운 상황이지만 (어떤 메이저 스포츠팀 구단주도 자기 팀이 지길 원치 않는다) 내 고객들은 이 장면을 보고 항상 알겠다는 듯 고개를 끄덕인다. 우리 모두에겐 자신만의 '검은 가운을 입은 인물'이 있기 때문이다. 그 인물은 항상 중요한 순간에 등장해 우리가 실패하고, 잘못하고, 성과를 제대로 올리지 못한 때를 떠올리게 만든다. 그러나 그는 우리가 부끄러워하거나 두려워해야 할 대상이 아니다. 그 인물은 때로 우리가 더 잘할 수 있는 뭔가를 상기시켜주기도 한다. 하지만 검은 가운을 입은 인물에게 집착하거나 그가 심리적 계좌를 장악하도록 내버려두는 것은 확신과 성과를 위축시키는 가장 확실한 방법이다. 잠시 그 인물의 이야기에 귀 기울이자. 그가 도움이 될 만한 이야기를 들려주지 않는다면 자신이 공격받고 있다는 사실을 **인식**하고, 부정적인 목소리를 **침묵**하게 만들며, 그 목소리를 에너지와 낙관주의, 열정을 불어넣는 생각으로 **대체**하자.

안전장치 #3 "슈터의 마음가짐"—나쁜 상황에서 확신을 얻는 방법

삶에서 필연적으로 발생하는 난관으로부터 확신을 지켜야 하는 책임, 인간의 불완전성이라는 진실, 그리고 부정적인 생각이 촉발하는 공격에 대해 지금 당황하고 있다면 사기를 높이고 힘을 실어주는 아이디어를 제시하고자 한다. 그것은 세 번째 안전장치로, 이 장의 결론이기도 하다. 지금까지 소개한 안전장치는 분명하게도 우리가 마주하는 어려움과 그 어려움이 촉발하는 부정적인 생각 탓에 소중한 심리적 계좌의 잔고가 바닥나지 않도록 지키는 역할을 한다. 그런데 심리적 필터를 활용해 심리적 계좌를 지키는 단계를 넘어 실질적인 어려움 속에서도 잔고를 높여나갈 수 있다면 어떨까? 심리적 필터를 활용함으로써 **실수하고, 실패하고, 최고 성과에 한참 못 미칠 때도 확신을 강화할 수 있다면** 어떨까? 앞서 언급한 두 가지 안전장치를 조합하고, 즉 지극히 선택적인 건망증을 추가한 다음 지극히 선택적으로 기대하고 마무리함으로써 그럴 수 있다. 이는 **슈터의 마음가짐**Shooter's Mentality이다. 슈터의 마음가짐이란 모든 스포츠 종목과 다양한 분야에서 일관적으로 활용함으로써 성공과 승리를 향해 나아가도록 만들어주는 태도이다. 슈터의 마음가짐은 두 가지 사고 습관으로 구성된다. 그 두 가지는 얼핏 상호 배타적으로 보이지만 실제로는 하나로 연결되어 첫 번째 승리에 기여한다. 이 두 가지 습관 중 첫 번째는 어떤 실수나 실패도 우리가 성공으로부터 멀어지는 것이 아니라 오히려 더 가깝게 만들어준다는 생각이다. 두 번째 습관은 일단 성공을 성취했다면 또 다른 성공이 계속해서 이어질 것이라는 생각이다. 슈터의 마음가짐으로 무장한 이는 실수를 일시적이고, 제한적이며, 예외적인 것으로 바라보는 것은 물론 그것을 행운으로의 전환을 암시하는 신호로 해석한다. 다른 한편으로 성공이 앞으로 영원히 지속될 것이며('다시 한 번 일어날 거야') 보편적이라('이제 다른 좋은 일도 일어날 거야') 바라본다. 이런 정신적 습관을 강화할 때(이를 위해 유일하게 필요한 것은 그렇게 하려는 의지이다) 우리는 심리적인 원자핵 무기를 자기편에 두게 된다.

NBA 골든스테이트 워리어스의 득점 에이스 스티븐 커리Stephen Curry에게는 분명히 그런 습관이 있었다. 커리의 코치 스티브 커Steve Kerr는 이렇게 말했다. "스티븐이 알고 있는 전부는 이겁니다. '나는 슛을 쏠 거야.' 실수한다 해도 문제없습니다. [다음번에는 꼭 성공할 거라는 사실을] 알기 때문이죠." 커리는 대단히 선택적이고도 건설적으로 '실수한 슛은 모두 다음 슛의 성공 가능성을 높인다'라고 여긴다. 실수는 결코 그날 경기 전반에 대한 우려로 이어지지 않는다.

마찬가지로 그는 대단히 선택적이고 건설적으로 계속해서 슛을 성 공시킬 때마다 운이 언제 다할지 걱정하는 대신 경기 전반에 걸쳐 그런 상태를 유지하리라 기대한다. 물론 이런 생각은 논리와 거리가 멀다. 그런데도 분명한 사실은 도움이 된다는 것이다. 스티븐 커리 는 절대 이와 다른 방식으로는 생각하지 않는다.

토머스 에디슨 역시 백열전구와 배터리 그리고 오늘날 우리가 당 연하게 여기는 많은 다양한 기술을 개발하는 놀라운 과정에서 그런 태도를 유지했다. 배터리를 개발하기 위해 9,000번이 넘는 '실패'를 겪었다는 전설적인 이야기처럼 성공하지 못한 시도나 실험을 '실패' 라 여기는 대신 그런 시도 덕분에 마지막 해결책을 향해 나아갈 수 있는 소중한 정보를 얻었다는 태도를 지켰다. 그의 모든 실패는 열 정과 에너지를 고갈시킨 것이 아니라 성공이 바로 눈앞에 있다는 확 신을 더욱 강하게 만들어줬다. 오늘날 모든 사람은 반복적인 '실패' 에 직면해서도 지치지 않는 낙관주의를 유지했던 그에게 감사한다.

타이거 우즈 역시 프로 골프계에서 정상을 지킨 세월 동안 줄곧 그런 태도를 유지했다. 한 4라운드 토너먼트 경기 중 3라운드를 마 쳤을 때 그는 선두에 12타 뒤져 있었다. 그때 한 기자가 우즈에게 다 음 주 열리는 토너먼트에 어떻게 대비할 생각인지 물었다. 우즈는 다음 토너먼트는 전혀 생각하고 있지 않으며, 자신의 모든 에너지를 내일 있을 마지막 라운드에 집중할 것이라 답했다. 기자는 이렇게 지적했다. "하지만 지금 12타나 뒤져 있고 우승권에서 이미 멀어졌습니다." 우즈는 답했다. "저는 그렇게 생각하지 않아요. 저는 마음속 어딘가에서 55타를 생각하고 있습니다. 그게 정말로 이뤄진다면, 그리고 선두권에 있는 다른 선수들이 부진하다면 여전히 가능성 있습니다." 우즈, 그리고 우즈와 같은 다른 우수한 성과자들의 머릿속에는 기대 이하의 성적이 이어질 것이라는 생각이 없다. 그들은 대신 다음번 시도에서 엄청나게 성공하리라 기대한다. 이 위대한 성과자들은 일반적인 사람들과는 달리 실수와 어려움 그리고 '실패'에 감정적인 차원으로 얽매여 있기를 거부하며 앞으로 성공 가능성이 점점 더 높아질 것이라 기대한다.

나는 스포츠 심리학 박사 과정에서 이런 개념을 처음 마주했다. 당시 내 지도교수인 밥 로텔라 박사는 몇 년 전 대학원생들과 수행한 연구에 관해 들려줬다. 성공적인 운동선수의 사고방식을 항상 궁금해했던 로텔라 박사는 버지니아 대학교의 우수한 운동선수들로 그룹을 만들고, 그들이 스포츠 경력 중 가장 확신했던 순간에 대해 대학원생들에게 이야기하도록 했다. 쉽게 예상할 수 있듯 선수들은 경기를 장악했던 성공적인 플레이에 대해 늘어놓았다. 터치다운으로 득점하고, 개인 기록을 갱신하고, 경쟁자를 물리쳤던 때를 언급했다. 하지만 자기 차례가 오기를 기다리고 있던 스튜어트 앤더슨은 사뭇 다른 이야기를 들려줬다.

당시 버지니아 대학교 풋볼 선수였던 앤더슨은 연구에 참여한 다른 선수와는 달리 대학원생들에게 부진했던 경기에 관해 이야기했다. 고등학교 시절 농구 선수로 뛰었던 앤더슨은 한 플레이오프 경기에서 마지막 몇 분을 남겨놓을 때까지 슛 열네 개 중 하나밖에 성공시키지 못했다. 그의 부진에도 팀은 훌륭한 경기를 펼쳤고, 마지막 순간을 앞두고 동점을 이어나가고 있었다. 감독은 마지막 작전을 위해 타임아웃을 요청하고 선수들을 불러 모았다. 당연하게도 그날 정상 컨디션이 아니었던 앤더슨을 제외하고 다른 선수에게 마지막 슛을 맡기는 작전에 대해 설명했다. 그때 앤더슨이 끼어들어 이렇게 말했다. "아닙니다, 감독님. 제게 공을 주세요. 제가 슛을 하고 싶습니다!" 처음에 감독은 그의 요청을 묵살했다. 하지만 앤더슨은 진지한 표정으로 다음처럼 말하며 감독의 마음을 돌렸다. "제게 공을 주세요. 슛을 하고 싶습니다. '이제 골을 넣을 때가 되었거든요.'" 이 마지막 말은 앤더슨이 중요한 슛을 분명히 성공시킬 것이라는 확신을 감독에게 전했다. 결국 감독은 앤더슨이 마지막 슛을 쏘도록 작전을 바꾸고는 선수들을 코트로 돌려보냈다. 마지막 몇 초를 남겨두고 앤더슨은 공을 잡았고 완벽한 슛으로 팀을 승리로 이끌었다. 그렇게 열다섯 번의 슛에서 두 번을 성공한 앤더슨은 기쁨으로 가득한 팀 동료들의 어깨 위에 걸터앉아 경기장을 빠져나갔다.

그 이야기를 들은 대학원생들은 앤더슨에게 경기 마지막까지 부진했는데도 왜 슛을 하겠다고 고집했는지 물었다. 이에 앤더슨은 자신의 경력 전반에 걸쳐 슛 성공률이 50퍼센트였으며, 그래서 몇 번의 슛을 놓친 이후 성공 가능성이 50퍼센트를 넘을 것이라 생각했다고 답했다. 통계학과 연구 방법론을 공부하고 있던 대학원생들은 그 말을 듣고 눈썹을 치켜올렸다. 물론 앤더슨의 생각은 그들이 배우고 있던 모든 확률의 논리에 반했다. 그러나 앤더슨은 계속해서 말했다. "네다섯 번 슛을 놓친 이후 성공 가능성이 50퍼센트를 넘어섰다고 생각했습니다. 그리고 경기 마지막에 몇 번이나 연달아 실수했는지 모르겠지만 이제 성공할 때가 됐다고 생각했죠." 역설적이게도 앤더슨의 확신은 실수할 때마다 더 높아졌다. 처음에 대학원생들은 그 말을 듣고서 어리둥절했지만 몇몇은 앤더슨의 생각에 어떤 의미가 있다는 사실을 이해하기 시작했다. 과학의 관점에서 볼 때 그 생각은 지극히 비논리적이었지만 말이다. 대학원생 중 한 명이 앤더슨에게 이렇게 물었다. "실수할 때마다 성공 가능성이 높아진다고 생각하고 있군요. 그런데 슛을 연속으로 성공할 때는 어떻습니까? 결국 평균으로 돌아가 다음번에 실수할 가능성이 더 높아진다고 생각하나요?" 앤더슨의 대답은 이랬다. "아닙니다! 연달아 성공하면 모든 게 생각대로 흘러간다고 이해합니다. 그래서 계속해서 슛을 쏩니다!" 학생들은 그의 말을 이해했다. 즉, 상황이 좋은 방향으로 흘러간다면 그 흐름을 그냥 즐기면 된다.

그러자 한 학생이 손을 들고 물었다. "어떻게 그렇게 두 가지 방식으로 생각할 수 있을까요? 실수하면 확률이 더 높아진다고 생각하면서 동시에 계속해서 성공하면 확률이 자기편이라고 기대할 수 있습니까?" 이에 대해 앤더슨의 대답은 간단했다. "모르겠습니다. 어쨌든 그게 제가 생각하는 방식입니다."

이것이 바로 슈터의 마음가짐이다. 실수는 성공 가능성을 높이고, 성공은 성공 가능성을 더 높인다. 결코 논리적이지 않지만 이런 생각은 중요한 순간에 확신을 가져다주고, 그런 확신은 다시 자신에게 최고의 성공 가능성을 선사한다. 이 이야기는 자기 자신과 (모두 심리적 계좌로 들어가는) 자신의 성과에 대한 생각이 엄격하고 일상적인 논리에 지배받을 필요는 없다는 교훈을 전한다. 스튜어트 앤더슨과 토머스 에디슨, 지난 장에서 만나본 망상을 품고 있지만 대단히 성공적인 자동차 영업사원 제이슨 마샤는 농구 코트와 실험실 그리고 자동차 전시장에서 일어나는 일을 지속적인 노력과 열정을 뒷받침하는 방식으로 걸러내고 선택적으로 해석했다. 우리는 이들 모두 그들 자신만의 '현실', 즉 그들 자신의 고유한 심리적 환경, 그리고 다른 사람이 보기에 항상 '논리적'이지는 않지만 자신의 재능과 기술을 마음껏 펼칠 수 있는 환경을 창조했다고 말할 수 있다. 논리는 타이거 우즈나 다른 골프 선수가 선두에서 12타 벌어졌을 때 토너먼트 우승을 잊어야 한다고 말한다. 그리고 토머스 에디슨이 수천 번 실패한 끝에 전기라는 당시로서는 알려지지 않은 존재를 저장할 수 있는 장치를 개발하려는 도전을 멈춰야 한다고 말한다. 영업소를 찾은 모든 고객이 그날 자동차를 구매할 것이라 제이슨 마샤가 믿을 논리적 근거는 없다. 세일즈 데이터와 그 산업의 엄격한 현실은 그의 이런 생각을 반박한다. 그렇다면 왜 이런 마음 상태, 이처럼 개인적인 '현실'

로부터 움직여야 할까? 세일즈를 창조하는 최고의 기회를 얻는 데 도움이 되기 때문이다. 이는 우즈와 에디슨을 비롯한 다른 모든 사람에게 해당되는 말이기도 하다. 그런 **확신**으로부터 움직일 때 자신의 타고난 재능과 훈련받은 기술, 누적된 경험이 모두 하나로 연결되어 중요한 순간 자신에게 최고를 선사한다. 그렇다면 언제나 성공을 보장받을 수 있을까? 물론 아니다. 인간의 불완전성이 자신이 하는 일에 영향을 미치지 않게 만들 수 있을까? 그것도 아니다. 그럼에도 그런 확신은 우리가 **인간의 불완전함이라는 피할 수 없는 현실 속**에서도 좋은 성과를 올리도록 돕고, 모든 승리를 위한 최고의 가능성을 가져다준다.

요약

중요한 것은 확신이다. 우리는 기억을 관리하고, 자신에게 건설적인 이야기를 들려주고, 원하는 미래를 떠올림으로써 심리적 계좌의 잔고를 높이기 위해 열심히 노력하고 있다. 그러나 계좌 잔고는 위태롭다. 우리의 확신 역시 위태로우며, 그렇기 때문에 보호받아야 한다. 최고의 노력과 의지에도 우리의 팀원과 동료 그리고 자기 자신은 계속해서 실수를 저지를 것이다. 우리가 인간이기 때문이다. 고도로 발달된 인간의 두뇌 시스템이 만들어내는, 끊임없이 이어지는 정신적 재잘거림은 언제나 의심과 불안 그리고 자아비판을 담고 있을 것이다. 하지만 확신에 대한 모든 공격은 동시에 우리에게 안전장치를 활용할 것인지, 아니면 세상과 인간의 불완전함이나 부정적인 생각이 자신의 확신을 통제하도록 내버려둘 것인지 선택권을 남겨놓는다. 우리는 모든 외부의 어려움을 일시적이고, 제한적이며, 예외적인 것으로 바라볼 수 있다. 그리고 자기 의심이 고개를 들 때 마지막 말을 활용할 수 있다. 또 실수가 이어지는 사이에도 슈터의 마음가짐으로 확신을 강화할 수 있다. 이 안전장치는 아무리 자주 활용해도 확신을 위한 지속적인 심리적 싸움에서 승리를 거둘 수 있다. 이를 활용할 때마다 첫 번째 승리를 거둘 것이며, 그때 자신이 할 수 있는 일을 했고, 통제할 수 있는 대상을 통제했다는 사실을 자랑스럽게 여길 수 있다. 이와 관련해 역사가 우리에게 주는 가르침이 있다면 이 안전장치를 활용할 때마다 모든 승리를 향해 나아갈 수 있다는 사실이다.

6장
줄 끝에서 편안해질 것인가,
줄을 벗어나 특별해질 것인가

잠시 숨을 고르고 앞서 다룬 내용을 떠올려보자.

확신의 본질과 확신의 궁극적인 원천이 자기 자신과 자신의 삶, 그리
고 삶에서 벌어지는 일을 바라보는 관점이라는 외면할 수 없는 사실.
선택적으로 사고해야 할 필요성과 그렇게 하기 위한 과정. 다시 말해
인간의 자유 의지를 활용해 에너지와 낙관주의, 열정을 강화하는 생각
과 기억을 필터링을 통해 받아들이고 강화하면서, 동시에 그렇지 않은
생각과 기억을 조심스럽게 걸러내거나 재구축하는 방법.
심리적 계좌를 강화하기 위한 구체적인 도구와 기술. 즉, 기억을 관리
하고, 건설적인 이야기를 반복하고, 자신이 바라는 미래를 떠올리기.
삶의 피할 수 없는 난관과 인간의 불완전함, 그리고 부정적인 생각이

심리적 계좌의 잔고를 고갈시키지 않도록 보호하는 심리적 도구와 기술. 즉, 실패를 일시적이고, 제한적이며, 예외적인 것으로 합리화하면서 각각의 부정적 사고를 멈추고, 이에 대처하고, 통제해야 할 신호로 활용하기.

이 모두는 중요한 순간에 첫 번째 승리를 거두도록 돕기 위해 설계되었다. 이 지침을 따름으로써 우리는 능력을 발휘하는 과정에서 분석과 판단 그리고 우려의 함정 속으로 떨어지지 않을 수 있다. (1) 자신에 대한 확신이라는 거대한 심리적 계좌를 마련했고 (2) 자기비판과 자아분산을 최소한으로 줄였으며 (3) 두려워하거나 피하려 하지 않고 성취하며 스스로 되고자 하는 바에 집중하고 있기 때문이다. 이 훈련은 효과적이며, 과학에 의해 정당성이 입증되었다. 그런데도 학교에서 주요한 가르침이나 현대 사회 전반에 걸쳐 주요한 지혜로 받아들여지고 있지 않다. '들어가며'에서 언급했듯 현대 사회는 확신에 대해 두 가지 상반된 입장을 취한다. 확신은 개인적으로 중요하지만 너무 지나치면 사회적으로 치명적이라 말한다. 게다가 어느 정도의 확신이 '적절한지' 명확하게 정해져 있지 않다.

이 장에서는 확신의 구축 및 표현과 관련해 우리 문화의 보편적인 가정과 생각을 주의 깊게 들여다본다. 당신은 아마도 어린 시절과 교육 과정에서 자아를 과감하게 드러내기보다 사회에 순응하도록 권유받았을 것이다. 옥스퍼드 영어사전은 '사회화'를 이렇게 정의한다. "사회가 용인하는 방식에 따라 행동하는 법을 배우는 과정".
그러나 사회화는 양날의 검이다. 안전을 제공하지만 개인적인 차원
에서 최고를 추구하도록 우리를 격려하지는 않는다. 자신이 선택한
스포츠 종목이나 예술 분야 혹은 직업에서 스스로 어느 단계까지 도
달할 수 있는지 확인하고 첫 번째 승리를 계속해서 거두고자 한다면
사회화의 부정적인 측면에 맞서 **다르게** 생각해야 한다. 이 장은 바로
그 방법을 보여준다.

'다르게 생각하기'에 관한 사례 연구

첫 번째 승리의 개념과 실행에 대한 이해를 높이기 위해 '사례 연구'
를 통해 강한 확신과 우수한 성과를 보이는 인물의 사고방식을 들여
다보자. 나는 언제나 사례 연구의 열렬한 팬이었다. 사례 연구란 흥
미롭거나 가치 있는 특질을 보여주는 인물을 찾아 주의 깊게 관찰
하고, 이를 통해 수집한 지식을 사람들과 공유하는 접근방식이다.
내가 추천하는 스포츠 심리학 책 중 하나로 영국 육상선수 데이비
드 헤머리(David Hemery, 1968년 올림픽 400미터 허들 금메달리스트)가
쓴 『최고의 스포츠를 향하여』*The Pursuit of Sporting Excellence: A Study of Sport's
Highest Achievers*가 있다. 이 책은 자기 자신의 성과를 현실 세상의 성과
와 구분했던 실제 인물을 다룬다. 헤머리는 광범위한 스포츠 분야에

걸쳐 챔피언 열다섯 명과 최고 성과자를 인터뷰했다. 그리고 이를 통해 "스포츠 분야의 최고 성취자들이 갖고 있으며, 자신의 재능을 실현하고자 하는 모든 이에게 적용할 수 있는 공통 요인이 있는지" 확인하고자 했다. 헤머리의 사례 연구는 무엇이 현실에서 효과를 발휘하는지에 대해 소중한 통찰력을 전해준다(당연하게도 인터뷰에 응한 운동선수 중 87퍼센트는 아주 높은 수준의 자기 확신을 갖고 있다고 말한다). 마찬가지로 영향력 있는 비즈니스 서적 다수 역시 이런 사례 연구 접근방식을 활용한다. 1982년 경영 컨설턴트인 톰 피터스Tom Peters 와 로버트 워터맨Robert Waterman은 『초우량 기업의 조건』*In Search of Excellence: Lessons from America's Best-Run Companies*이라는 책을 발표했다. 여기서 두 사람은 엄청난 성공을 거둔 소수의 기업을 일반적인 미국 기업들과 구분하는 특징을 확인했다. 이 책은 15년간 450만 부 팔렸으며, 지금까지도 비즈니스 분야의 고전으로 남아 있다. 2011년 짐 콜린스Jim Collins는 『좋은 기업을 넘어 위대한 기업으로』*Good to Great: Why Some Companies Make the Leap... and Others Don't*를 발표했다. 이 책 또한 자신을 무리와 구분하는 기업들의 두드러진 특성과 실행 방식을 다룬다. 이 세 권의 책이 공통적으로 취하고 있는 것이 바로 '사례 연구' 접근방식이다. 다시 말해 이 작가들은 성공에 관한 개념이나 이론에서 시작해 증거 사례를 살펴보는 방식이 아니라 성공적인 기업과 인물을 직접 들여다보면서 그들이 어떻게 차별화했으며 무엇이 그들을 **다르게** 만들었는지 살펴본다.

우리도 이런 관점에서 크게 성공한 인물이 어떻게 인상적인 심리적 계좌를 마련하고 유지했으며 경쟁자들과 어떻게 차별화했는지 들여다보고, 그의 사고가 주류의 사고와 어떻게 **다른지**에 주목해보자. 이를 통해 심리적 계좌에 영향을 미치는 근본 가정이나 믿음에 관한 중요한 질문을 떠올리게 될 것이다. 이런 가정이나 믿음은 우리가 지나치게 분석하고 실질적인 효과가 없는 다양한 사고를 격려함으로써 첫 번째 승리를 거두지 못하도록 만드는가, 아니면 앞으로 나아가고 자기 자신을 경쟁자나 적들과 구분하도록 도울까? 그리고 우리는 스스로 첫 번째 승리를 쟁취하도록 도울 새롭고 건설적인 믿음을 받아들일 수 있을까? 물론이다.

이제 우리의 사례 연구 주인공 데이온 샌더스Deion Sanders를 만나보자. 슈퍼볼에 출전한 선수라면 누구나 그것을 절대 잊을 수 없는 놀라운 경험이라 말할 것이다. 월드시리즈에서 뛰어본 선수 역시 똑같이 이야기할 것이다. 그런데 슈퍼볼과 월드시리즈에 모두 출전해본 선수가 지구상에 딱 한 사람 있으니, 그가 바로 데이온 샌더스이다. 풋볼 명예의 전당에 오른 디펜스백이자 메이저리그 외야수로 활약했던 샌더스는 슈퍼볼 두 번, 프로볼에 여덟 번 출전했으며, NFL에서 터치다운 리턴 열아홉 번이라는 놀라운 기록은 2014년까지 깨지지 않았다. 샌더스는 또한 자신의 의지를 현실로 일궈낸 인물이기도 하다. 그는 이렇게 말했다. "저는 어떤 것에서든 평범하길 원치 않았습니다. 절대적인 최고가 되고 싶었습니다." 샌더스가 정말 절대적인 최고였는지에 대한 판단은 풋볼 전문가에게 맡겨두겠지만 어느 누구도 샌더스가 평범에 가까운 선수였다고 주장하지는 못할 것이다. 사실 **평범**mediocre이라는 단어는 라틴어 **메디오크리스**mediocris에서 유래한 것으로, '중간의, 일반적인, 뛰어나지 않은'이라는 뜻이다. '프라임타임'Prime Time이나 '네온 데이온'Neon Deion이라는 애칭으로 알려진 인물에게는 어울리지 않는 표현이다.

샌더스는 1989년 애틀랜타 팰컨스에서 프로 풋볼 선수로 경력을 시작했으며, 애틀랜타 브레이브스에서 야구선수로 활동했다. 1994년 NFL 시즌에는 샌프란시스코 포티나이너스에서 뛰었으며, 그해 포티나이너스가 슈퍼볼 챔피언으로 올라서는 데 기여했다. 그 시즌 동안 샌더스는 ESPN 방송에서 인상적인 인터뷰를 남기기도 했다. 전 NFL 쿼터백 조 타이스만Joe Theismann과 5분간 나눈 인터뷰에서 샌더스는 첫 번째 승리를 추구하는 모든 이에게 아름다운 모범이 될 만한 다섯 가지 이야기를 전했다.

인터뷰는 샌더스가 패스를 가로채고 터치다운 세리머니를 하는 멋진 하이라이트 영상이 나간 뒤 시작된다. 먼저 그는 차분하고 짤막하게 이렇게 말했다. "제가 당신보다 낫다고 생각합니다." 이 말은 어떤 허세도 없이 차분하고 담백했다. 그리고 30초 뒤, 샌더스는 다시 한 번 차분한 어조로 이렇게 말했다. "그 장면에서 당신을 이길 수 있었습니다." 다시 20초가 채 지나지 않아 타이스만은 다음 질문으로 넘어갔다. 그는 이렇게 운을 뗐다. "공이 공중에 떠 있을 때…" 하지만 샌더스는 그가 질문을 마무리하도록 내버려두지 않았다. 샌더스는 질문을 끊고는 내가 스포츠 선수들에게서 들은 말 중 가장 통찰력 넘치는 이야기를 했다. 그는 공중에 떠 있는 공에 대해 이렇게 말했다. "그건 제 겁니다! 저한테 오는 겁니다! 그에게 가는 게 아닙니다. 제게 오는 겁니다! 공이 공중에 떠 있다면 그건 저를 향해 오는 겁니다. 이것이야말로 디펜스백이 지녀야 할 태도입니다." 네 번째, 샌더스는 스크럼 선상에서 발 기술에 관해 묻는 질문에 이렇게 대답했다. "저는 매번 변화를 줍니다. 상대가 저에 대해 생각하도록 만듭니다. 그들이 과거의 생각을 완전히 바꾸도록 만듭니다. 그들은 저에 대해, 그리고 제가 펼칠 플레이에 대해 걱정할 수밖에 없습니다." 마지막으로 샌더스는 자신의 새로운 팀인 포티나이너스에 관한 질문에 이렇게 답했다. "우리는 자신을 믿어야 합니다. 그리고 저는 그렇게 만들어나가고 있습니다. 모두 자신을 믿도록 힘을 실어주고 있습니다." 인터뷰를 통해 샌더스의 심리적 필터가 어떤지, 그리고 그가 어떻게 첫 번째 승리를 거뒀는지 짐작할 수 있다. 그의 말을 좀더 자세히 들여다보자.

1. "제가 당신보다 낫다고 생각합니다."

이 말이 진실인지 거짓인지는 중요하지 않다. 샌더스는 정말 그가 상대했던 와이드리시버보다 뛰어났을까? 다시 한 번 나는 그 대답을 전문가와 통계학자들에게 맡겨놓을 생각이다. 그러나 여기서 중요한 점은 샌더스가 스스로 더 뛰어나다고 진정으로 믿었다는 사실이다. 경기장에 들어설 때, 그는 자신 앞에 서 있는 상대보다 낫다고 믿었다. 그리고 이런 확신은 내면의 재잘거림이 만들어내는 자기의식과 순간적인 망설임에서 벗어나 최고의 실력을 발휘하도록 자신을 해방시킨다. 슈터의 마음가짐에서 살펴봤듯 논리를 사용해 내면의 느낌과 믿음을 정당화할 수 있는 때와 장소가 있다. 반면 그 모든 논리를 집어던지고 확률이 언제나 자기편에 있다고 믿어야 할 때도 있다. 나는 모든 고객과 제자가 이런 믿음의 습관을 받아들이고 훈련하도록 격려한다. 바로 앞에 있는 어떤 적보다 스스로 뛰어나다고 믿는 것은 최고의 성과를 이끌어내기 위한 전제 조건이다. 그 '적'이 스포츠 경기처럼 또 다른 인간이든, 제출해야 할 보고서이든, 연주해야 할 협주곡이든, 수술로 뚫어야 할 막힌 동맥이든 간에 말이다. 중요한 순간에 자신이 적보다 낫다고 믿을 것인가, 아니면 다른 뭔가를 믿을 것인가? 첫 번째 승리를 위한 비결은 자신이 모든 과제에서 절대적으로 성공할 것이라는 확신을 갖고 임하는 것이다.

2. "그 장면에서 당신을 이길 수 있었습니다."

당신이 지금 NFL에서 코너백으로 뛰고 있다면 상황은 자신에게 결코 유리하지 않다. 세계 정상급 스피드를 갖춘 와이드리시버들이 미리 계획된 경로를 따라 최고 속도로 달려올 때, 당신은 뒤로 물러서면서 그들이 정확히 어디로 갈 것인지 예측해야 한다. 마찬가지로 빠른 스피드를 타고났으며 뒤로 물러서는 연습을 부지런히 한 샌더스를 포함한 모든 코너백이 경주에서 매번 이기지는 못한다. 어떤 플레이에서는 상대방에게 압도당하고, 패스가 자신에게 불리한 방향으로 이뤄지며, 때로 자신이 맡은 선수가 터치다운으로 득점하기도 한다. 그러나 실제로 이런 일이 벌어질 때, 샌더스는 이소룡의 원칙을 실행에 옮긴다. 실수를 **일시적**(그때뿐이었다)이며 **제한적**(거기에서만 그랬다)으로 바라봄으로써 '실패를 합리화'한다. 이처럼 선택적인 기억과 더불어 샌더스는 자신이 마지막 플레이에서 어떻게 했는지를 잊고, 자신의 모든 에너지와 역량을 집중해 **바로 이 순간** 상대를 이기기 위해 최선을 다한다. 첫 번째 승리를 위한 교훈은 중요한 것은 바로 이 순간이며, 과거의 모든 간섭으로부터 벗어나야 한다는 것이다.

3. **"그건 제 겁니다! 저한테 오는 겁니다! 그에게 가는 게 아닙니다. 제게 오는 겁니다! 공이 공중에 떠 있다면 그건 저를 향해 오는 겁니다. 이것이야말로 디펜스백이 지녀야 할 태도입니다."**

이 말을 처음 들었을 때 대단히 우스웠다. 물론 공중에 떠 있는 볼은 데이온 샌더스를 향한 게 아니다. 상대팀 쿼터백과 리시버 그리고 코칭스태프 모두 공이 샌더스에게 가지 않도록 플레이를 설계하고 연습하면서 많은 시간을 보낸다. 그런데도 대단히 선택적이고 기능적인 망상 속에서 샌더스는 공중에 뜬 볼이 자기 것이며, 오로지 자신만을 위한 것이라 믿는다.

　나는 내 모든 고객과 제자에게 '공중에 뜬 볼'을 아직 결과가 나오지 않은 상황으로 생각하라고 말한다. 풋볼이 하늘을 향해 날아갈 때, 정확히 어디에 떨어지거나 최종적으로 무슨 일이 일어날지 아무도 알지 못한다. 누가 잡을 수도 있고, 다시 공중으로 찰 수도 있고, 아무도 잡지 못한 상태에서 잔디로 떨어질 수도 있다. 우리는 이처럼 불확실한 상황을 다양한 방식으로 바라볼 수 있다. '무슨 일이 일어날지 지켜보자'처럼 중립적인 시선으로 볼 수 있다. '음, 나/우리에게 좋지 않겠군'이라며 걱정과 불안의 시선으로 바라볼 수도 있다. 반면 공중에 뜬 볼, 즉 **모든 불확실한 상황**을 '나/우리에게 유리한 방향으로 흘러가겠군'이라고 생각하며 낙관적이고 확신으로 가득한 심리적 필터를 통해 바라볼 수도 있다.

　잠시 숨을 고르면서 매일 직장이나 스포츠 훈련장 혹은 또 다른 직업적인 장소에서 어떤 '불확실한 상황'에 직면하는지 한번 생각해보자. 당신은 그런 상황에서 데이온 샌더스처럼 '그 공은 내게 올 거야'라는 태도를 취하는가? 나는 특정 팀에 들어가고자 하는 모든 운동선수에게 이렇게 생각하라고 조언한다. '그 팀의 선수 명단은 나를 위한 것이다!' 그리고 팀에 속한 모든 운동선수에게는 이렇게 조언한다. '선발 명단은 나를 위한 것이다!' 또한 모든 선발 선수에게는 이렇게 생각하도록 한다. '모든 리그나 올아메리칸 상은 내 것이다!' 데이온 샌더스는 말한다. "그런 생각이야말로 디펜스백이 가져야 할 태도입니다." 그리고 나는 말한다. "그런 생각이야말로 모든 운동선수와 전문가, 그리고 성과를 올려야 할 사람이 갖춰야 할 태도입니다." 여기서도 첫 번째 승리를 위한 교훈은 모든 불확실한 상황이 자신에게 유리한 방향으로 흘러갈 것이라 절대적으로 확신하고 움직이라는 것이다.

4. "저는 매번 변화를 줍니다. 상대가 저에 대해 생각하도록 만듭니다. 그들이 과거의 생각을 완전히 바꾸도록 만듭니다. 그들은 저에 대해, 그리고 제가 펼칠 플레이에 대해 걱정할 수밖에 없습니다."

물론 나는 샌더스가 정말 상대팀 선수들의 '생각'을 완전히 바꿔놨는지 알지 못한다. 그럼에도 그의 행동을 이끈 원칙에 대해서만큼은 전적으로 동의한다. 샌더스는 '좋아. 내가 _____를 맡겠어. (빈칸에 랜디 모스나 제리 라이스 안드레 라이슨 혹은 샌더스와 함께 활동했던 최고 와이드리시버의 이름을 채워 넣자) 그리고 그가 우리를 압도하지 못하도록 만들겠어'라고 생각하는 대신 '랜디 모스(혹은 그 누구든)는 나를 이기려면 최선을 다해야 할 것이다. 그리고 나를 압박하려면 그들의 경기력을 크게 끌어올려야 할 것이다'라고 생각했다. 다시 말해 자신이 상대에 대적하거나 모든 새로운 상황에 적응하기 위해 자신의 수준을 높여야 한다고 생각하는 대신 샌더스(그리고 심리적으로 강인한 모든 선수)는 상대 선수가 자신의 역량을 따라야 한다고 생각했다. 이제 압박은 자신을 향한 것이 아니라 상대 선수를 향한 것이다. 물론 샌더스는 높은 수준의 경기력을 보여주기 위해 많이 준비하고 연구한다. 하지만 더 중요한 것은 **언제나 충분히 준비되어 있다고 믿으며, 압박은 상대가 느껴야 할 몫이라고 생각한다**는 사실이다.

당신이 활동하는 분야에서 데이온 샌더스가 맡아야 했던 최고 수준의 와이드리시버에 해당하는 대상은 무엇인가? 당신의 적과 경쟁자는 누구인가? 그리고 당신은 그들에 대해 어떻게 생각하는가? 그것은 성공을 가져다줄 힘과 지혜의 특별한 저장고를 발견하기 위해 당신이 '깊이 파내려가야 할' 장애물이나 힘인가? 당신은 **이기거나 마감을 맞추기 위해 정말 최선을 다해야 한다**고 생각하며 스스로 압박을 가하는가, 아니면 **상대가 나를 물리쳐야 해. 나는 내 경기를/일을 하기만 하면 돼. 아무 문제 없어**라고 생각하며 스스로 마음의 평온을 허락하는가? 압박감은 당신의 몫인가, 아니면 당신을 이겨야 할 상대의 몫인가? 마감을 맞춰야 하는 것은 당신에 대한 압박인가, 아니면 당신의 역량을 시험해야 할 마감에 대한 압박인가?

이런 태도를 다른 관점으로 살펴보자. 아프리카계 미국인이자 다리 절단 수술을 받은 사람으로서 처음 미 해군 원사가 된 칼 브래셔 Carl Brashear의 실제 이야기를 다룬 영화 〈맨 오브 오너〉*Men of Honor*에는 감동적인 장면이 나온다. 미 해군에서 31년간 복무한 브래셔는 스페인 해안에서 핵탄두를 회수하는 작전을 수행하는 가운데 다리에 심각한 부상을 입었다. 결국 한쪽 다리를 무릎 아래로 절단하는 수술을 받은 브래셔는 자신의 꿈인 원사 계급장을 달지 못한 채 해군을 떠나는 것이 아니라 보철을 착용한 상태로 달리고, 수영하고, 다이빙하는 훈련을 받으면 여전히 뛰어난 해상 구조 다이버 역할을 할 수 있다고 군을 설득하는 쪽을 택했다. 수술과 재활치료 이후 원래 임무로 복귀할 준비가 되었는지를 결정하는 공식 석상에서 브래셔는 해상 구조 다이버라는 육체적으로 힘든 일에 브래셔가 적합하지 않다고 생각하는 해군 대령의 질문에 대답한다. 대령의 첫 질문은 이랬다. "지금 마흔에 가깝습니다. 게다가 건강한 다리는 하나뿐이죠. 당신 나이의 절반에 불과한 건장한 다이버들을 따라잡을 수 있을 거라고 생각합니까?" 이에 대한 브래셔의 답변은 데이온 샌더스의 지침서에서 그대로 가져온 듯하다. 그는 이렇게 말했다. "문제는 **그들**이 **저**를 따라잡을 수 있을지입니다!" 여기서 첫 번째 승리를 위한 조언은 압박감은 언제나 상대방의 몫이라는 것이다. 우리는 자신이 알고 있는 대로 자신의 게임을 펼치기만 하면 된다.

5. "우리는 자신을 믿어야 합니다. 그리고 저는 그렇게 만들어나가고 있습니다. 모두 자신을 믿도록 힘을 실어주고 있습니다."

여기서는 신중을 기할 필요가 있다. 샌더스는 분명히 자기 확신으로 가득한 운동선수의 표본이었지만 나는 그가 어떤 유형의 팀 동료였는지 알지 못한다. 이 책을 쓰기 위해 조사하는 동안 라커룸이나 회의실에서 그에게서 긍정적인 영향을 받았다는 전 동료들의 칭찬을 들을 수는 없었기 때문이다. 대신 샌더스가 팀의 승리보다 자신의 기록과 칭찬에 더 관심 있었다는 이야기는 많이 들었다. 그렇다면 "디펜스백들이 자신을 믿도록 힘을 실어준다"라는 그의 말은 어떻게 해석해야 할까? 나는 이야말로 첫 번째 승리를 위한 조언이라고 생각한다. 진정한 확신의 아우라를 발산하고, 자신이나 팀이 어려워질 때마다 낙관주의와 심리적 유연성의 모범이 되는 일은 모든 팀이나 업무 조직에 귀중하게 기여한다. 우리 모두 어떤 팀에 속해 있다. 골프나 테니스 선수들에게도 코치와 스승이 있다. 그리고 파트너나 배우자가 있다. 아티스트나 소기업의 소유주 역시 마찬가지이다. 혼자서 연주 활동을 하는 음악가들 또한 공연하기 위해 조명과 음향 및 녹음 전문가팀과 함께 일한다. 외과의사 역시 마취과 의사와 여러 간호사와 협력한다. 당신과 함께 일하는 이런 '팀 동료'는 당신의 확신으로부터 힘을 얻어야 한다. 그들은 당신의 가장 나쁜 모습을 참아내거나 상황이 좋지 않을 때 당신의 불만을 받아내야 할 대상이 아니다. 팀 동료는 당신에게서 무엇을 얻는가? 그들은 자신이나 팀이 승승장구하거나 부진한지와 상관없이 당신이 훌륭한 태도를 유지하고 있다고 말하는가? 이와 관련해 평범하지만 절대적으로 진실하며, 팀원으로 활동해본 경험이 있다면 모두 동의할 말이 있다. "태도는 전염적이다. 당신의 태도는 널리 퍼뜨릴 만한 가치가 있는가?" 분명히 확인하지는 못했지만 나는 샌더스 팀의 디펜스백들은 그에게서 확신을 느꼈고, 그래서 더 좋은 경기를 펼쳤을 것이라 생각한다. 여기서 첫 번째 승리를 위한 교훈은 진정한 확신의 아우라를 발산하고, 낙관주의와 심리적 유연성의 모범이 되어야 한다는 것이다.

거대한 첫 번째 승리를 위한 교훈

"선생님, 제가 다시 돌아갈 수 있도록 도와주셔서 고맙습니다." NHL 17년 차 베테랑 선수 대니 브리에르Danny Brière는 내게 이렇게 말했다. 가장 중요한 경기의 가장 중요한 순간 브리에르가 보여준 최고의 역량은 지금도 그의 유산으로 남아 있다. 173센티미터에 77킬로그램의 브리에르는 빠른 스피드와 민첩성, 확신을 바탕으로 124 스탠리컵 플레이오프에서 116 득점을 기록했다. 브리에르는 피닉스 카이오티스에서 활동하던 시절 일찍이 스포츠 심리학에 입문했다. 그리고 2005~07년 동안에는 스스로 구축한 확신에 가득 찬 마음가짐을 바탕으로 NHL 최고 선수이자 버팔로 세이버스 주장으로 뛰었다. 그런데 2007년 필라델피아 플라이어스와 계약을 맺고 난 뒤 상황은 크게 바뀌었다. 새로운 팀과 새로운 도시, 새로운 감독, 그리고 어마어마한 계약 조건에 따른 일련의 변화는 브리에르의 집중력을 흩뜨려놓았으며, 확신을 위태롭게 만들었다. 예전처럼 '다른 선수들보다 두 배 큰' 마음가짐으로 링크를 누비는 대신 브리에르는 자신을 의심하기 시작했고, 그 의심은 플레이와 성과에 심각한 영향을 미쳤다.

그러나 의심은 그리 오래가지 않았다. 대니 브리에르는 나와 함께 태도를 연구하기 시작했고, 효과적인 상상과 건설적인 자기 대화(가령 '경기가 위기에 처했을 때 최고의 실력을 발휘한다')를 활용하고, "공은 내게로 온다"라는 데이온 샌더스의 주문을 받아들이며 심리적 계좌를 새롭게 구축했다. 플라이어스가 플레이오프에 진출하려면 반드시 이겨야 했던 2010년 시즌 마지막 경기에서 대니 브리에르가 혁신적이고도 건설적인 사고 습관으로 만들어낸 확신은 그 위력을 발휘했다. 그날 경기는 동점으로 끝나며 슛아웃으로 승부를 가리게 되었다. 슛아웃에서는 양 팀에서 선수 세 명이 나와 상대팀 골리를 앞에 두고 페널티샷을 해 많이 득점한 팀이 승리한다. 대니 브리에르는 플라이어스 첫 번째 슈터로 나섰다. 상대팀 뉴욕 레인저스에서는 그 경기의 최고의 골리였던 헨리크 룬드크비스트^{Henrik Lundqvist}가 나왔다. 중요한 순간이 다가왔다. "아주 중요한 순간이라는 생각이 들었습니다. 모두 저를 바라보고 있고, 플레이오프를 향한 희망이 제게 달렸다는 생각이 들었습니다." 그 순간 브리에르는 마음을 다잡았다. '여기는 내가 있어야 할 곳이다. 나는 차이를 만들어낼 것이다. 지금은 나를 위한 순간이다!' 브리에르는 슛을 했고 퍽은 룬드크비스트를 지나 골문으로 들어갔다. 경기는 플라이어스 승리로 끝났다. 브리에르는 열두 골과 18도움으로 하키 역사상 최고의 포스트시즌 성적을 기록했고 플라이어스는 2010년 스탠리컵 결승에 진출했다.

대니 브리에르는 당시의 성과를 떠올리며 이렇게 말했다. "정말 감사드립니다. 우리의 노력은 아주 놀라운 차이를 만들어냈습니다. 그런데 그런 방식으로 생각하는 선수가 많지 않다는 건 이상한 일입니다."

브리에르의 지적은 정확했다. 내면에 확신을 구축하고, 중요한 순간 그 확신에 의존하는 방법은 **효과를 발휘했다.** 물론 이런 방법이 모든 순간에 성공을 100퍼센트 보장하지는 않지만 최고의 성공 가능성을 가져다준다는 점은 분명하다. 그런데 왜 그런 방법을 받아들이고 꾸준히 활용하는 선수들이 (그리고 사람들이) 그렇게 적은 것일까?

이 질문에 대한 간단하고도 도전적인 대답은 이렇다. 성공을 좇는 방식과 성공을 위해 행동해야 하는 방식이 우리 사회와 학교가 가르치는 것과 상반되기 때문이다. 대부분 사람이 무하마드 알리처럼 자신감을 노골적으로 드러내는 인물에 대한 사회의 보편적인 혐오감을 공유하며 자라나고, 그런 인물을 지나치게 오만하고, 콧대 높고, 자아로 가득한 사람이라고 생각하도록 배운다. 중학교나 고등학교 혹은 대학교 시절 자신이 어떤 분야에서 최고의 인재라고, 과거가 어떠했든 다음번에는 반드시 성공할 것이라고, 모든 불확실한 상황이 자신에게 유리한 방향으로 흘러갈 것이라 생각하라고 격려하는 스승을 만난 적 있는가? 그렇다면 당신은 운이 아주 좋은 편이다.

하지만 대부분 그리 운이 좋지 못하다. 우리는 자신의 존재감을 드러내고 자기 확신을 개발하기보다 세상에서 자신이 차지해야 할 자리를 발견하고 거기에 편안하게 적응하라고 격려하는 선한 의도를 가진 교사와 코치 그리고 여러 다양한 권위 있는 인물에 의해 '사회화'되었다. 이제 스스로 다음과 같이 질문해보자.

자신의 사고 습관과 감정적인 성향, 자신에 대한 믿음을 형성한 주요 원천은 무엇인가? 자신의 사고방식을 어떻게 배웠는가?

당신이 성장하는 동안 가르치고 조언한 사람이나 제도는 당신이 얼마나 놀라운 존재인지 발견하도록 돕는 데 관심이 있었는가, 아니면 당신이 평범한 세상에 편안하게 적응하고 소란을 일으키지 않도록 만드는 데 더 관심이 있었는가?

당신은 명시적인 방식과 좀더 미묘하고 암묵적인 방식 중 어떤 것을 추구하도록 격려받았는가? 당신만의 재능을 마음껏 발휘하는 일, 아니면 모든 기술과 편리함을 갖춘 현대 생활이 제공하는 안전과 보안 중 어떤 것을 추구하도록 격려받았는가?

성공과 만족감을 추구하기 위해 **어떻게 생각해야 하는지**와 관련해 무엇을 배웠는가?

여기서 나는 당신이 지난 30년 동안 내 고객과 학생이 내 사무실로 가져온 믿음, 즉 그들이 학창 시절과 경력 초반, 훈련 초기에 사회화를 통해 형성했던 믿음을 주의 깊게 들여다보라고 말하고 있다. 그런 믿음이 어떻게 우리의 심리적 계좌를 구축하는 것이 아니라 허물어뜨리는 유형의 사고를 강화했는지 설명하고자 한다. 이런 믿음 하나하나가 우리의 확신을 완전히 허물어뜨릴 수는 없지만 그 믿음들이 결합하고 오랜 기간에 걸쳐 강화되고 종종 권위 있는 인물에 의해 전달된다면 우리가 앞서 살펴본 효과적인 사고 습관이 개발되기 어려워질 수 있다. 이런 믿음을 떨치고 자신의 마음속에서 그런 사회화를 거부할 때 우리는 첫 번째 승리를 잇달아 거둘 수 있다.

우리를 가로막는 믿음 #1 실패와 실수에 대한 기억은 우리가 발전하도록 동기를 부여한다

이런 믿음은 당신의 심리적 계좌에 계속해서 부정적인 영향을 미치면서 나쁜 기억을 전반적인 사고 과정에 흩뿌리고, 심리적 계좌 잔고를 갉아먹는다. 우리는 과거 실수에 대한 기억이 만들어내는 순간적인 분노를 느낄 수 있다. 그러나 분노에 따른 에너지 상승은 우리가 발전하기 위해 해치워야 할 더러운 찌꺼기를 남긴다. 그렇기 때문에 우리는 더 오래가면서도 찌꺼기를 남기지 않는 원료를 활용해야 한다. 그것은 노력과 성공, 발전에 대한 기억, 우리가 정말 원하는 미래에 대한 비전이다.

우리를 가로막는 믿음 #2 언제나 자신의 가장 가혹한 비판자가 되어야 한다

자신의 모습을 직면하고 실수와 결함을 인정해야 할 때가 분명히 있다. 동시에 그 반대의 일을 해야 할 때도 있다. 그러나 안타깝게도 자기비판은 많으면 많을수록 좋다는 믿음이 우리 사회 전반에 깊게 깔려 있다. 이로 인해 끊임없는 자기비판은 우리의 기본적인 심리 상태가 되고 말았다. 실제로 우리는 자기비판을 이어나가야 발전할 수 있다고 믿는다. 하지만 자기비판은 자신을 억누르고 심리적 계좌 잔고를 인출함으로써 우리를 평범함의 세상으로 끌어내린다. 언제나 스스로 비판하고 개선해야 할 것들에 대해 생각한다면 당연하게도 중요한 순간에 확신을 갖지 못할 것이다. 이런 자기평가와 자기비판은 적절한 순간, 즉 실질적인 활동으로부터 벗어나 있으며, 자신을 비난하거나 과소평가하지 않고 약점을 객관적으로 인정할 수 있을 때를 위해 아껴두자.

우리를 가로막는 믿음 #3 자신이 하는 일에 대해 언제나 논리적이고 신중하게 생각해야 한다

학교는 기본적으로 논리적 추론의 세상이다. 구구단과 문법을 배우면서 보낸 오랜 시간은 우리에게 모든 것을 구성 요소로 구분할 수 있으며 논리적으로 재조합할 수 있다는 생각을 심어줬다. 음악과 미술 시간이 자율적이고 창조적이 될 기회를 줄 수도 있었겠지만 학교는 이런 시간조차 규칙의 조합과 지켜야 할 논리 구조를 바탕으로 가르쳤다. 하지만 확신과 관련해 논리가 항상 도움 되는 것은 아니다. 논리는 이렇게 말한다. 미래의 행동을 가장 잘 예측해주는 것은 과거의 행동이고, 마지막에 우리를 물리쳤던 팀이나 적은 다시 한 번 그럴 것이며, 항상 문제가 되었던 과제는 계속해서 그럴 것이라 말한다. 하지만 엄격한 논리가 실제로 모든 것에 대한 대답이라면, 그리고 모두 그런 대답을 따라야 한다면 라이트 형제는 하늘을 날지 못했을 것이고, 로저 배니스터는 마일 경주에서 4분의 벽을 깨지 못했을 것이다. '논리'를 따르는 접근 방식은 우리에게서 창조성과 기쁨 그리고 모든 새로운 발견, 다시 말해 우리 삶에 최고의 의미를 더하는 것을 모두 앗아간다.

우리를 가로막는 믿음 #4 지식과 정보 그리고 실행 기회를 항상 더 많이 모색해야 한다

최신의 중요한 기술적 팁과 내부 정보를 꾸준히 살펴보는 노력은 자기계발에 좋은 방법처럼 보이지만 거기에는 우리가 제대로 인식하지 못한 단점이 몇 가지 있다. 첫째, 어떤 '해결책'을 발견해야 한다는 생각은 우리가 사고 습관의 본질을 들여다보도록 하는 대신 외부 세상을 바라보게 만든다. 자신의 직업이나 활동 분야의 제한 요인이 지식의 결핍(무엇을 어떻게 해야 할지 알지 못하는 것)인가, 아니면 이미 알고 있는 바를 실천하기 위한, 자신에 대한 신뢰의 결핍인가? 자신의 전문 분야와 열정을 다음 단계로 끌어올리는 최고의 방법은 자기 내면을 들여다보는 일이다. 둘째, 내면이 아닌 외부를 바라봐야 한다는 생각은 우리가 기계적이고 기술적인 노하우에 집착하게 하고, 이 책 전반에 걸쳐 논의하고 있듯 그런 생각이 지나치면 사고의 과잉과 혼란으로 이어진다. 몇 걸음 더 나아가, 이런 생각은 우리를 파괴적인 완벽주의에 갇히게 만들어 자신이 얼마나 많이 알고 얼마나 열심히 노력했는지에 상관없이 <u>스스로</u> 절대 충분하지 않다고 느끼게 한다. 실행할 때 마음이 비어 있을수록 두뇌와 신경계는 더욱 효율적으로 작동한다.

우리를 가로막는 믿음 #5 확신하기 전에 정말 잘하는 것이 중요하다

이 믿음은 우리에게 교활한 속임수를 쓴다. 이는 확신을 닿을 수 없는 먼 곳에 놓아두어 우리가 가질 수 없게 만든다. 그리고 우리 자신에게 다음처럼 위험한 질문을 던지도록 한다. "나는 _____을 충분히 잘하는가?" "나는 충분히 노력했는가?" "훈련하고/개선하고/준비하기 위해 또 어떤 노력을 해야 하는가?" 이런 질문은 자기 의심이 우리 내면으로 들어오도록 문을 활짝 열어놓는다. 그리고 우리가 **지금** 자신을 믿지 못하게 만든다. 자기 의심이 계속해서 필요하다고 말하는 더 많은 시간과 더 많은 자원을 우리는 결코 확보하지 못할 것이다. 이런 믿음이 제기하는 질문은 우리가 절대 진정으로 확신하지 못하게 만들 것이다. **우리가 갖춰야 할 것은 언제나 더 많기 때문이다.** 핵심은 자신이 처한 상황과 준비된 수준에 상관없이 자신의 마음가짐과 확실성에 대한 인식은 우리가 선택해야 할 부분이라는 점이다.

우리를 가로막는 믿음 #6 전문가는 무엇이 최고인지 알고 승자는 존경받아 마땅하다

어디서 처음 들었는지 기억나지는 않지만 나는 이 말을 떠올릴 때마다 짜릿함을 느낀다. "영웅이 존재한다면 자신이 오를 수 있는 최고는 두 번째 자리이다." 어릴 적 우리는 워싱턴과 링컨을 비롯해 많은 상징적인 인물에 관한 이야기를 읽었다. 그리고 오늘날에는 소셜미디어와 대중매체 광고는 물론, 사람들이 영화배우나 억만장자 혹은 스포츠 영웅처럼 되기를 동경하도록 만들기 위해 설계된 이미지와 메시지의 끊임없는 흐름에 폭격당하고 있다. 어떤 이는 어쩌면 이런 이미지를 보고 따라 하고 싶어질지 모른다. 하지만 대부분 사람은 자신에게 의문을 던지고, 그런 기준에 따라 살 수 있을지 의심한다. 인쇄매체나 방송, 그리고 지금은 소셜 미디어가 양산하고 있는 신적인 영웅 이미지는 대체로 허구이다. 이런 이미지는 어떤 인물에 관한 진실을 보여주기 위해서가 아니라 광고 매출로 언론사를 먹여 살리기 위해 만들어진다. 그렇다면 우리는 왜 잡지나 TV가 영웅을 묘사하는 방식으로 적이나 경쟁자의 위협적인 이미지를 받아들여야 하는가? 장식대 위에 놓인 상징물은 우리에게 자신의 기록과 성취를 경쟁자와 비교하라고 가르친다. 그 결과는 어떤가? 우리는 결국 경쟁 상대를 과대평가하고 스스로 과소평가하게 된다. 그렇게 해야 할 이유는 어디에도 없다.

우리를 가로막는 믿음 #7 실수하지 않는 것이 가장 중요하다

실수에 대한 두려움만큼 확신에 치명적인 영향을 미치는 것은 없다. 정말 아이러니하게도 우리는 모두 실수를 두려워하도록 사회화되었다. 그 두려움은 너무나 크다. 그래서 실수하지 말아야 한다는 생각에 집착하고, 그 집착은 더 좋지 않은 결과로 이어진다. 절대 실수하지 말아야 한다고 생각할 때 우리는 단호하기보다 소심하게 행동하고, 적극적이기보다 소극적으로 움직이며, 자연스럽고 유연하기보다 지나치게 분석적인 태도를 취하게 된다. 이런 믿음에는 훌륭한 선수와 성과자는 거의 실수하지 않는다는 생각이 깔려 있다. 이런 생각을 받아들일 때 우리는 또 다른 치명적인 심리적 함정에 빠진다. 즉, 한두 번 실수를 저질렀을 때 자동적으로 탈락하고 위대함을 향한 도전도 끝나고 만다고 생각하게 된다. 하지만 실수는 피할 수 없으며, 인간의 불완전함은 엄연한 현실이다. 그렇기 때문에 '실수가 적은 팀이 이긴다'는 믿음은 우리를 끊임없이 긴장하고 불안하게 만들 뿐이다.

우리는 확신을 허물어뜨리는 사회화의 힘에 저항할 수 있다. 우리를 가로막는 믿음은 스스로 그것을 받아들이기로 선택할 때만 영향을 미친다. 우리는 성공과 만족감의 추구와 관련해 얼마든지 대안적인 믿음을 받아들일 수 있다. 그 믿음은 우리가 어릴 적 배웠던 것과 다르며, 언제나 최고의 성공 가능성을 선사하는 확신을 구축하도록 도울 것이다. 우리는 **대부분 사람과 다르게 생각하기**로 택할 수 있다. 그리고 정말 그렇게 할 때 **대부분 사람과 다른 결과물**을 보여줄 수 있다. 이를 위해 앞서 소개한, 우리를 가로막는 믿음에 대해 일곱 가지 대안을 제시하고자 한다. 이는 데이온 샌더스와 대니 브리에르가 가졌던 수준의 확신을 구축하기 위해 우리가 받아들여야 할 믿음이다. 이런 믿음을 자기 계좌의 상향된 기부 한도이자 잔고가 빠르게 늘어나도록 만들어줄 특별한 이자율이라 생각해도 좋다.

첫 번째 승리를 위한 대안적 믿음 #1 원하는 것을 떠올릴수록 그만큼 더 얻게 된다

솔직히 말해보자. 무엇이 발전을 위해 열망과 동기를 더 많이 만들어내는가? 실패와 그로 인한 아픔을 떠올리는 것인가, 아니면 성공적인 순간을 떠올리는 것인가? 이 질문에 한 사관학교 레슬링 선수는 이렇게 대답했다. "패배한 기억을 떠올리면 피로감이 엄청나게 몰려듭니다. 하지만 승리했던 기억을 떠올리면 가볍고 활력 넘치는 기분이 듭니다. 이건 흥미로운 사실입니다. 승리한 뒤에도 패배했을 때만큼 육체적 에너지가 고갈됐기 때문이죠. 그런데도 승리의 순간을 떠올리는 일은 느낌이 완전히 다릅니다." 이 증언의 타당성은 최신 과학이 입증한다. 많은 연구는 "자서전에 기록할 만큼 긍정적인 내용을 담은 기억을 떠올리는 일", 좀더 간단히 말해 "좋았던 때를 떠올리는 일"은 스트레스에 대한 느낌을 촉발하는 두뇌 회로(시상하부―뇌하수체―부신 축)의 활동을 감소시킨다. 또 다른 연구에 따르면 긍정적인 기억을 떠올릴 때, 우울감에 대한 저항력이 높아진다. 스트레스나 우울감 모두 우리가 새로운 기술을 배우고, 현재의 기술을 개선하고, 압박하에서 성과를 올리도록 돕지 못한다. 반면 스트레스와 우울감의 반대인 기쁨과 환희는 학습과 성과의 수준을 높인다고 알려져 있다. 그러므로 옛날 록앤롤 가사처럼 "좋은 시절을 떠올리자!" 더 많이 원하는 것에 대한 생각이나 이미지를 머릿속에 집어넣는 습관을 개발하자.

첫 번째 승리를 위한 대안적 믿음 #2 언제나 자신에게 가장 좋은 친구가 되자

당신은 언제나 친구 편에 서 있다. 친구의 결함과 약점을 알지만 여전히 그를 좋아한다. 당신은 어떤 상황에서든 친구를 응원하고 돕는다. 친구가 실수했다고 해도 그의 편에 서 있을 것이다. 친구가 뭔가 잘못했을 때, 당신은 친구 편에서 이렇게 말할 것이다. "그럴 의도는 아니었다는 걸 알아. 하지만 실수를 저질렀으니 그걸 바로 잡아야해. 쉽지 않을 테지만 충분히 할 수 있다고 믿어. 어떻게 도와주면 될까?" 이런 대화를 나누고 나면 친구는 안도의 한숨을 쉬고 문제를 해결하기 시작한다. 그는 당신이 여전히 자기편이라는 사실을 알고 있다. 그리고 당신과 같은 친구가 있어 다행이라 여긴다.

당신은 **자기 자신**에게도 그렇게 대하는가? 자기 자신에게도 그렇게 격려하고 '무조건 긍정적인 태도로' 힘을 주는 대화를 나누는가? 대부분은 그렇지 않다. 사람들은 친구에게 쉽게 공감을 보인다. 특히 친구가 어려움을 겪을 때는 더욱 그렇다. 하지만 자기 자신이 어려움과 고통을 겪을 때는 좀처럼 공감을 드러내지 않는다. 왜 그럴까? 자신의 불완전함을 받아들일 때, 즉 자신의 잘못에 공감할 때 자만하고 나태해질 수 있으며, 이로 인해 성과는 더욱 나빠질 것이라는 거짓말을 믿기 때문이다.

당신이 이런 거짓말을 받아들이고 있다면 헬렌 마룰러스^{Helen} ^{Maroulis}에게 조언을 구해보자. 마룰러스는 2016년 리우 올림픽 레슬링 종목에서 미국인 여성 최초로 금메달을 땄다. 더군다나 당시 상대는 역사상 가장 성공적인 레슬링 선수인 일본의 사오리 오시다였다(이 선수는 무려 16년간 국제대회에서 한 번도 패한 적이 없었다). 마룰러스는 2016년 올림픽 대표 선발전을 4주일 앞두고 자신에게 최고의 친구가 되는 한편 부담감을 떨쳐내기 위해 남자친구와 시간을 보내고, 해변으로 여행을 떠나고, 어린 레슬링 선수들을 위해 강좌를 열었다. 마룰러스는 히스토리 채널의 한 다큐멘터리 프로그램에 출연해 이렇게 말했다. "한 걸음 물러서서 긴장을 풀고 균형을 잡아야 합니다. 언제나 거시적인 관점에서 세상을 바라보기 위해서죠. 제가 (올림픽 대표팀 선발전에서) 성공하든 못 하든 그건 저의 정체성에 아무런 영향을 주지 않을 겁니다." 마룰러스는 2016년 올림픽 대표팀 선발전을 앞두고 2012년 올림픽 대표팀에 들어가지 못했던 자신을 용서함으로써 자신의 진정한 친구가 되었다. "그건 제가 경기를 펼치기 전에 해결해야 할 마지막 숙제였습니다." 그녀는 선발전에 나가 다섯 명의 상대를 총합 64-2로 물리치면서 올림픽 출전권을 따냈다. 2018년 사관학교 생도 선수와 코치 들이 지켜보는 가운데 헬렌과 인터뷰를 나눴을 때 그녀는 자신의 친구가 되려는 노력, 그리고 친구에게 그러듯 자신의 약점을 너그러이 인정하는 노력의 중요성을 한 번 더 강조했다.

"올림픽 경기를 5일 앞두고 일기장을 뒤적여봤습니다. 그러고는 깨달았죠. 와, 나는 완벽을 좇고 있었구나. 하지만 거기에 도달하지는 못할 겁니다. 물론 완벽을 추구하는 자세는 나쁘지 않습니다. 문제는 제 태도죠. 완벽을 좇는다는 건 제가 가지고 있는 것으로는 절대 만족하지 못한다는 말입니다. 저는 자신에게 물었습니다. 완벽을 가지고 무엇을 할 것인가? 완벽으로부터 내가 정말 원하는 것은 무엇인가? 제가 완벽으로부터 원하는 건 탁월함이었습니다. 하지만 완벽에 이르지 않고서도 탁월한 성과를 올릴 수 있지 않을까? 그렇습니다. 제게 필요한 것은 상대를 압도하기 위해, 그리고 경기에서 이기기 위해 **충분한** 실력입니다. 저는 항상 마음속으로 이렇게 되뇝니다. 나는 내 모든 힘과 함께 이겼고, 그리고 내 모든 약점과 함께 이겼다. 물론 때로 그런 확신을 잃습니다. 나는 이길 수 없다, 그런 약점을 갖고서는 목표를 달성할 수 없다는 생각이 들죠. 하지만 우리는 언제나 그 약점과 함께 목표를 달성할 겁니다."

인정과 용서 그리고 공감. 탁월함을 추구하는 친구를 응원하는 소중한 방법은 우리 자신을 위해서도 쓸모가 있다. 시작해보자.

첫 번째 승리를 위한 대안적인 믿음 #3 논리적이고 창조적으로 자신만의 현실을 만들어내자

자기비판을 위한 시간과 장소가 있듯 신중하고 논리적인 분석을 위한 시간과 장소도 있다. 그리고 앞서 논의했듯 자기 공감을 위한 시간과 장소도 있다. 또 현실주의와 논리를 창밖으로 던져버리고 자신의 기술과 역량을 절대적으로 신뢰해야 할 시간과 장소도 있다. 나는 내 고객들에게 신중하고 논리적인 사고를 농구의 패스나 캐치, 풋볼의 '공을 낮고 빠르게 차기'처럼 단일 기술을 수반하는 실행이나 활동으로 제한하라고 조언한다. 반면 여러 기술이 동시에 수반되는 복잡한 일을 실행할 때는 신중하고 분석적인 마음을 멈추고 "보고 움직이며, 인식하고 반응"하라고 말한다. 왜일까? 의식적으로 분석하는 정신적 과정은 복잡한 움직임을 부드럽게 실행하는 일(스포츠나 공연 예술, 수술)과 기억된 정보를 자동적으로 떠올리는 과정(시험, 청중에게서 질문 받기, 반박하기)을 방해하기 때문이다. 우리 마음의 의식적인 분석 능력은 매우 놀랍고 중요하지만 무의식적인 능력 역시 마찬가지로 놀랍고 소중하다.

안타깝게도 대부분 사람은 논리적인 마음에만 집중한다. 이 때문에 더 즐겁고, 더 창조적이고, 조금은 덜 '현실적'일 때 경험할 수 있는 것들을 놓치고 있다. 대부분 사람은 상황을 논리적으로 분석해 성공 가능성이 적어도 50퍼센트는 된다는 확신이 들어야 도전한다.

그러나 1987년 사관학교를 졸업한 도나 매칼리어Donna McAleer는 '대부분 사람'이 아니었다. 매칼리어는 직장을 그만두고 올림픽 봅슬레이 선수로 출전하기 위해 2년 동안 본격적으로 훈련했다. 또한 여성 공무원 수가 43위인 유타주 민주당원으로서 하원 선거에 두 차례나 도전했다. 매칼리어는 두 가지 목표 모두 '현실적'이지 않다는 사실을 알았으나 확신과 열정으로 목표를 추구했다. 그리고 열심히, 영리하게 도전한다면 결국 정상에 설 것이라 확신했다. 그녀를 비판하는 이들은 그녀가 어쨌든 올림픽에 출전하지 못했고, 선거에서 당선되지도 못했기 때문에 그녀의 노력이 시간 낭비에 지나지 않는다고 말할 테지만 도나 매칼리어의 생각은 달랐다. 매칼리어는 모르몬교가 장악하고 있는 유타주에서 가톨릭 민주당원으로 의회에 입성하는 것이 절대적으로 올바른 일이며, 세상이 원하는 일이라 믿었다. 그것이야말로 매칼리어가 창조하고 믿기로 선택한 '현실'이었다. 이와는 다른 '논리적인' 현실, 즉 현직 남성 공화당 후보가 재선에 도전하고 있다는 현실은 부정적인 생각을 정당화하는 일일 뿐이었다. 2010년 펴낸 주목할 만한 책 『강철 위의 도자기』*Porcelain on Steel: Women of West Point's Long Gray Line*에서 매칼리어는 사관학교를 졸업한 뒤 놀라운 경력(육군 장성, 올림픽 선수, 기업 경영자 등)에 도전한 여성 열네 명을 소개했다. 그들은 모두 현재 상태를 거부하고 자신을 위한 삶을 창조했다. 도나 매칼리어를 비롯해 그들의 이야기는 타이거 우즈가 스물 한 살에 마스터스 골프 챔피언십에서 역사상 최연소로 첫 승리를 거둔 이후 오프라 윈프리에게 한 말을 떠올리게 한다. "저는 항상 스스로 자신의 한계를 정해서는 안 된다고 믿어왔습니다. 한계를 정할 때 우리는 거기에 갇히게 됩니다. 우리는 창조적이 되어야 합니다. 자기 자신에 대한 기대는 물론 인간에 대한 기대를 넘어서야 합니다. 그것을 넘어서 창조적이 되어야 합니다. 저는 그렇게 노력해왔습니다. 그리고 그건 제가 잘하고 있는 이유 중 하나입니다. 저의 내면에는 어떤 한계도 없습니다."

스물한 살 나이에 마스터스 대회 우승, 세상이 놀랄 만한 책 집필, 거친 의회 선거 도전은 언제나 '한계'와 '성공 가능성이 최소한 50퍼센트는 되는가?'라는 제한적인 논리를 받아들이기를 거부할 때 시작된다. 사소하고 일상적인 의사를 결정할 때는 현실주의와 논리를 활용하자. 하지만 인생의 지평선을 거시적으로 내다볼 때는 아무리 '비현실적'이라 해도 창조적인 판타지를 활용하자.

첫 번째 승리를 위한 대안적 믿음 #4 자신의 핵심 역량에 집중하자

"더 많이, 더 잘하라"라는 말은 개인과 팀의 발전을 위한 운영 철학처럼 들린다. 분명히 나쁜 생각은 아니지만 여기에는 앞서 논의한 것처럼 단점이 있다. 대학원생 시절 내가 겪은 바는 내게 대안적인 믿음을 심어줬다. 그것은 이렇다. "몇 가지 중요한 영역에서 충분히 배우고 충분히 연마하라. 그리고 그 기술을 꾸준히 활용하라." 당시 나는 버지니아 대학교 교수님들과 함께 PGA 투어를 대상으로 성공의 결정 요인을 확인하는 연구 프로젝트에 참여했다. 거기서 내가 맡은 일은 PGA에서 받은 전 시즌 모든 선수의 모든 기록을 대학에 있던 메인 컴퓨터에 일일이 수작업으로 입력하는 것이었다(당시는 80년대 말로 오늘날 첨단 기술이 나오기 한참 전이었다). 우리는 컴퓨터로 데이터를 분석해 우승을 가장 잘 예측하는 요인이 무엇인지 확인하고자 했다. 골프의 어떤 요인이 상금을 획득하는 데 가장 크게 영향을 미치는가? 이 연구에서 컴퓨터는 가용한 모든 데이터를 바탕으로 최고 선수와 나머지를 구분하는 가장 중요한 기준이 라운드당 평균 퍼팅 수라고 결론 내렸다. 많은 상금을 차지한 선수들은 모든 라운드에서 한두 번 만에 퍼팅에 성공했다. 그들은 나머지 선수보다 한 가지 요인을 특히 더 잘했다. 투어에 참여한 선수는 모두 드라이버를 잘 쳤고 그린에 공을 잘 올렸다. 그런데도 **지속적으로** 퍼팅을 잘한 소수의 선수가 많은 상금을 가지고 집으로 돌아갔다.

나는 여기에 소중한 교훈이 담겨 있다고 생각한다. 당신이 몸담고 있는 분야에서 차이를 만드는 핵심 요인은 무엇인가? 당신은 그 요인을 무조건적으로 신뢰하면서 최대한 주의를 기울이고 있는가? 아니면 도구함의 크기를 늘리기 위해 다양한 신기술을 계속해서 찾아다니고 있는가? 짐 콜린스는 『좋은 기업을 넘어 위대한 기업으로』에서 이처럼 신뢰받는 핵심 역량을 '고슴도치'라 불렀다. 교활하고 재빠른 여우가 신중하고 느린 고슴도치를 잡기 위해 여러 기술을 차례로 시도해도 몸을 웅크린 채 가시를 뻗는 고슴도치의 유일한 방어 기술에 매번 실패하고 만다는 우화에서 가져온 말이다. 최고의 PGA 선수가 자신의 퍼팅 실력을 믿은 것처럼 우화 속 고슴도치는 자신의 가시를 항상 믿었다. 당신은 무엇을 믿는가?

특수부대 사령관 톰 헨드릭스는 2014년 이라크로 마지막 파병을 떠났을 때 전쟁의 흐름에 대한 자신의 이해를 신뢰하기로 결심했다. 거기서 그는 이라크 특수부대 요원들을 훈련시키고 자문을 제공했다. 한번은 이라크 병사들을 이끌고 당시 ISIS가 점유하고 있던 정유 공장을 습격했다. 그런데 작전을 수행하던 중 세 시간 동안 병사들과 무전 통신이 끊어지는 사고가 발생했다. 헨드릭스는 당시를 이렇게 떠올렸다. "지휘관은 사망한 상태였고, 부대 전체가 위협적인 적군에게서 중화기 공격을 받고 있었습니다. 부대원들과의 직통 라인은 끊어져 있었고요." 그러나 그는 전쟁터에 계속 머무르면서 공중 포격을 요청했고, 남아 있던 이라크 병사들의 목숨을 구해냈다. 그리고 공중을 날아다니는 드론이 전송하는 영상을 확인하고 "목표물 공격"이 필요한 정확한 위치를 파악함으로써 정유공장 시설을 안전하게 지켰다. "저는 병사들의 말을 들을 수 없었고, 그들은 제 말을 들을 수 없었죠. 하지만 저는 전쟁이 벌어지는 지형을 떠올릴 수 있었습니다. 작전을 완전히 파악하고 있었죠. 확신을 가져야만 했습니다." 전쟁이 끝나고 톰 헨드릭스는 살아남은 이라크 병사들 중 한 명의 아버지에게서 감사의 포옹을 받았다. 그 아버지는 이렇게 말했다. "당신 덕분에 마지막 남은 아들이 살아 돌아올 수 있었습니다!" 그는 이미 ISIS와의 전쟁에서 두 아들을 잃은 상태였다. 헨드릭스는 이렇게 말했다. "하지만 저는 영웅적인 일은 하지 않았습니다. 제가 가진 기술을 활용했고, 그것을 확신했습니다. 자신을 믿지 않는다면 다른 누구를 믿을 수 있겠습니까? 언젠가는 제가 충분한 자원을 확보하고 있다고 판단을 내려야 합니다."

자신의 핵심 역량, 즉 자신의 고슴도치를 발견하자. 그리고 거기에 계속해서 주목하자. 당신이 이라크에서 공격받고 있는 병사들의 목숨을 살리거나 PGA 투어에서 엄청난 상금을 차지하는 성과를 거두지는 못할 것이다. 하지만 자신의 핵심 역량에 집중할 수 있다면 어떤 분야에서 활동하고 있든 성공을 향한 기반을 마련하게 될 것이다.

첫 번째 승리를 위한 대안적 믿음 #5 믿음은 행동으로 이어진다

능력이 먼저인가, 확신이 먼저인가에 관한 논쟁은 수십 년, 아니 수 세기 동안 이어져왔다(손자가 말한 첫 번째 승리는 기원전 5세기경으로 거슬러 올라간다. 사람들은 이미 그때부터 이를 논쟁하고 있었던 셈이다). 나는 확신의 불꽃(첫 번째 승리)이 먼저라고 믿는다. 거기에는 두 가지 이유가 있다.

첫째, 확신의 불꽃이 먼저 일어나지 않으면 어떤 역량을 개발하기 위한 동기와 열정, 인식이 충분히 솟지 않을 것이다. 데이온 샌더스 정도의 확신에 대해 말하는 것이 아니다. 그저 뭔가를 계속해서 시도할 만큼의 암묵적인 의지와 믿음이면 충분하다. 우리는 모두 어릴 적 자전거를 탈 줄 모르면서도 언젠가 탈 수 있다고 믿었다. 내면의 목소리가 우리에게 자신이 원하는 능력을 개발할 수 있다고 말했다. 계속해서 넘어지고 무릎이 까지면서도 충분히 확신하며 성공할 때까지 계속해서 도전했다. 자전거를 타고 나아가는 거리가 늘면서 확신도 함께 성장했다. 그렇게 성장한 확신은 결국 우리가 자전거를 탈 수 있도록 붙잡아줬다.

둘째, 나는 필요한 역량을 모두 갖춘 이들이 자신에게 확신을 허락하지 않으면서 평범하고 무능한 길로 들어서는 모습을 종종 목격했다. 이들은 자신에게 흥미로운 이야기를 하는 데 대단히 능숙하다. 자신의 역량이 필요한 수준에 아직 못 미친다는 것이다. 그들은 고등학교 시절의 챔피언 경력이 대학에서도 성공할 수 있다는 확신을 뒷받침하기에 충분하지 않다고 자신에게 말한다. 혹은 지금의 자리에 설 수 있게 한 자신의 역량이 다음 단계에서 성공할 수 있다고 확신하기에 충분하지 않다고 말한다. 그러나 그들 대부분은 잘못 알고 있다. 절대적인 확신을 갖고 도전하기 전까지는 자신의 역량이 어느 정도인지 결코 알 수 없다. 그러니 첫 번째 승리를 먼저 거두자. 그러면 다음 승리도 따라올 것이다.

첫 번째 승리를 위한 대안적 사고 #6 자신을 믿으면 누구나 이길 수 있다

이제 적과 경쟁자에 대한 선전과 인기, 소문, 가십에 저항할 시간이 왔다. 온갖 매체로 가득한 오늘날 세상은 별 도움 되지 않는 정보를 너무 많이 전한다. 이런 흐름에 어느 정도 저항하지 않으면 인쇄와 방송 매체가 복음이라고 전파하는 메시지를 맹목적으로 받아들이게 된다. 적이나 경쟁자를 존중하고, 연구하고, 그들에게서 배우는 것은 중요한 일이다. 하지만 그 과정에서 첫 번째 승리의 관점을 유지하는 노력 역시 중요하다. 코치와 매니저들은 이번 주 상대팀 선수에 대한 보고서를 팀원들에게 나눠주거나 스카우트 시장에서 경쟁자를 분석할 때 이런 사실을 종종 망각한다. 그들은 상대 선수의 기록, 장점, 성취만을 강조하면서 약점을 설명하는 데는 같은 시간을 할애하지 않는다. 여기서 나는 다음과 같은 방법을 제시하고자 한다. 이는 위압적으로 보이는 적과 경쟁자를 바라보는 대안적인 방법이다. 잠깐 상상력을 발휘해 적이나 경쟁자가 아침 6시에 화장실에 들어가는 모습을 그려보자. 눈은 반쯤 감기고 머리는 헝클어졌으며 하품하면서 뭐라고 투덜댈 것이다. 칫솔을 손으로 더듬어 찾거나 얼굴을 씻을 때 그들은 어떤 모습일까? 그때도 위압적인 모습일까? 그가 아침에 일어나 욕실에서 하는 모든 행동을 상상해본다면 그를 인간적이고, 취약하고, 얼마든지 이길 수 있는 상대로 바라보게 될 것이다. 이 간단한 현실 점검은 핵심을 잘 설명해준다. 그것은 언론이 떠들어대는 스타도 결국 당신과 같은 인간이며, 당신처럼 두려움과 의심 그리고 결함을 지녔다는 사실이다.

이와 관련해 올림픽 마라톤 대표팀 선발전을 세 차례나 통과한 엘리트 장거리 선수 켈리 캘웨이Kelly Calway의 사례에 주목해보자. 캘웨이는 노스캐롤라이나 주립대학교 육상팀 시절 특출난 선수는 아니었다. 당시 캘웨이는 최고 선수들을 경외하고 있었다. 하지만 4학년 때 듀크 인비테이셔널 대회에서 그들을 모두 물리치고 우승을 차지하자 자신을 얼마나 과소평가하고 있었는지 깨달았다. 캘웨이는 2012년 올림픽 마라톤 대표팀 선발전을 준비하면서 나와 함께 태도에 관해 연구했고, 당시 최고의 여성 선수들을 자신과 다름없는 존재로 바라보는 법을 배웠다. 그들은 자신처럼 희망과 꿈을 좇고 있었고, 자신과 마찬가지로 달리고 이기는 일을 사랑했다. 그리고 자신처럼 두려움과 의심이 있었고 부상당한 경험이 있었다. 캘웨이의 말에 따르면 이런 시도는 "삶을 바꾸는" 도전이었다. 캘웨이는 경기 출발점에 서서 '왕년의 전국 챔피언 옆에 내가 서 있다니'라고 생각하는 대신 경기 전략에 집중하고 경기 내내 힘을 주는 자기 대화를 꾸준히 실행하는 법을 배웠다. 현재 미 육군 군사정보부 소령으로 복무하고 있는 캘웨이는 두 딸을 키우면서 육군 마라톤팀 감독도 맡고 있다. 달리기할 때 캘웨이는 자신을 다른 경쟁자와 마찬가지로 존중한다.

그러므로 순위를 작성하고 과장을 만들어내는 '전문가'의 말은 잊자. 그들이 만들어내는 이미지와 이야기는 확신을 구축하는 데 아무 도움이 되지 않는다. 모든 경쟁자는 인간이며, 그렇기 때문에 이길 수 있다. 모든 상황은 이해할 수 있으며, 그래서 승리할 수 있다.

첫 번째 승리를 위한 대안적 믿음 #7 승리를 위해 플레이하자

2012년 2월 5일, 마흔여섯 번째로 열린 슈퍼볼 경기에서 뉴욕 자이언츠 쿼터백 일라이 매닝은 경기 종료를 3분 46초 남기고 11야드 라인에서 공을 잡았다. 그때 뉴잉글랜드 패트리어츠는 자이언츠를 17 대 15로 이기고 있었고, 이번 공격에서 자이언츠가 득점하지 못하면 경기는 패트리어츠의 승리로 끝날 것이었다. 매닝은 먼저 경기장 오른쪽을 쳐다봤다. 하지만 리시버들은 수비에 완전히 막혀 있었다. 매닝은 다시 왼쪽을 돌아보고는 스텝을 밟고서 하늘 높이 공을 던졌다. 그 패스는 43야드를 날아가 리시버인 마리오 매닝햄Mario Manningham의 손에 완벽하게 떨어졌다. 두 명의 패트리어트 수비수가 매닝햄 바로 앞에 있었지만 패스는 정확했다. '최고의 플레이'로

꼽힌 그 패스는 자이언츠의 결정적인 터치다운으로 이어졌고, 덕분에 일라이 매닝은 두 번째 슈퍼볼 MVP 트로피의 영광을 차지했다.

이틀 뒤인 2월 7일, 매닝은 ESPN 라디오 진행자 마이클 케이와 인터뷰를 나눴다. 케이는 결정적인 순간에 패스한 매닝의 판단을 언급하면서 이렇게 물었다. "그런 순간에도 실패할 수 있다고 생각합니까?" 매닝의 대답은 짧았다. "그런 생각은 하지 않습니다." 매닝은 잠시 뜸 들이고는 대답을 이어나갔다. "그런 순간에는 성공했던 기억만 떠올립니다. 4쿼터에 역전했던 패트리어츠와의 이전 경기를 떠올립니다. 그리고 4쿼터에 역전했던 댈러스와의 게임, 혹은 마이애미와 버팔로의 게임을 떠올립니다. 모든 성공을 떠올립니다. 기회를 살리지 못했던 게임은 바로 잊습니다. 오로지 긍정적인 기억만 간직합니다. 그게 비결이죠."

이는 곧 첫 번째 승리를 거뒀다는 뜻이다. 매닝은 '가장 적게 실수한 팀(혹은 선수)이 승리하기 때문에 나는 여기서 실수하지 말아야 한다'는 생각으로 움직인 것이 아니라 '실수하더라도 좋은 경기를 펼친 팀(혹은 선수)이 승리한다'는 믿음으로 움직였다. 전자의 믿음은 우리가 이미 벌인 실수와 앞으로 할 실수를 걱정하게 만들고, 이런 걱정은 근육의 긴장으로 이어지며, 긴장은 성과를 허물어뜨리면서 전형적인 하수구 주기로 떨어지게 만든다. 반면 후자는 좋은 플레이에 대한 생각으로 이어지며 우리가 그동안 훈련하고 연습한 대로 움직이면서 그 순간에 만들어내야 할 것을 가져다준다. 이런 생각은 일라이 매닝이 말하는 "느낌"을 만들어낸다. 그 느낌은 몸을 이완시키는 동시에 흥분시킴으로써 최고 플레이의 가능성을 높인다.

'무엇보다 승리하기 위해 플레이한다'는 믿음, 그리고 앞서 소개한 여러 대안적 믿음은 사회가 우리에게 가르친 믿음과는 상반된다. 다시 한 번 사회화의 목적은 사회의 기존 질서를 유지하기 위한 것이라는 사실을 상기하자. 사회화의 목적은 절대 우리가 자신의 재능과 역량을 최고치로 높이도록 도우려는 것이 아니다. 군중의 생각과 사회화가 강화하고자 하는 개념을 거부하지 않는다면 당신은 아마도 군중 속에 머물러 있을 것이다. 당신은 '정상'이다. 하지만 그게 정말 당신이 원하는 것인가? 내 고객들이 새로운 믿음이 약간 불편하다고 말할 때, 앨리 매닝과 같은 확신을 추구하는 일이 조금은 어색하고 낯설게 느껴진다고 말할 때 나는 특별함과 멋짐, 그리고 어색함과 낯섦의 차이는 전적으로 마음에 달렸으며, 우리는 매 순간 자신에 대해 그런 결정을 내려야 한다는 사실을 상기시킨다. 당신은 지금 어떤 선택을 내리고 있는가? 군중 속에 머물러 있기? 아니면 자신이 특별하고 멋진 존재가 되도록 만들어주는 방식으로 생각하기? 첫 번째 승리는 바로 그 선택에 달렸다.

7장
나는 최고가 될 준비가 되었다

조시 홀든 중위는 내일 오랫동안 꿈꿔온 목표에 도전할 것이다. 그는 프로 야구선수가 되기 위해 도전한다. 최고의 대학 선수들과 프로팀 선수 명단을 놓고 경쟁을 벌일 것이다.

한 시간 뒤면 신경외과 의사 마크 맥러플린은 수술실로 들어가 삼차 신경 혈관감압술을 시행할 것이다. 이 수술은 환자 두개골의 귀 뒤에 미세하게 구멍을 뚫고, 삼차 신경을 눌러 안면 고통을 일으키는 미세 혈관을 들어 올린 뒤 혈관과 그 아래에 놓인 신경 사이에 쌀알 크기의 테플론을 심는 외과적 처치이다.

롭 스워트우드 중위는 한 시간 뒤 자신의 정찰 소대를 이끌고 이라크 팔루자 거리에서 그 지역과 반군의 화력에 관해 정보를 수집할 것이다. 6인 분대 세 개와 3인 분대 여섯 개는 박격포와 그들의 경로

상에 설치된 급조 폭발물, 그리고 "당신의 삶을 지옥으로 만들겠다"라고 맹세하는 지역 주민의 저항에 맞서 싸워야 할 것이다. 게다가 모든 작전은 어둠 속에서 진행된다. 대낮에는 병사들이 쉽게 목표물이 될 수 있기 때문이다.

승마 코치이자 마장마술 선수 크리스틴 애들러는 15분 뒤 친지와 부모님 친구들이 모인 곳에서 자신이 연습한 가장 어려운 과제를 선보여야 한다. 그것은 얼마 전 돌아가신 아버지의 장례식에서 추도사를 하는 일이다.

나의 옛 제자들은 모두 지금 '경기장'에 들어서려 준비하고 있다. 외과의사 맥러플린은 자신이 할 일이 환자에게 중대한 영향을 미칠 것이라 생각하면서 매주 월요일과 목요일 경기장으로 들어선다. 보병대 지휘관 스워트우드를 비롯해 파병된 모든 지휘관과 응급 의료 요원은 말 그대로 다른 사람의 생명을 책임지고 있다고 생각하면서 경기장에 들어선다. 야구선수 홀든과 승마 선수 애들러는 상황이 아주 다르지만 각자의 삶에서 처음으로 경기장에 들어서고 있다. 두 사람은 야구장과 마장마술 경기장에 수백 번 들어섰지만 이번에는 목표가 높은 만큼 더 긴장해 있다. 마찬가지로 수많은 일상의 성과자는 자신이 직업으로 선택한 과제를 수행하기 위해 매일 경기장으로 들어선다.

경기장, 동기, 상황은 서로 달라도 이들 '성과자'는 모두 경기장에 들어서면서 개인적인 심리적 계좌를 연다. 그리고 '들어가며'에서 설명했듯 일반적인 심리 상태에서 개인적인 확신의 현실로 넘어간다. 즉, 그들을 억제하는 의식적인 마음을 건너뛰거나 최소화하고 어느 정도 무의식적으로 움직이는 차원으로 들어선다. 이 첫 번째 승리를 통해 야구선수 홀든은 각각의 투구를 정확하게 인식하고 반응하며, 외과의사 맥러플린은 미세한 신경세포 다발을 섬세하게 조작하면서 손가락 끝의 긴장을 푼다. 그리고 지휘관 스워트우드는 폭격 속에서도 침착함을 유지한다.

그러나 확신으로 가득 찬 상태로의 이동은 저절로 일어나지 않는다. 그 과정은 스포츠 심리학에서 '경기 전 루틴'pregame routine이라고 부르는 정교한 과정을 통해 이뤄진다. 우리는 루틴을 마련함으로써 심리적인 혼란과 주의 분산의 위험을 이겨내고, 현재 순간에 집중하고 성공을 위한 행동을 실행할 준비가 되어 있는 상태에서 경기장으로 들어설 수 있다. 경기 전 루틴은 그것을 활용하는 성과자들만큼이나 다양하지만 효과적인 경기 전 루틴은 모두 세 가지 핵심 단계를 포함한다. (1) 개인적인 목록이나 자기 평가를 수행하고 (2) 다가오는 성과 상황(무엇을 해야 하는가, 누구 또는 무엇과 경쟁하는가, 어디에서 이뤄지는가)을 분석하고 (3) 그 상황과 순간에 성공할 수 있는 기술, 지식, 경험을 충분히 갖추고 있는지 판단해야 한다. 이 장에서는 실행하기 전 마지막 순간에 자신의 심리적 계좌를 열고, 자신을 확신하는 상태에 도달하며, 집중과 열정, 목적 그리고 아마도 기쁨(전쟁터에 나갈 때를 제외하고!)을 갖고 실행하게 하는 단계를 다룬다. 이 장을 다 읽고 나면 당신은 '정신적으로 준비'되고, 경기와 회의, 수술을 위한 **준비**에서 **실행**으로 넘어가며, 기술과 지식, 역량을 얻는 과정에서 기술과 지식, 역량을 발휘하는 과정으로 넘어가게 될 것이다. 이런 이동을 성공적으로 만들어내는 것은 바로 지금까지 구축해온 첫 번째 승리이다.

시작하기에 앞서 중요한 이야기를 하겠다.

코치들은 자신이 담당한 선수에게 '정신적인 준비'가 얼마나 중요한지 종종 강조한다. 그리고 선수들은 올림픽 경기 전날이나 메이저 골프나 테니스 토너먼트 전날 '신체적인 준비'가 마무리되었으며, 이제 가장 중요한 것은 '정신적인 준비'라고 종종 말한다. 이런 말을 들을 때마다 나는 몇 년 전 참여했던 레슬링 수업이 떠오른다. 당시 나는 중학교와 고등학교 레슬링 선수들을 이끌고 있었다. 그날 수업 시간에 초빙된 강사는 1984년 올림픽 자유형 48킬로그램 이하에서 금메달을 딴 바비 위버Bobby Weaver였다. 위버는 고등학생 선수들을 대상으로 여러 기술 훈련을 마친 뒤 그들과 함께 앉아 질문을 받았다. 올림픽 챔피언에게서 경기장에 들어서기 전 여러 루틴의 조합에 대해 들을 것이라 기대한 한 학생이 이렇게 물었다. "경기를 앞두고 정신적으로 어떻게 준비하십니까?" 위버의 대답은 예상과 달리 간결했다. 그는 정신적으로 준비하는 비결이 규칙적으로, 정직하게 훈련하는 것이라 답했다. 경기 전 "정신을 가다듬기 위해" 특별히 해야 하는 일은 없었다. 일상적인 훈련으로 모두 준비되었기 때문이다. 첫 번째 승리에 대해서도 똑같이 이야기할 수 있다. 우리가 첫 번째 승리를 거둘 수 있는 것은 오랜 기간에 걸쳐 일상적으로 사고 습관을 훈련하기 때문이지, 경기장에 들어서서 주술적인 의식을 수행하기 때문이 아니다. 기자 댄 맥긴Dan McGinn은 루틴과 의식에 대한 미신을 집중적으로 파헤친 자신의 책 『사이크트업』Psyched Up 마지막 부분에서 이렇게 지적한다. "오랜 집중 훈련을 대체할 수 있는 것은 없다. [마음을 가다듬는 일은 훈련의 맨 마지막에 따라오는 것으로, 약간의 자극과 힘을 얻기 위함이다.]" 그러고는 이렇게 결론 내린다. "오늘날 성과 중심적인 문화에서 이 같은 약간의 자극이 큰 차이를 만들어낼 수 있다." 이제 경기장에 들어서면서 마지막 "자극"을 느끼고 효과적인 사고 습관을 최고로 활용하기 위한 세 가지 단계를 살펴보자. 이를 통해 자신만의 시합 전 루틴을 만들어볼 수 있다.

1단계: 자신에 대한 고찰—지갑에 얼마가 들었는가?

『손자병법』을 지은 손자는 이렇게 말했다. "적을 알고 나를 알면 백전백승한다." 여기서 "자신을 안다"라는 말은 장기적, 단기적 차원에서 자신의 역량과 발전에 대한 정신적 상태를 점검한다는 뜻이다. 다시 말해 기본적으로 자신의 심리적 계좌를 들여다본다는 말이다. 우리가 처음부터 주목했던 확신은 자신과 자신이 처한 상황, 그리고 그런 상황에서 일어나는 모든 일의 총합이다. 경기장에 들어서려 준비할 때 당신의 총합은 무엇인가? 이 시점에서 자신의 모든 노력과 성공 그리고 발전과 관련해 당신이 적어놓은 일기나 메모가 중요해진다. 자신이 얼마나 열심히 노력했는지, 훈련을 통해 무엇을 얻었는지, 얼마나 멀리 왔는지를 구체적으로 상기시켜주기 때문이다. 확언에 대해서도 똑같이 말할 수 있다. 이제 확언을 다시 한 번 읽고, 그 확언이 품고 있는 메시지를 자신에게 다시 한 번 들려줄 시간이다.

미국 장거리 육상선수 빌리 밀스Billy Mills의 경우를 통해 중요한 기회를 앞두고 자신을 건설적으로 평가한 좋은 사례를 살펴보자. 밀스는 1964년 도쿄 올림픽 1만 미터 경주에서 미국인 최초로 금메달을 따면서 세상을 깜짝 놀라게 했다. 밀스는 NCAA 올아메리칸에 세 차례나 뽑혔지만 그가 도쿄에 왔던 1964년 국제 육상계에서는 거의 알려져 있지 않았다. 금메달을 딴 이후 많은 인터뷰와 연설에서 설명한 것처럼, 밀스는 자신의 일기와 훈련 일지를 들여다보면서 아무도 예상치 못한 성과를 거둘 수 있다고 확신했다. "경기가 열리기 6주 전인 9월 5일에 도착해 다시 한 번 이렇게 썼습니다. '나는 지금 최고의 상태이다. 놀라운 마무리를 시작하고 있다. 나는 도쿄에서 1만 미터를 28:25에 주파할 준비가 되어 있다.'" 그는 그 대회를 위해 심리적 계좌를 구축하기 위해 1년 넘게 애썼으며, 경기를 이틀 앞두고 자신이 해온 모든 노력과 그 기간 동안 활용한 확언을 모두 살펴보면서 전체 훈련 기간을 되짚었다. 그리고 이렇게 결론 내렸다. "내가 우승할 수 있다고 절대적으로 확신한다."

또 다른 미국의 장거리 챔피언 카라 가우처Kara Goucher는 2020년 응용스포츠심리학 컨퍼런스 협회에서 한 연설에서 올림픽 대표팀 선발전과 올림픽 경기를 위한 최종 단계 준비와 관련해 똑같이 이야기했다. 그녀는 훈련 기간 동안 작성한 '확신 일기'를 다시 들여다보면서 긍정적인 기억과 자신이 만든 주문을 모두 불러 모았다.

명예의 전당에 오른 테니스 챔피언 앤드리 애거시Andre Agassi는 그의 놀라운 자서전 『오픈』Open에서 또 다른 사례를 보여줬다. 밀스와 가우처는 일기를 통해 자신을 되돌아봄으로써 심리적 계좌를 확인했으나 애거시는 경기를 앞두고 20분간 샤워하면서 승리의 기억을 떠올리며 자신의 계좌를 확인했다. "그동안 저는 말도 안 되는 것을 믿을 때까지 자신에게 이야기합니다. 예를 들어 몸이 불편해도 US 오픈에서 뛸 수 있다. [애거시는 좌골신경통이 심각한데도 2006년 US 오픈에 참여했다.] 서른여섯 살의 남자는 막 전성기에 들어선 상대를 얼마든지 물리칠 수 있다. 팬 2만 명이 보내는 함성과 비슷한 물소리가 귀에 들리면 과거에 거뒀던 승리를 떠올립니다. 팬들이 기억할 만한 승리가 아니라 지금도 저를 밤중에 일어나게 만들 그런 승리를 말이죠. 파리 스퀴야리. 뉴욕 블레이크. 호주 피트."

조시 홀든은 야구에 도전하기 위해 자신을 평가하면서 사관학교 생도 시절 패트리어트 리그 타격왕을 차지하는 과정에서 기록한 안타와 홈런을 떠올렸다. 마크 맥러플린은 미세혈관 감압술을 수백 번 성공했다는 사실을 떠올리면서 수술 다음 날 편안한 마음으로 회복 중인 환자를 방문한다. 또 롭 스워트우드는 미군이 주둔하기 시작한 시기 아프가니스탄으로 파병되었을 때 자신이 지휘한, 모든 병사가 무사히 귀환했던 정찰 작전을 떠올린다. 모두 그들이 자신의 심리적 계좌를 확인했을 때 발견한 기억이다. 성과를 내야 할 시점이 다가올 때 자신의 계좌를 들여다보고 거기에 무엇이 들어 있는지 확인하자. 앞선 지침들을 성실하게 따랐다면 "당신의 지갑에 얼마나 들어 있는가?"라는 질문에 "많이!"라고 답할 수 있을 것이다.

2단계: 상황을 살펴보자—무엇, 누구 그리고 어디서

처음부터 강조했듯 경기장에 들어서는 순간 우리의 확신 수준은 자신이 얼마나 완벽하게 역량을 보여줄 것인지를 결정한다. 그리고 그런 확신 수준은 자신과 과거 성과에 대해 어떻게 생각하는지의 결과물이다. 손자는 자기 자신은 물론 적을 알아야 한다고 말했다. 우리 모두가 목숨을 건 전쟁터에 있는 것은 아니기 때문에 여기서는 '적'이라는 표현을 '상황' 혹은 '직면할 상대'라는 말로 대체할 수 있을 것이다. 그래도 우리는 그가 말한 전략을 이해할 수 있을 것이다. 일단 자기 자신을 들여다보았다면 경기 전 루틴의 두 번째 단계는 주변 상황을 평가하는 일이다. 달성해야 할 과제는 무엇인가? 고려해야 할 상대/요인은 무엇인가? 그리고 어떤 상황이나 환경에서 성과를 일궈내야 하는가?

무엇—과제

얼핏 보기에 아주 명백하게 보인다. 승리해야 할 경기, 달성해야 할 매출, 성공적으로 마쳐야 할 수술, 좋은 성적을 받아야 할 시험. 하지만 조금만 생각해보면 경기에서 이기거나 매출을 달성하기 위해 자신 앞에 또 다른 과제가 놓여 있음을 깨닫게 된다. 그것은 결과가 얼마나 중요한지에 대해 생각하기보다 성과를 달성하는 매 순간 중요한 대상으로 주의를 집중해야 할 과제이다. 예를 들어 축구선수가 감독이 자신의 플레이에 만족하는지 계속해서 곁눈질하거나, 앞서 놓친 기회를 마음에 담아두거나, 시간이 얼마나 남았는지 신경 쓴다면 경기에 집중하지 못할 뿐 아니라 본능적으로 반응하지도 못할 것이다. 그리고 이번 협상이 자신의 연간 목표에 어떤 영향을 미칠 것인지, 얼마만큼의 보너스를 받게 될 것인지에 사로잡혀 있다면 영업사원은 고객의 말에 주의를 기울이지 못하고 영업 기술을 제대로 발휘하지 못할 것이다. 모든 분야에는 분명히 열망하는 결과물이 있지만(합격점, 기립 박수, 승점) 모든 성과자의 실질적인 과제는 성과를 달성하기 위해 매 순간 집중하는 일이다. 물론 결과는 중요하고 결과에 대한 생각이 가슴 한편을 차지하고 있겠지만 이번 결과가 얼마나 중요한지 걱정하는 대신 모든 감각과 생각을 지금 자신 앞에 펼쳐진 대상에 집중해야 성공 가능성을 최고로 높일 수 있다.

누구—마주하는 대상

자신이 마주할 대상을 분석하거나 매출 전망과 수요의 흐름을 조사하는 일은 일반적인 준비 과정이다. 이는 '적을 안다'는 뜻이다. 하지만 '과제'를 이해하는 일이 두 가지 의미를 갖는 것처럼(바라는 결과, 그것을 달성하기 위해 필요한 과정) '적'을 아는 데도 분명하고도 다소 애매모호한 차원이 있다. 표면적으로 볼 때 선수들은 경기에서 이기고 우승을 차지하기 위해 서로 경쟁한다. 기업은 고객과 시장 점유율을 놓고 경쟁한다. 음악가와 배우는 오케스트라 자리, 음반 계약, 무대와 스크린 배역을 놓고 경쟁을 벌인다. 하지만 이처럼 분명한 '상대'의 차원 바로 아래 눈에 보이지 않고 손으로 만질 수 없지만 직면해야 할, 강력한 또 다른 대상이 있다. 그것은 경기 속 상황이나 도전과 협상 및 수술 과정의 순간으로, 이는 확신을 저버리도록 우리를 유혹하고 불안의 이야기 속으로 데려간다. 효과적인 경기 전 루틴은 경기장에 들어섰을 때 경기를 방해하는 요인이 무엇인지 간결하고도 솔직하게 살펴보고, 4장에서 소개한 펑크 난 타이어 훈련을 통해 필요한 순간에 어떻게 다시 궤도로 돌아올 수 있는지 상기시키는 과정이다.

아버지 장례식에서 추도사를 해야 했던 크리스틴 애들러에게 숨어 있는 '적'은 언제나 목이 메어 숨 막힐 듯한 이야기를 들려주는 부분이었다. 애들러는 그 적이 나타날 것을 알고 있기에 적이 오고 있다고 느낄 때 잠시 시간을 갖고 심호흡하면서 미소 지으려 준비했다. 그리고 선수 선발 과정에서 최고 대학 졸업생 수십 명과 경쟁해야 했던 조시 홀든의 경우, 숨어 있는 적은 이번 도전이 평생에 한 번 있는 기회라고 생각하며 스스로 부여한 압박감이었다. 그는 잠재적인 펑크 난 타이어를 인식하고 바꾸기 위해 노력했으며, 자신에게 '내가 사랑하는 일을 할 기회가 찾아왔다'라고 습관처럼 말하면서 편안하게 이완 상태를 유지할 수 있었다. 이들 모두 자신의 감정 상태가 성공을 가로막을 수 있다는 사실을 이해하고, 경기장에 들어서기 전에 자기 자신을 준비시켰다. 두려움과 분노 혹은 도움이 되지 않는 부적절한 감정을 촉발할 수 있는, 다음에 직면해야 할 상황은 무엇인가? 그 적을 밖으로 끄집어내자. 그것이 무의식 상태에서 자신을 공격하지 못하도록 하자.

다시 한 번, 이것이 "적을 알라"라는 손자의 말에 담긴 정확한 메시지인지는 알지 못한다. 그러나 우리가 직면할 가장 강력한 적이 다른 색상의 유니폼을 입은 선수나 협상 테이블 맞은편에 앉은 사람이 아니라는 사실은 분명하다. 우리가 가장 신중하게 대비해야 할 적은 자유롭게 집중하는 상태에서 긴장하고 망설이는 상태로 자신을 바꿔놓을 사건이다. 그 적을 인식하고 대비하자!

어디서—경기장

어쩌면 미신에 불과할지 모르지만 나는 농구 전설 래리 버드Larry Bird가 경기 전에 승부를 겨룰 모든 경기장에서 공을 이리저리 드리블하는 습관을 갖고 있었다는 이야기를 들었다. 몇 분쯤이 아니라 경기장 구석구석을 모두 살피고 바닥 위 '데드스팟'이 어디에 있는지 정확하게 파악할 수 있을 정도로 충분히 오랫동안 신중하게 드리블했다. 그는 치열한 경쟁자로서 자신이 경기를 펼치는 모든 코트를 '소유'하길 원했다. 버드는 골대를 향해 달려가거나 슛을 쏘려 할 때 물렁한 바닥을 밟고 당황해 타이밍을 빼앗기길 바라지 않았다. 모든 유능한 골퍼는 경기하게 될 모든 코스에서 연습 라운드를 펼친다. 스윙 자세를 다듬기 위해서가 아니라 특정 코스의 고유한 특성에 최대한 익숙해지기 위해서이다. 명예의 전당에 입성한 하키 선수 폴 카리야Paul Kariya 역시 비슷한 방법을 활용한다. 그는 경기를 몇 시간 앞두고 팀이 사용할 벤치에 앉아 어떻게 달려가 득점할지 구체적으로 떠올려본다. 왜 그런 일을 하는지 묻자 카리야는 이렇게 대답했다. "어느 방향으로 달려가서 골을 넣을지 상상하기를 좋아합니다." 이 정도로 정교한 정신적 준비 수준에 대해 카리야의 대학 시절 감독 숀 왈시Shawn Walsh는 이렇게 말했다. "카리야의 정신은 대단히 고양된 상태입니다."

나는 실력을 발휘해야 할 경기장이나 강의실, 수술실 혹은 법정에 들어서기 전에 자신을 그 환경에 '적응'시키라고 사람들에게 조언한다. 놀람의 요소, 그리고 모든 새로운 환경의 일부인 생소함의 요소를 최소화함으로써 우리는 좀더 편안함을 느낄 수 있다. 나는 모든 선수 고객에게 그들이 경쟁해야 할 모든 새로운 스타디움이나 경기장에 대해 '개인적인 오리엔테이션'을 실시하라고 이야기한다. 이를 통해 선수들은 홈 경기장에 있는 것처럼 새로운 환경을 편안하게 받아들일 수 있다. 그 자세한 지침을 소개한다.

스탠드 계단을 올라가보자. 가장 높은 곳까지 올라가 경기장이나 코트, 수영장, 링크를 조감하는 자리에 앉아보자. 잠시 시간을 갖고 경기를 펼칠 장소와 친구가 되어보자. 새로운 경기장에서 어느 벤치나 의자에 앉을지, 어느 문으로 입장할지, 어디에서 몸을 풀지, 점수판과 중계 스크린은 어디에 있는지 확인해보자. 잠시 외부 관점에서 경기의 시작과 마지막 순간, 몇몇 다른 핵심적인 순간을 떠올려보자. 이제 펼쳐질 경기와 경주 혹은 매치에서 관중들은 당신의 어떤 모습을 보게 될까? 다음으로 상대 선수의 모습을 지켜보고 그의 승리를 바라는, 흥분과 활력으로 넘치는 관중으로 가득 찬 경기장을 상상해보자. 당신은 그들의 함성과 분위기에 어떻게 대처할 것인가? 이제 경기장으로 내려가 자신의 팀이 머무를 곳을 찾아보자. 한 번 더 필드와 코트 혹은 수영장을 살펴보면서 군중의 함성과 열띤 분위기 속 자신의 모습을 떠올려보자. 그 경기장을 '자신의 것', 즉 그동안 갈고닦은 실력을 발휘하고, 사랑하는 일을 하면서 놀라운 능력을 발휘할 장소로 만들어보자.

올림픽 1만 미터 경주가 있기 며칠 전 내가 빌리 밀스에게 조언할 수 있었다면 우리는 도쿄 경기장 스탠드 높은 곳에 함께 앉아 스무 바퀴를 각각 떠올리면서 그가 출발하고, 달려가고, 마지막 속력을 내는 구간을 정확히 확인해봤을 것이다.

무용수와 음악가, 배우, 외과의사, 법정 변호사 그리고 전문 연설자의 경우에도 '개인적인 오리엔테이션' 기술은 동일하게 적용된다. 넓은 시야, 즉 자신의 경기장(무대, 수술실 혹은 법정)을 조감하면서 눈앞에서 생생한 색깔과 스테레오 음향으로 원하는 성과가 펼쳐지는 광경을 바라보는 것이다.

이 개인적인 사전 훈련은 내가 버지니아 대학교에서 박사논문 심사를 받기 위해 준비한 과정 일부이기도 했다. 논문 심사는 그때까지 내 연구 경력에서 가장 중요한 순간이었다. 전통적으로 버지니아 대학교 박사과정 학생은 토머스 제퍼슨이 직접 설계하고 유네스코 세계유산으로 등재된 역사적인 로툰다Rotunda 건물에 있는 북쪽 타원형 방에서 논문 심사를 받는다. 학생들은 심사가 있기 몇 주 전 그 방을 예약하고, 정해진 시간에 도착해 프레젠테이션을 준비해놓고 교수들이 도착할 때까지 기다려야 한다. 안타깝게도 심사 전에 미리 그곳을 둘러볼 수는 없다. 다시 말해 대학원 시절 중 가장 중요한 행사 직전에야 학생들은 영사기 플러그를 어디에 꽂아야 하는지, 교수

316

들은 어디에 앉아 있을지, 자신은 어디에 서서 설명해야 할지 비로소 알 수 있다. 그렇기 때문에 학생들은 확신을 갖고 경기장에 들어서지 못한다. 마지막 순간 예상치 못한 사건으로 놀라기 싫고, 완전한 확신을 갖고 프레젠테이션에 임하고 싶었기에 나는 심사에 앞서 북쪽 타원형 방을 염탐하기로 결정했다. 그리고 '정찰'하며 그러지 않았더라면 절대 알지 못했을 좌석 구조와 공간 그리고 시야각에 관해 여러 구체적인 사항을 파악했다. 우리가 4장에서 만나본, 올림픽 결승전을 앞두고 점수판과 심판이 어디에 있는지 알았던 캐나다 다이빙 선수 실비 베르니에처럼 나는 심사위원들이 어디에 앉아 있을지, 내 프레젠테이션 슬라이드가 어디에 비춰질지, 교수들이 질문을 퍼부을 때 내가 어디에 앉아 있게 될지 정확히 '볼' 수 있었다. 올림픽 수영장에서 '완벽한 다이빙'을 떠올렸던 베르니에의 경험과 마찬가지로, 나는 북쪽 타원형 방에서 내가 프레젠테이션을 정확히 원하는 방식으로 진행하는 모습을 '봤다'. 그리고 내가 직면할 어려운 질문을 헤쳐 나갈 수 있도록 스스로 준비했다. 며칠 뒤 심사위원들 앞에서 발표할 시간이 왔을 때 그 방은 이미 '내 것'이었다.

다음번 기회는 어디서 펼쳐지게 될까? 그 '경기장'에 편안하게 적응할 수 있을까? 어쩌면 시간적, 공간적 제약 때문에 편안함의 느낌을 얻기 위한 개인적인 조사나 사전 답사는 어려울지 모른다. 그런 경우 경기장 내부를 보여주는 사진, 혹은 거기에 가봤거나 구체적인 사항을 말해줄 수 있는 동료를 찾아볼 수 있다. 그것도 힘들다면 상상의 기술을 동원할 수 있다. 새로운 환경에서 자신이 알고 있는 것을 편안하게 수행하는 자신의 모습을 떠올려보는 방법이다. 여유를 갖고 이런 방법을 활용해본다면 어떤 필드나 무대, 코트, 회의실도 자신이 좋아하는 장소로 탈바꿈할 것이다.

3단계: 자신이 충분한지 결정하기—예금자에서 지출자로, 작업마에서 경주마로의 전환

조사를 위해 자신의 심리적 계좌를 확인하고 성과를 거둘 경기장에 적응했다면 이제 경기 전 루틴의 다음 단계는 가장 중요한 결정을 내리는 것이다. 이는 자신의 심리적 계좌에 돈이 충분한지 판단하는 일을 말한다. 경기장이 필드이든, 수술실이든, 사무실이든, 위험한 팔루자 거리이든 간에 우리는 그 경기장에 들어서는 매 순간 선택에 직면하게 된다. 오전 9시부터 오후 5시까지 근무하는 사무실에 매일 들어서건, 프로 풋볼 경기를 위해 매주 일요일 오후 경기장에 들어서건 간에 우리는 똑같은 선택을 마주한다. 필드나 무대 혹은 회의실에 스스로 **충분히 갖췄다**는 느낌으로, 그 순간 성공하기 위해 **충분하다**는 느낌으로 들어설 것인가? 그리고 첫 번째 승리를 거두고, 앞으로의 과제와 요구를 충분히 아는 것은 물론 그 요구에 부드럽게 대응할 수 있을 정도로 충분히 본능적인 상태에서 경기장에 들어설 것인가?

이 질문에 대한 대답은 '그렇다'가 되어야 한다. 그렇지 않다면 이미 스스로 충분하지 않다고 판단한 것이다. 이런 판단은 의심을 낳고, 의심은 다시 필연적으로 긴장과 평범함으로 이어진다. 당신의 '노력'이 더욱 강하고, 빠르고, 민첩해지기 위한 육체적인 노력이었든, 자신의 심리적 계좌를 구축하고 보호하기 위한 정신적인 노력이든 간에 그 노력으로 지금 자신이 해야만 하는 일에 필요한 역량을 충분히 갖췄다고 판단해야만 노력은 실질적인 가치가 있다. 이렇게 판단하며 우리는 가장 중요한 심리적 전환을 시작하게 된다. 다시 말해, 자신을 일으켜 세우고 기술/지식/역량을 구하는 태도에서 우리가 노력해온 모든 것을 발휘하는 태도로의 전환, 그리고 신중한 예금자에서 근심으로부터 자유로운(그러나 부주의하지는 않은) 지출자로의 전환, 성실하고 신뢰할 만한 작업마에서 열정과 에너지가 넘치는 경주마로의 전환을 시작하게 된다. 스스로 충분하다고 결정 내리는 순간 우리는 더 이상 발전에 대해 신경 쓰지 않게 된다. 그 순간 우리가 주목하는 것은 단지 **최고의 자신**이 되는 일이다.

마이클 펠프스는 누구보다 올림픽 금메달을 많이 딴(스물세 개) 미국 수영선수로, 지금은 은퇴하고 어린 선수 대상으로 정신건강 서비스를 확대하는 일에 집중하고 있다. 펠프스는 우리가 말하는 전환을 보여주는 좋은 사례이다. 올림픽 수영에서 펠프스의 위대함을 다룬 모든 기사 중 내가 가장 인상 깊게 본 것은 2008년 8월『스포츠 일러스트레이티드』에 「골드마인드」Gold Mind라는 제목으로 실린 기사로, 어떻게 성과의 경기장으로 들어서야 하는지 다룬다. 기사를 쓴 수전 케이시Susan Casey는 이렇게 설명한다. "운동선수의 신체를 강조하는 모든 주장에도 올림픽 성공에서 가장 큰 부분을 차지하는 것은 두 귀 사이에 존재한다." 그녀는 경쟁을 주제로 펠프스와 나눈 대화를 떠올리면서 이렇게 말한다. "그의 에너지장 전체가 바뀐다. [그는 느긋한 사람에서 사나운 침묵의 포식자로 변신한다.] 여기에는 어떤 과장도 없다. 이는 타이거 우즈가 칩샷에 대해 하는 이야기에서 예상할 수 있는 것과 똑같은 확신이다." 여기에서 "변신"은 펠프스가 자신의 심리적 계좌를 확인하고, 치열하게 훈련해 완성한 스피드를 보여주기 위해 준비할 때 일어나는 과정이다.

예금자에서 지출자로, 작업마에서 경주마로의 전환을 만들어내는 하나의 '올바른' 방법은 없다. 크리스틴 애들러는 추도사를 하는 동안 떠오르는 모든 생각이 아버지에 대한 기억을 말해준다고 자신에게 말함으로써 전환을 이뤘다. 조시 홀든은 사관학교 야구 및 풋볼팀에서 활동하는 동안 나와 함께 만들었던 상상을 위한 오디오 트랙을 활용해 전환을 만들어냈다. 그것은 그가 '주자를 묶어두는 견제구와 배트를 마음껏 휘두르는 안타, 경기 후반에 팀에 활력을 불어넣는 도루'를 상상하게 만든 나의 내레이션이었다. 시험받고 있다고 생각했던 모든 기술에서 성공을 상상함으로써 홀든은 활력 넘치는 확신이라는 익숙한 상태와 제어된 본능이라는 바람직한 상태로 진

320

입할 수 있었다.

2015년 사관학교를 졸업한 조시 리처즈는 NCAA 디비전 1에서 성공하기 위해 스피드와 정확성 그리고 강렬함으로 자신의 마음을 '몰입'시키기 위해 각 섹션마다 배경음악을 넣어 녹음한 '멘털 체크 리스트'를 활용했다.

'Lose Yourself'(에미넴) 이제 해야 할, 나아가야 할, 오늘 저녁에 출전해야 할 경기에 집중할 순간이다. 모든 것을 보여주고 얼음판 위에서 강한 존재감을 뿜낼 기회가 왔다. 먼저 호흡에 집중한다. 공기가 들고 나는 것을 느끼며 모든 것을 내려놓는다. 이제 링크를 둘러보고, 오늘 저녁에 입을 유니폼을 확인하고, 관중의 함성을 듣고, 스케이트 날이 얼음판을 가르고 스틱으로 퍽을 다루는 감각을 느끼며 흥분감과 속도, 강렬함을 느낀다. 그렇게 나는 오늘 저녁 경기에 나선다.

'300 Violin Orchestra'(호르헤 쿠인테로) D-존에서 모든 기회를 활용한다. 스트롱사이드에서는 벽을, 위크사이드에서는 부드러운 영역을 이용한다. 모든 상황에서 내가 어디에 있어야 할지 안다. 나는 레인에서 샷을 막고 환호를 받는다. 의사소통은 완벽하다. 우리는 한팀으로서 정확하게 전환하고 조율한다. 골대 주변 10피트는 우리 영역이다. 우리는 그곳을 소유한다. 샷을 막고 리바운드를 잡는다. 그것이 바로 우리의 모습이자 정체성이다!

'We Be Steady Mobbin"(릴 웨인) 전환할 때 발가락을 북쪽으로 둔다. 위크사이드에서는 공격하고 스트롱사이드에서는 플레이할 준비를 한다. 위크사이드 수비수가 함께 달려가도록 패스한다. 나는 퍽캐리어로서 모든 단독 공격에서 득점 기회를 만들어낸다. 퍽이 없을 때는 중간 레인으로 나가 동료를 위한 공간을 확보한다. 공격이 가능하지 않을 때는 상대의 공격을 사전에 차단한다.

'Wild Boy'(머신 건 켈리) 공격을 저지할 때 F1이 중간으로 나서고 F2가 지원하면서 디투디 패스를 차단한다. F3는 상황을 파악하고 공격하거나 저지한다. 그 과정에서 나는 움직임을 주도한다. 스틱으로 상황을 마무리한다. 나는 강력하고 자동적으로 재무장한다. 나는 득점 기회로 이어지는 턴오버를 만들어낸다. 그것이 바로 나의 퍽이다!

'Going the Distance'(로키 사운드트랙/빌 콘티) 우리 팀은 강력한 플레이를 펼치는 최고의 선수들로 구성되어 있다. 경기에서 내 역할은 퍽을 재빠르고 역동적으로 다루는 것이다. 나는 '포지션 점유'를 기억한다. 나는 퍽을 빼앗는다. 나는 확고하고 침착하게 퍽을 다룬다. 끊임없이 퍽을 움직이게 한다. 아래에서 위로, 위에서 아래로. 나는 리그 최고의 공격수이다. 기회를 잡고 골리의 눈을 속인다. 골대 주위에서 퍽을 잡을 때 나는 '행복한 장소'로 들어가고 끈기를 발휘해 50골을 기록한다. 나는 기회를 놓치지 않는다!

'Lose Yourself' 오늘 저녁 경기는 이렇게 진행된다. 내 최고의 하키, 한 번에 하나씩, 결코 물러설 수 없다. 나는 처음부터 분위기를 압도하고 상대가 나를 두려워하게 만든다. 벤치로 돌아와 루틴을 따르며 다음

출격을 위해 마음을 가다듬는다. 차분하면서도 활력이 넘치고, 완전히 현재에 존재하면서 절대 무너지지 않는다. 그것이 진정한 나이자 오늘 저녁 내가 경기를 펼치는 방식이다! 나가자!

내 오랜 고객이자 친구인 마크 맥러플린 박사는 신경외과 수술실이라는 대단히 중요한 자신의 경기장에 들어서면서 스스로 원하는 확신의 상태로 전환하기 위해 '다섯 가지 P'라는 체계적인 과정을 밟는다. 그 과정은 그가 수술복으로 갈아입고 손을 꼼꼼하게 씻은 뒤 라커룸을 떠나면서 시작된다. 맥러플린은 수술실로 들어가 잠시 숨을 고르면서 분주한 마음을 가라앉힌다. 그는 다른 사람들과 마찬가지로 삶에서 다양한 역할을 맡고 있다. 남편이자 아버지이며, 어린 레슬링 선수들의 감독이고, 외과 의사이자 병원 소유주이다. 한숨 돌리는 동안 그는 자신의 다양한 역할을 각각의 상자에 집어넣어 힘든 수술을 하는 동안 방해되지 않게 한다. 그 시간은 30초에서 길게는 5분까지 이어진다. 그 길이는 그날 그의 삶에서 어떤 일이 벌어지고 있는지, 임해야 할 수술이 얼마나 까다로운지에 달렸다. 수술실 안에서 손을 가지런히 옆으로 내린 채 눈을 감으면 준비에서 실행으로 전환이 시작된다.

일단 원하는 차분함의 단계에 도달하면 그는 **환자**에 대해 생각한다. '어떻게 처음 우리 병원을 찾게 되었을까? 이번 수술에서 무엇을 원할까? 무엇이 지금 그를 힘들게 할까? 최종적으로 성공을 거두기

위해 어떻게 해야 할까? 지금은 그의 삶에서 가장 중요한 순간이며, 그는 내게 모든 것을 맡기고 있다.'

다음에는 **계획**으로 들어간다. 맥러플린은 맨 먼저 절개에서 시작해 마지막 봉합에 이르기까지 수술 과정에서 예상되는 각각의 주요 단계를 머릿속으로 그린다. 충분히 절개하고 확인한 뒤 배액관을 정확하게 삽입하고, 필요한 곳에 플레이트와 스크류 혹은 패딩을 삽입한다. 이렇게 30초 동안 머릿속으로 계획을 그려보며 심리적 계좌에 한 번 더 입금한다.

다음으로 여러 **긍정적인 생각**을 떠올린다. "넌 닥터 영과 닥터 자네타(레지던트 시절 맥러플린의 스승이었던 전설적인 신경외과의들)의 지혜와 기술, 경험을 갖추고 있어. 지금 이 순간 여기에 있다는 것은 영광이자 특권이야. 넌 이 일을 하기 위해 세상에 태어났어!" 이 짧은 확언에서 그는 감사함과 강인함을 느낀다.

마지막으로 맥러플린은 이렇게 **기도**한다. "신이시여, 제가 이 환자의 고통을 덜어주기 위해 할 수 있는 최선을 다하게 하소서. 이번 수술에서 벌어지는 모든 일을 헤쳐 나갈 수 있는 힘을 주시고, 이 환자의 삶에 새로운 장을 열어주소서." 경기 전 루틴의 마지막 단계인 기도를 통해 맥러플린은 **은총의 단계**로 올라선다. 초월적 존재로부터 축복받음으로써 그는 자신의 모든 재능과 훈련, 경험을 현재 순간에 집중시킨다. 그리고 바로 지금, 마크 맥러플린은 **충분하다**. 개인적인 의식을 마치고 자신이 원하는 느낌을 얻은 뒤, 맥러플린은 눈을 뜨고 외과팀을 둘러보며 이렇게 말한다. "좋습니다. 시작합시다." 이제 전환은 이뤄졌다. 마크 맥러플린은 **준비**를 마치고 **실행** 단계로 들어선다. 생명을 위협하는 뇌출혈로 병원에 온 젊은 여성의 응급 수술을 분주하게 준비하며 맥러플린이 실제로 활용한 다섯 가지 P 루틴을 정리하면 다음과 같다.

> **쉼**Pause: '마크, 눈을 감고 잠시 마음속 조용한 장소를 찾아 주변의 모든 것을 잊어.'
>
> **끈기**Patient: '이 젊은 여성은 너를 필요로 해. 그녀의 부모님도 마찬가지고.'
>
> **계획**Plan: '먼저 배액을 하자. 그러면 시간을 벌 수 있어. 다음으로 재빨리 위치를 잡고 뼈까지 곧장 내려가야 해!'
>
> **긍정적인 생각**Positive thought: '마크, 넌 할 수 있어. 삶에서 차이를 만들어내야 할 순간이야, 중대한 차이를.'
>
> **기도**Prayer: '신이시여. 부디 제가 카를라를 위해 최선을 다하게 하소서. 제 눈과 손이 그녀를 살리기 위해 필요한 일을 하게 하소서. 제게 주신 재능에 감사드립니다.'

롭 스워트우드는 보병 전투의 위험천만한 상황에서 먼저 안전 및 책임 점검 목록을 모두 확인한 다음 잠시 숨을 돌리며 마음을 가라앉히고, 맥러플린처럼 차분한 상태를 유지함으로써 전환할 수 있었다.

스워트우드는 그 과정을 이렇게 설명했다. "제가 매일 밤 준비를 위해 한 일은 모든 작전의 결과에 대해 통제권을 내려놓는 것이었습니다. 매번 제가 통제할 수 없는 일이 언제든 벌어질 수 있다는 사실을 떠올렸습니다. 그리고 결과나 저와 병사들이 작전에서 돌아오지 못할 가능성에 집착해서는 안 된다고 생각했습니다. 통제할 수 없는 것에 대한 걱정은 버리고, 제 역할과 행동, 즉 제가 통제할 수 있는 대상에 집중해야 했죠." 자신의 역할과 행동에 집중하고 나서야 스워트우드는 비로소 **실행**할 준비가 되었다고 느꼈다.

나는 어떤가

당신이 올림픽 수영선수나 세계적인 수준의 신경외과의, 전쟁터에 들어서야 할 군인이 아니라면 어떨까? 자신의 '경기장'이 사무실이나 강의실, 건설 현장인 수많은 '일상적인' 선수 중 한 사람이라면 그런 경우에도 경기 전 루틴이 필요할까? 그렇다. 중요한 순간에 최고의 실력을 발휘하고자 하는 사람이라면 누구든 자신에게 집중하고, 주변 상황을 이해하며, 자신이 지금 충분한지 결정하는 핵심 단계를 따를 수 있다. 이는 '일상적인 선수'에게 날마다 중요하다.

작가 스티븐 프레스필드Steven Pressfield는 확신을 갖고 일상적인 과제에 몰두하는 방법에 대해 좋은 사례를 보여준다. 프레스필드는 그의 뛰어난 저서 『기술의 전쟁』*The War of Art*(손자의 『손자병법』*Art of War*과 혼동하지 말자)에서 자신이 말하는 "저항"Resistance에 사람들이 일상적으로 직면하는 양상을 설명한다. 여기서 저항이란 내적인 주의 분산과 의심, 두려움의 집합으로, 우리가 최고의 능력을 발휘하지 못하도록 가로막는 것을 말한다. 프레스필드는 저항의 위력을 익히 알고 있다. 그에게 저항이란 다름 아닌 '라이터스 블록'(writer's block, 작가들이 쓸 내용이나 아이디어가 떠오르지 않아 고생하는 상황—옮긴이)이다. 프레스필드는 책상 앞에 앉아 훌륭한 작품을 만들어내기 위해 자신만의 경기 전 루틴을 실행함으로써 일상적인 싸움에서 승리한다. 그 과정은 다음과 같다.

"나는 일어나 샤워하고 아침 식사를 한다. 신문을 읽고 양치한다. 전화할 일이 있으면 전화한다. 그리고 커피를 마신다. 나는 행운의 부츠를 신으면서 조카 메러디스에게서 선물로 받은 행운의 신발 끈을 묶는다. 사무실에 도착해 컴퓨터를 켠다. 행운의 후드 스웨트 셔츠는 의자에 걸어둔다. 그 옷에는 생뜨마히드라메흐의 한 집시에게서 8달러에 산 행운의 장신구, 그리고 예전에 꾼 꿈에서 나온 행운의 네임태그가 달렸다. 사전 위에는 친구 밥 베르산디가 쿠바 모로성에서 산 행운의 대포가 놓여 있다. 나는 그 대포에서 반짝이는 영감을 얻고자 포신을 의자 쪽으로 돌려두었다. 이제 호메로스의 『오디세이아』*Odysseia*에서 가져온 뮤즈의 주문을 암송한다. 그리고 자리에 앉아 일을 시작한다."

프레스필드는 이처럼 개인적인 의식을 통해 주의 분산에서 집중으로, 망설임에서 확신으로 넘어간다. 이 과정에서 그는 과거에 장

만한 '행운'의 소품을 몇 가지 활용한다. 물론 그는 그 물건이 자신을 확신에 이르도록 만들어주지 않는다는 사실을 안다. 그것들은 단지 예전의 성공과 성취를 상기시키는 상징이며, 자신을 들여다보는 통로이다. 프레스필드는 상황과 목표를 잘 이해한다. 정해진 분량의 글을 써내는 것이 그가 성취해야 할 성과이다. 그는 스스로 충분하다고 느끼게 만들어주는 특별한 힘을 향해 마음의 문을 열어젖히며 마지막 전환을 완성한다. 이제 그는 자리에 앉아 업무에 뛰어들 수 있다.

어떤 분야에 있는 누구든 이와 비슷하게 개인적인 의식으로 하루를 시작하며, 확실하고 단호한 느낌을 얻을 수 있다. 자신에게서 최고를 발견하고, 마무리해야 할 핵심 과제를 파악하고, 필요한 지식과 기술을 모두 갖추고 있다고, 즉 자신은 충분하다고 확신하자. 이는 간단하고도 어려운 일이다.

의사 결정하기

앞선 사례들은 준비에서 실행으로, 작업마에서 경주마로 넘어가는 전환을 만들어내는 다양한 방법을 보여준다. 그런 전환을 '어떻게' 만들어내는지는 중요하지 않다. 그것을 만들어냈다는 사실이 중요하다!

이런 전환은 많은 이에게 힘든 과제이다. 경기장에 들어서면서 자신에게 '나는 더 많이 공부하고/일하고/연습하고/고객에 대해 알아야 한다'라고 말하고 싶은 유혹은 언제나 존재한다. 하지만 그러면 자기 의심으로 들어서는 문을 열어놓게 되며, 자기 자신을 사고/성과 상호작용이라는 비효율적인 하수구 주기에 빠지게 만든다. 최고 수준의 성과를 올리고자 한다면 하수구 주기는 결코 당신의 선택지가 아니다. 마찬가지로 우리는 스스로 쉽게 이런 질문을 던지곤 한다. '나는 이번 경기/시험/회의/프레젠테이션을 위해 제대로 준비했는가?' 하지만 이 질문 역시 우리를 자기 의심에 들게 한다. 시간이 어느 정도 흘렀다면 이런 질문을 완전히 차단하는 것이 무엇보다 중요하다. 나는 이를 '오직 선언만 하기'Statements Only, SO 규칙이라 부른다. 어느 정도 시간이 흘렀거나 특정한 단계를 넘어섰다면 자신에게 질문하는 일은 그만두고 자기 자신과 팀 동료들에게 선언해야 한다.

SO 규칙을 쉽게 이해하기 위해 '경기 당일'을 떠올려보자. 프로 풋볼 선수에게는 일요일, 대학 풋볼 선수에게는 토요일, 그리고 대부분 고등학교 풋볼 선수에게는 금요일이 경기 당일이다. 경기 당일 잠에서 깨어 침대에서 일어났다면 자기 자신이나 다른 누구에게 어떤 질문도 던지지 말자. 대신 자기 자신과 다른 모두에게 자신이 오늘 얼마나 잘 것인지 선언하자. "오늘 기분이 어때?" 혹은 "오늘 출격할 준비됐어?"처럼 무해하게 보이는 질문도 금지된다. 겉으로 보기에 단순하고 중립적인 질문이라도 자칫 심각하고 부정적인 일련의 질문이 마음속에서 일어나게 만들 수 있다. 작은 불씨가 큰불로 이어질 수 있듯 무해해 보이는 질문조차 자신이나 동료들이 이렇게 묻게 만들 수 있다. "나는 **정말** 준비됐을까? 오늘 경기를 위해 내가 준비해야 했던 걸 정말 다 했을까?" 경기 당일에 이런 질문은 아무짝에도 쓸모없다. 이는 그저 심리적 계좌의 잔고를 고갈시키고, 스스로 하수구 주기로 밀어 넣을 뿐이다. SO 규칙에 따라 자신과 주변 사람들에게 질문하는 대신 이렇게 선언하자. "좋은 기회가 왔다. 우리는 오늘 해낼 것이다. 멋진 성과를 올릴 기회를 잡았다!"

비록 특정 요일이 '경기 당일'이 아니라 해도 얼마든 SO 규칙을 활용할 수 있다. 맥러플린의 경우 수술실에 들어가는 매 순간이 '경기 당일'이다. 롭 스워트우드에게는 소대를 이끌고 나서는 모든 야간 정찰이 '경기 당일'이다. 스티븐 프레스필드라면 책상 앞에 앉아 하루치 분량을 완성하는 매일이 '경기 당일'이다. 경기 당일은 계획이나 준비가 아니라 '실행'을 위한 날이다. 그때가 사무실에서 9시부터 5시까지 일하는 영업일이든, 순회공연을 하는 뮤지션의 저녁이든, 프로 풋볼 선수의 토요일이든 간에 자신의 분야에서 '실행'할 때마다 규칙은 같다. 그것은 '경기장'에 들어서면서 자신과 다른 이들에게 오직 선언만 해야 한다는 점이다. 마이클 펠프스의 "사나운 침묵의 포식자"에 해당하는 자신만의 버전을 만들자. 좀 덜 공격적인 상징을 원한다면 출발선에 들어서서 달릴 준비가 되어 있는 우아한 경주마를 떠올려보자.

나는 종종 이런 질문을 받는다. "충분히 준비하지 않았다는 사실을 분명하게 알면서도 시험을 치러야 하는 상황이라면요?" 내 대답은 이렇다. 그럼에도 지난 일주일 동안 매일 밤 도서관 문을 가장 마지막으로 나선 사람이 가질 법한 100퍼센트의 확신으로 시험장에 들어서라. 충분히 준비하지 않았다면 좋은 결과를 기대할 수 없다는 사실을 우리 모두 아는데도 그런 대답을 믿어야 할 이유는 무엇일까? 자신의 '탱크' 안에 얼마나 많이 들어 있는지는 우리가 밖으로 나가 그 탱크를 완전히 비울 때까지 정확히 알 수 없기 때문이다. 충분히 공부하지 않았는가? 어떻게 확실히 알 수 있는가? 충분히 훈련하지 않았는가? 나가서 최대한 자신 있고 적극적으로 플레이할 때까지 어떻게 확신할 수 있는가? 얼마나 많이 훈련/공부/준비해야 '충분한'가? 뭔가를 살 '돈'이 충분한지는 주머니에 든 '돈'을 모두 탁자 위에 꺼내놓을 때까지 알 수 없다. 그렇다면 자신의 심리적 계좌를 열어 자신이 추구하는 것을 얻기 위해 충분한 돈이 거기에 들어 있다고 믿는 게 어떤가?

오펜하이머 앤드 컴퍼니Oppenheimer and Company의 투자관리 임원 채드 앨런은 처음 투자 분야에 뛰어들면서 잠재 고객에게 강한 인상을 심어줄 시장 주기나 투자 옵션에 관해 지식을 풍부하게 갖추고 있지 못했다. 그가 갖고 있던 것이라고는 군 장교와 사관학교 시절 라크로스 대표팀 선수로서의 경험뿐이었다. 그래도 그는 그 경험을 통해 자신이 통제할 수 있는 것에 집중하고, 개인적인 강점(정직과 충실 그리고 지성)을 최고로 활용해야 한다는 사실을 깨달았다. 처음 영업 분야에 뛰어들어 잠재 고객들을 만나게 되었을 때 스물다섯의 사회 초년생은 자신의 경쟁자들이 무엇을 할 것인지, 처음 만나는 고객이 자신의 나이를 어떻게 생각할 것인지 통제할 수 없다는 사실을 알았다. 그래서 회의와 관련해 자신이 통제할 수 있는 것('오늘 회의에서 논의 내용을 통제할 수 있다')과 자신이 할 수 있는 일('나는 고객이 두 번째 만남에 동의하게 만들 수 있다')에 집중하기로 했다. 홀든과 맥러플린처럼 앨런은 회의 시간이 다가올 때마다 긍정적인 생각으로 자신의 심리적 계좌를 확인했다. '나는 똑똑하고, 가족의 재무적 삶을 계획하도록 사람들을 돕는 방법을 알고 있으니 이 방 안에 있을 자격이 있다. 그들은 나와 함께 있을 자격이 있다!' 물론 채드 앨런이 회사에서 지식과 경험이 가장 풍부한 재무 전문가는 아니었다. 하지만 그렇다고 해서 그 사실이 확신을 갖고 경기장에 들어서지 못하도록 내버려두지는 않았다. 앨런은 어떤 분야에서 전문가라고 주장하는 데 필요한 수만 시간의 훈련을 쌓지 못했다. 그러나 그 사실이 그가 갖고 있는 모든 경험을 첫 번째 만남의 기회에서 발휘하지 못하도록 내버려두지는 않았다.

모든 사람이 쉽게 빠지기 쉬운 한 가지 함정은 충분히 많이 노력하지 않았다거나 충분히 많이 훈련하지 못했다는 생각이다. 이런 함정에 빠질 때 당신은 공책을 정신없이 훑어보면서 시험장에 들어서거나, 자신의 준비 부족을 마지막 연습이 마술적으로 보충해줄 것이라 기대한 채 마케팅 연설문을 계속해서 되뇌면서 협상 장소로 걸어

들어가게 될 것이다. 경기장에 들어서기 전, 더 많이 공부하고 훈련했어야 한다는 생각을 물리치지 못하는 모든 사람에게 이렇게 조언하고 싶다. 먼저 자신이 갖고 있는 것, 자신이 한 노력을 인정한 다음 공책을 덮고 스스로 이렇게 선언하라. '나는 최선을 다해 준비했다. 나는 충분하다! 내가 갖고 있는 것만으로도 얼마나 잘할 수 있는지 확인해보자.'

헬렌 마룰리스는 이전 두 경기에서 자신을 물리쳤던 세계적인 챔피언과 맞붙게 된 올림픽 결승전 경기장으로 들어서면서 이렇게 주문을 되뇌었다. '나는 충분하다.' 그리고 금메달을 딴 뒤 NBCOlympics.com과의 인터뷰에서 이렇게 이야기했다. "그 주문은 저 자신을 해방시키는 말입니다. 올림픽 챔피언이 되기 전에 도달해야 할 궁극적인 단계가 있다고 생각합니다. 하지만 특별하다는 인식이 필요한 건 아닙니다. 단지 충분하다는 생각만으로도 올림픽 챔피언이 될 수 있으니까요."

당신은 **충분해질** 준비가 되었는가? 다음번 경기장으로 들어설 때, '들어가며'에서 살펴본 확신의 정의(의식적, 분석적 마음의 개입을 최소화한 상태에서 역량을 최대한 발휘할 수 있다고 스스로 충분히 신뢰하는 것)를 충족시킬 것인가? 그 순간 당신은 '정보에 기반을 둔 본능적인' 상태를 유지할 것인가? 그리고 자기 자신과 주변 상황을 주시하면서 자신의 심리적 계좌 잔고가 충분하다고 판단할 것인가? 이는 우리가 직면해야 할 도전 과제이자 기회이다.

자신이 부자라고 상상하자

제프 베조스처럼 국가를 사들일 만큼 부자는 아니라도 더 이상 일할 필요가 없고 합리적인 선에서 원하는 것을 얻을 수 있을 정도로 부자라고 상상해보자. 부자 삼촌에게서 유산을 받거나 복권에 당첨되어서가 아니라 부지런히 일하고 현명하게 저축해 부를 마련했다고 생각해보자. 이 말은 부자이지만 돈 관리에 있어 여전히 신중하다는 뜻이다.

이제 부자인 당신은 차를 사러 나간다. 자신이 생각한 특정 기능을 갖춘 모델로 결정한 뒤 만족스런 미소를 머금고 영업사원에게 다가간다. 원하는 차를 사기 위해 은행 잔고가 충분하며, 차를 사고 나서도 돈이 많이 남아 있다는 사실을 알기 때문이다. 돈이 많으며 그래서 편안하게 소비할 수 있다는 생각은 태도를 크게 바꾼다. 당신은 오랫동안 일하고 저축해 지금의 은행 계좌를 구축했다. 그리고 그 돈을 신중하게 관리하면서 현명하게 투자했다. 그런데 이제 당신의 태도는 다르다. 계좌에 큰돈이 들어 있고 **충분한** 부를 지녔다는 사실을 알기 때문이다.

이런 태도로 무장한 당신은 자동차 영업소로 걸어 들어가면서 자신이 원하는 것을 얻지 못할 것이라거나 만족스럽게 거래하지 못하고 영업소를 나오게 될 것이라 걱정할 필요가 없다. 감정적인 강인함을 갖고 들어선 당신은 협상을 주도할 수 있고, 최종 결정권을 갖고 있다.

그건 대단한 느낌이 아닐까?

8장
조용한 실행

좋다. 당신은 그렇게 경기장에 들어섰다. 당신은 경기 전 루틴을 실행했고, 자기 자신과 상황을 들여다봤으며, 자신이 정말 '충분하다'고 판단했다. 이제 누군가 사람들로 가득한 회의실이나 강당에서 당신을 소개한다. 혹은 국가가 울려 퍼지는 가운데 경기장 사이드라인에 서 있다. 아니면 응급요원과 함께 화재나 사고 현장에 도착했다. 이처럼 수없이 다양한 상황에서 당신의 확신과 역량은 도전에 직면한다. 그 도전은 대단히 힘든 현실이 될 수 있다. 회의실 내 청중이 대단히 회의적이기 때문에, 경기장 맞은편에 서서 당신만큼 이기고 싶어 하는 경쟁자가 지독하게 끈질기기 때문에, 막 들어선 사고나 화재 현장 혹은 전쟁터가 지옥과 다름없기 때문이다. 여기서 당신이 직면하는 것은 정보에 기반을 둔 본능을 유지해야 하는 하나의 '진실의 순간'이 아니다. 당신은 지금 여러 '진실의 순간'에 직면하고 있으며, 각각의 순간은 최고의 모습을 요구한다. 이 장에서는 프레젠테이션과 경기 혹은 일상적인 업무가 진행되는 동안 어떻게 심리적 계좌를 확인해 **나는 충분하다**라는 느낌을 유지하면서 처음부터 끝까지 첫 번째 승리를 거둘 수 있는지 살펴보고자 한다.

여기서 솔직해질 필요가 있다. 성과를 이룩하는 과정에서 처음부터 끝까지 첫 번째 승리를 거두는 일은 어려운 도전 과제이다. 당신이 자신을 신뢰할 만큼 계좌 잔고를 충분히 많이 쌓고 경기 전 루틴을 실행했기 때문에 '부자'의 느낌으로 경기장에 들어설 것이고, 당신의 확신은 자동적으로 처음만큼 높을 것이며, 매 시간, 매 플레이에 그렇게 유지될 것이라 말한다면 솔직하지 못하다. 물론 나도 당신이 연단에 올라서서 자연스럽게 연설하고, 드라이브를 칠 때마다 300야드를 넘겨 페어웨이에 안착시키고, 직원들의 질문에 동물적인 감각으로 대처하고, 모든 잘못과 실수를 쉽게 처리할 것이라 말할 수 있기를 진심으로 바란다. 당신은 때로 침착하고 분명하게 연설하고, 경기에 임하고, 회의를 진행하고, 임무를 수행할 것이다. 하지만 그러지 못할 때도 있을 것이다. 그럴 때 당신은 조심스럽게 통제력을 회복하고 확신을 다시 끌어모아야 한다. 부정적인 사건에 집중하는 지극히 인간적인 성향(진화에 의해 남아 있는 유산으로, 우리 선조들이 위험을 피하도록 도왔다)은 지금도 뚜렷하게 살아남아 있으며, 당신이 아무리 '부유'하다 해도 언젠가 문을 두드릴 것이다. 게다가 당신이 자신의 경기장에서 능력을 발휘할 때 상황이 완벽하지 않게 돌아갈 가능성은 대단히 높다. 앞서 확인했듯 인간이 성과를 거두는 실제 세상은 불완전한 공간이며, 당신은 인간이기 때문에 여기저기에서 실수할 가능성이 많다. 이처럼 당신은 완벽한 존재가 아니기 때문에 실수와 잘못을 저지를 때마다 그 기억을 떨칠 준비가 되어 있어야 한다. 다음으로 '적'이 있다. 적은 실제 인간일 수도 있고, 마감 시한 혹은 중간에 혼란을 일으키는 기술적인 문제처럼 무작위하게 일어나는 짜증스러운 환경 요인일 수도 있다. 그리고 중요한 순간에 정보에 기반을 둔 본능의 상태에서 움직이는 것이 아니라 자신이 하는 일에 대해 '더 많이 생각'해야 한다는 사회적인 통념이 있다. 이 모든 요인은 우리가 매 순간 첫 번째 승리를 거두기 어렵게 한다. 하지만 결코 불가능하지는 않다. 그래도 좋은 소식은 주변 상황이 아무리 힘들다 해도 우리는 거기에 어떻게 대처할 것인지 **언제나** 선택할 수 있으며, 첫 번째 승리를 **언제나** 거둘 수 있다는 사실이다.

이처럼 힘든 순간에 우리가 5장에서 살펴본 '확신 지키기'는 튼튼한 갑옷이자 반격하는 데 유용한 무기가 되어줄 것이다. 불완전한 실행의 순간을 (1) **일시적으로** '단지 한 번' 벌어진 일 (2) **제한적으로** '단지 한 장소에서' 벌어진 일 (3) **예외적으로** '나와는 거리가 먼' 일로 바라보는 정신적 기술은 걱정 가득한 '또 그랬군'이라는 함정, 의심 가득한 '일 전체를 망칠 거야'라는 느낌, 그리고 절망적인 '난 안 돼'라는 심리 상태로 당신이 미끄러지지 않도록 보호해줄 것이다. 우리는 불평하는 목소리, 집중을 흐트러뜨리고 나아가 두려움과 의심, 걱정을 자극하는 목소리(내 동료 샌디 밀러는 그런 목소리를 "징징대는 멍청이"이라고 불렀다)가 튀어나올 때마다 **마지막 말**이라는 방법으로 하나씩 잠재울 수 있다. 우리는 그런 목소리를 차분하게 **인식**하고, 단호하게 **중단**하고, 그것을 자신의 심리적 계좌에서 가져온 성과 중심적 선언으로 **대체**할 수 있다. 그리고 마지막으로 우리의 개인적인 심리적 무기고에는 역설적이고도 효과적인 '슈터의 마음가짐'이 항상 자리하고 있다. 앞서 살펴봤듯 슈터의 마음가짐이란 경기와 작전 혹은 업무 흐름이 이어지는 가운데 성공 가능성이 계속해서 높아질 것이라 기대하면서 **모든 실수나 잘못 혹은 실패를 다음번 도전의 성공을 알리는 신호**로 바라보는 태도를 말한다. 이 방법은 모두 확신에 대한 필연적인 내적, 외적 공격으로부터 우리를 보호하고, 첫 번째 승리를 잇달아 거둘 수 있도록 도울 것이다. 이제 이 안전장치와 더불어 성과를 달성하기 위해 자신 있게 달려 나가자.

'생각 없는 마음' '깨어나 지배하라'

1960년대 게슈탈트 심리치료 학교를 설립한 심리학자 프리츠 펄스 Fritz Perls는 이런 표현을 사용했다. "마음에서 벗어나 감각에 집중하기". 이는 환자들이 파괴적인 생각의 함정을 피하고 좀더 행복하게 살아가도록 돕기 위한 말이었다. 그가 처음부터 끝까지 확신 게임을 벌이는 것에 대해 생각하고 있었다고 보지는 않지만 그의 통찰력은 목표를 정확히 향하고 있었다. 자신이 하고 있는 일에 대한 '생각'을 멈추고 주변에서 벌어지는 일에 주의하라는 펄스 박사의 조언을 따르면 모든 경기장에서 뛰고 있는 성과자는 더 좋은 성적을 낼 수 있다. 스포츠 선수이든 뮤지션이든 재무 서비스팀 관리자이든 내가 고객들에게 가장 성공적이고 만족스런 순간에 대해 물으면 그들은 언제나 펄의 조언을 떠올리게 만드는 두 가지 이야기를 들려준다. 첫째, 그들은 '자동적이고 본능적이며 무의식적인' 느낌에 대해 말한다. 그들의 의사 결정과 행동, 질문과 대답이 의식에 거의 개입받지 않고 이뤄지는 것으로 보인다는 뜻이다. 어떤 측면에서 그들은 '마음 밖에' 있었다. 어떤 일을 하는 동안 그 일을 분석하거나 판단하려 들지 않았다. 그들은 자신을 비판하지 않았고 실행하는 동안 결과에 연연하지 않았다. 둘째, 그들은 '투명하고 분명하며 몰입한' 상태에 대해 말한다. 그들의 눈과 귀, 촉각, 즉 모든 '감각'이 모든 차원에서 활성화되어 있었으며, 풋볼 경기장 안 선수 스무 명의 움직임이든 오케스트라 지휘자의 지휘봉이 만들어내는 미묘한 움직임이든 간에 주변에서 벌어지고 있는 일을 효과적으로 인식하고 대응하게 만들었다.

  높은 성과를 올리는 순간 사람들이 경험하는 마음 상태에 대한 이야기는 언뜻 뉴에이지 정서처럼 느껴지지만 신경과학 분야의 최근 발견은 이 증언을 뒷받침한다. 오늘날 두뇌 스캐닝 및 신경바이오피드백neurobiofeedback 기술 덕분에 성과를 주제로 한 신경과학 연구가 활발히 이뤄지고 있으며, 이 연구 결과는 의식적인 차원의 분석 사고로부터 상대적으로 자유로운 심리적 상태를 말하는 '조용한 마음'quiet mind이 성과를 올리는 과정에서 가장 중요한 요소라는 주장을 뒷받침한다. 신경과학자 브래드 해트필드Brad Hatfield와 스콧 케릭Scott Kerrick은 2007년 『스포츠 심리학 연구 핸드북』*Handbook of Sport Psychology Research*에 실린 「뛰어난 스포츠 성과 심리학」The Psychology of Superior Sport Performance: A Cognitive and Affective Neuroscience Perspective이라는 기사에서 다음과 같이 결론지었다. "높은 수준의 성과들이 보여주는 중요한 사실은 대단히 많은 과학 논문이 [정신적 과정을 지원하는 두뇌 활동의 경제'라는 개념을 뒷받침하고 있다는 것이다.]" 여기서 "경제"라는 말은 표현 그대로 '고요한 마음', 즉 특정 과제를 수행하는 과정에 필요하지 않은 두뇌 중추와 신경 과정의 중단을 의미한다. 해트필드는 그 개념을 핏티비FitTV와의 인터뷰에서 간결하게 설명했다. "신경과학의 관점에서 볼 때 완전한 몰입이란 과제 수행에 핵심적으로 관여하는 두뇌 영역은 전적으로 활성화되고, 관여하지 않는 영역은 배제되는 상태를 말합니다." 마음이 조용하고 경제적인 상태에서 감각으로부터 비롯된 자극은 최고 속도로 처리되며, 그 덕분에 더 빨리 반응하고 더 부드럽고 조화롭게 움직일 수 있다. 내 고객들은 '마음에서 벗어나 감각으로 들어가는' 경험을 설명하고 난 다음 대부분 한숨을 쉬며 이렇게 말한다. "매번 그럴 수 있다면 얼마나 좋을까요."

나 역시 그럴 수 있기를 바란다. 하지만 과제를 실행할 때마다 그 '지대'에 머물거나 '플로우flow 상태'를 경험할 수 없다고 해도 올바른 단계를 밟는다면 그 상태에 근접하거나 더 자주 도달할 수 있다. 먼저 심리적 계좌를 구축하고, 자신이 충분히 '부자'라고 판단한 다음 '실행'하기 전에 '올바른 방식으로 신중하게 수행하겠어'라는 의식적이고 분석적인 생각에서 한 발짝 물러나 눈과 귀를 비롯한 모든 감각을 열어놓는다면 그와 똑같은 효과를 누릴 수 있다.

1996년 사관학교를 졸업한 앤소니 랜들 중위는 군 경력에서 최대 도전 과제에 직면했을 때 마음에서 벗어나 감각에 집중하기로 결정했다. 그 과제는 미 육군 레인저스쿨 과정이었다. 열정적인 특수부대 사병 및 장교들은 '고난의 기간' 9주 동안 50킬로그램이 넘는 군장을 메고 습지가 많은 가파른 지역에서 15킬로미터를 행군한다. 하루에 한두 끼만 먹고 잠은 야외에서 하루 세 시간 정도만 자면서 순찰이나 매복, 공습과 같은 소대 전술을 밤낮으로 훈련한다. 교관들은 돌아가면서 훈련병들이 얼마나 잘 적응하는지, 동료들을 잘 보살피는지, 궁극적으로 소대를 잘 이끄는지 평가한다. 레인저스쿨 과정이 해군 특수부대 네이비실 훈련보다 힘든지는 다른 이들이 논의하도록 남겨두겠지만 거대한 심리적 계좌와 반복적인 첫 번째 승리를 필요로 하는 9주짜리 힘든 여정이라는 데는 의문할 여지가 없다. 랜들은 과정의 마지막 단계에 다가갈수록 첫 번째 승리를 더 급박하게 요구하게 되었다. 교관들이 그에게 야간 공습을 계획하고 소대를 지휘해 작전을 수행하도록 했을 때 그는 최상의 상태와 거리가 멀었다. 몇 주 동안 체중이 14킬로그램이나 준 데다 손을 많이 다쳐 공을 들거나 무기를 쥐려면 손가락을 절연 테이프로 둘둘 감아야 했다. 게다가 훈련 과정에서 이미 두 번이나 '낙제'를 받았다. 특정 단계에서 낙제하면 다시 그 수업을 듣고 통과해야 한다(레인저스쿨 과정을 낙제 없이 졸업하는 비율은 30퍼센트 정도이다. 그리고 전체 졸업 비율은 40퍼센트에 불과하다). 이제 랜들의 마지막 기회가 찾아왔다. 이번 야간공습에서 레인저스쿨 교관들에게 합격점을 받지 못한다면 기회는 없을 것이다. 그리고 그 실패는 군인으로서 전도유망한 자신의 경력에 중대한 걸림돌이 될 것이었다.

그러나 마지막 기회라는, 반드시 성공해야 한다는 어려운 현실에도 교관이 랜들의 번호를 불렀을 때 그의 마음은 평화로웠다. 그는 자신이 직면한 과제를 수행하는 데 필요한 통제와 확신의 느낌을 만들어냈다. 랜들은 그때의 경험을 이렇게 떠올렸다. "15분 동안 소대 하사관 및 분대장들과 작전 계획을 세워야 했습니다. 명령을 받자마자 정신적 훈련 기술과 사관학교에서 수년간 단련해온 기술을 활용해야겠다고 생각했습니다." 그것은 '생각 없는 마음'('마음 비우기'의 랜들 버전)과 '깨어나 지배하기'('감각에 집중하기'의 랜들 버전)였다. 랜들은 "이제 시작이다! 나가서 지배하자!"라는 마지막 말과 함께 소대를 이끌었다. 그는 화기분대와 공격분대를 지정했고, 마지막 분대에는 외곽 경계 임무를 맡겼다. "총성이 들렸을 때 저는 최고의 무의식적 확신 상태에 있었습니다. 그리고 공격이 시작되면서 완전하게 저 자신을 통제하고, 모든 구체적인 측면에 저 자신을 조율해놓았습니다. 교관들은 지금껏 봐온 가운데 가장 잘 수행된 작전이라고 칭찬했습니다." 랜들은 무사히 레인저스쿨 졸업장을 받았고 전도유망한 군 경력을 이어갔다. 그리고 몇 년 동안 낙하산 부대 지휘관으로 활동했으며, 두 차례 이라크 파병을 떠났다. 이후 조지아 포트베닝 수비대에서 군목사로 복무했다.

루틴으로 만들기

마음에서 벗어나 감각에 집중하는 과제를 좀더 쉽게 수행하기 위해 나는 스포츠 심리학에서 말하는 '프리샷 루틴'preshot routine이라는 기술을 권한다. 이는 **지속적인 심리적 수단이나 당면 과제에 주목하게 만드는 과정**을 뜻한다. 이 '루틴'을 실행하면 원하는 결과를 지속적이고 습관적으로 성취할 수 있다. 주기적으로 양치해 치아의 외형과 건강을 관리하듯 자신의 능력에 대한 확신을 반복적으로 확인함으로써 경기나 임무, 업무 전반의 성공 가능성을 최고로 높일 수 있다. 18홀 라운드를 도는 동안 매번 최고의 샷을 위해 노력하는 골프 선수나 풋볼 경기에서 최고의 플레이를 보여주기 위해 최선을 다하는 쿼터백을 떠올려보자. 이들은 라운드나 경기 전반에 걸쳐 적어도 예순 번 이상 자신을 확신과 집중의 상태로 데려가야 하며, 이를 위해 정교한 루틴을 활용한다. 이처럼 짧은 정신적 과정을 통해 그들은 반복적으로 첫 번째 승리를 거두고 마음을 다잡는다. 다른 종목 선수들도 마찬가지이다. 그들 역시 '실행'하기 이전에 자신을 확신과 집중의 상태로 데려가야 한다. 테니스 선수는 포인트 전에, 타자는 투구 전에, 하키 선수는 피리어드 사이에, 축구와 농구 선수는 휴식 시간에 그렇게 해야 한다. 장거리 달리기나 조정처럼 쉼 없이 지속적으로 진행되는 종목에서도 페이스를 유지하고 피로를 이겨내기 위해 심리적 계좌를 반복적으로 열어 작은 첫 번째 승리를 거두는 노력이 필요하다. 일상적인 일터에서 활약하는 선수들 역시 다르지 않다. 처음부터 끝까지 '확신에 찬 하루'를 보내고, 메일함 속 수많은 메일을 끝까지 처리하고, 열두 시간 교대로 병상을 살피려면 첫 번째 승리를 계속해서 거둬야 한다. 프리샷 루틴 혹은 사전 루틴은 휴대전화 비밀번호와 같다. 번호를 정확하게 눌러야 '안으로' 진입할 수 있다.

효과적인 프리샷 루틴은 아주 중요한 역할을 한다. 이는 과거와 미래에 대해 생각하는 대신 지금 이 순간에 집중하게 한다. 이를 통해 과잉 분석과 쓸데없는 판단, 위험한 자기비판에서 벗어나 직접적인 감각을 통해 **지금** 중요한 대상에 주목한다. 프리샷 루틴은 우리의 주의를 침습적인 생각과 걱정으로부터 지켜줌으로써 확신과 확실함에 대한 개인적 인식이 계속해서 빛을 발하게 만든다. 그 덕분에 우리는 중요한 정신적 대역폭과 에너지를 갉아먹는 생각과 걱정 없이 오로지 실행에만 몰두할 수 있다. 실제 전투이든 경기장이나 공연장, 사무실과 같은 좀더 일반적인 공간에서 일어나는 작은 전투이든 간에 '전투'의 열기 속에서 자신의 심리적 계좌를 열고 확신을 이끌어내는 루틴은 최고의 친구이다.

성과를 올리기 위한 각각의 활동 이전에 다음의 3단계 'C-B-A' 프리샷 루틴을 실행하며 '마음에서 벗어나 감각에 주목'하자.

1. 확신에 대한 신호 보내기
2. 몸으로 숨 쉬기
3. 주의 집중하기

1단계: 확신에 대한 신호 보내기

야구팬이라면 1999년 나온 영화 〈사랑을 위하여〉*For Love of the Game*를 기억할 것이다. 영화 속에서 케빈 코스트너는 나이 들어가는 메이저리그 투수로서 상대팀 팬으로 가득한 원정 경기에 나선다. 코스트너는 영화 전반에 걸쳐 계속해서 타자를 맞이하면서 투구하기 전에 정신적 루틴을 활용한다. 그는 자신에게 이렇게 말한다. '메커니즘은 잊어라.' 내면에서 우러나온 개인적인 문장을 되뇌면서 그는 열성적인 팬들의 야유와 조롱에서 벗어나 피칭에만 집중한다. 프리샷이나 사전 루틴으로 시작할 수 있는 짧지만 강력한 문장은 자기 자신의 확신에 '신호를 준다'^{cue}. 여기서 'cue'는 '자극제로서 기능한다'라는 뜻이다. 루틴의 첫 번째 단계에서는 자신이 신뢰와 확신의 상태로 진입해 결단력이 당장 모습을 드러내도록 자극한다.

큐 단어 활용법은 스포츠 심리학에서 체계적으로 만들어진 훈련 법으로, 주의를 통제하고, 기분이나 감정을 관리하며, 3장에서 살펴본 것처럼 지속적으로 노력할 수 있게 만들어주는 효과적인 방법이다. 스포츠 심리학 연구는 다양한 종목(테니스, 피겨, 스케이팅, 스키, 단거리 경주, 골프, 라크로스, 레슬링, 농구, 하키)에서 초심자와 전문 선수를 대상으로 큐 단어 활용법의 효과를 입증했다. 이 연구에 참여한 선수들은 "부드럽고 매끄럽게"(골프)나 "폭발시켜라"(단거리 경주)처럼 단순한 큐 단어나 문구를 활용함으로써 움직임에 관한 생각에 얽매이거나 경기 결과에 집착하는 대신 실질적으로 도움 되는 행동 측면에 계속해서 집중할 수 있었다.

연구 결과는 프리샷이나 사전 루틴이 짧고 강력한 표현으로 시작해야 한다는 사실을 말해준다. 우선 짧아야 한다. 경기 중에는 시간이 많지 않기 때문이다. 그리고 강력해야 한다. 지금 이 순간에 자신의 최고 모습을 드러내야 하기 때문이다. 또 하나의 표현이어야 한다. 경기 당일에 그 표현을 계속해서 따라야 하기 때문이다. 내 고객들이 경기나 경주 혹은 업무 과정에서 첫 번째 단계로 활용하는 짧고 강력한 신호의 사례를 소개한다.

> 이것은 내가 하는 일이다!(NHL 선수)
>
> 벽이 되어라!(NCAA 라크로스 골리)
>
> 편안하게, 그리고 폭발적으로!(NFL 선수)
>
> 다 알고 있는 것처럼 해라!(슈퍼볼 MVP)
>
> 열어젖혀라!(NCAA 축구선수)
>
> 기회가 왔다!(투자 자문)
>
> 내가 그 일을 해냈다!(육군 전투 다이버 지원자)
>
> 떠날 시간이 왔다!(올림픽 대표팀 선발전에 나선 마라톤 선수)
>
> 나는 제1사단 기갑요원이다!(새로 부임한 대대 지휘관)

우리는 잘해내겠다는 다짐을 자극하고 강화하는 모든 표현을 활용할 수 있다. 여기서도 확언을 설정할 때와 같은 지침을 따르자. 긍정적인 표현일 것("골을 허용하지 말 것"이 아니라 "벽이 되어라!"). 현재 시제일 것("나는 제1사단 기갑요원이 될 것이다"가 아니라 "나는 제1사단 기갑요원이다"). 강력한 표현일 것("나는 준비되기를 원한다"가 아니라 "내가 그 일을 해냈다!"). 또 자신이 추구하는 결과가 아니라 성공 과정에 초점을 맞춘 신호를 활용해야 한다는 점에 유의하자. 자신이 추구하는 결과가 아니라 지금 그 순간에 해야 하고 되어야 하는 것에 집중하자. 가령 마라톤 선수라면 "세 시간의 기록을 깰 것이다"보다 "떠날 시간이 왔다"라는 표현이 효과적이다. 수영 슈퍼스타 마이클 펠프스를 오랫동안 코치한 마이크 보우먼Mike Bowman은 그 차이의 중요성을 이렇게 설명했다.

"누구나 이렇게 생각하고 싶어 하지 않을 겁니다. '이건 내가 정말 열심히 노력해온 일이다.' 성공 과정에 절대적으로 주목해야 할 때 우리는 오직 최종 결과에만 집중하기 때문입니다. 예전에 훌륭한 강의를 들은 일이 있습니다. 강사는 올림픽에 출전한 여성 피겨 선수 두 명을 보여줬습니다. 러시아 선수와 미국 선수가 금메달을 놓고 경쟁을 벌이고 있었습니다. 그 영상에서는 코치와 선수들이 금메달을 결정지을 마지막 무대를 앞두고 있었습니다. 먼저 미국 코치가 자기 선수에게 다가가 이렇게 말했습니다. '이건 네가 그토록 열심히 노력해온 일이야.' 선수 얼굴에는 긴장한 기색이 역력했습니다. 결과에 대한 집중은 각성 수준을 높입니다. '이번 대결에서 기회를 잡는다면 반드시 이길 거야'와 같은 말은 선수의 각성 수준을 높입니다. 물론 그런 말이 도움 될 때가 있습니다. 하지만 미국 선수는 분명하게도 이미 긴장해 있었고, 그런데도 코치는 이렇게 말했습니다. '이건 네가 그토록 열심히 노력해온 일이야.' 그러고 나서 두 사람은 하이파이브를 시도했지만 빗나가고 말았습니다! 지나치게 긴장하고 있다는 신호였죠. 그런 상태에서는 결코 제 기량을 발휘할 수 없습니다. 그 선수는 빙판으로 나섰고 무대는 끔찍했습니다. 다음 영상에서는 러시아 코치와 선수가 등장했습니다. 두 사람은 별로 중요하지 않은 일로 잡담을 나누고 있었습니다. 코치는 선수에게 첫 번째 점프에서 해야 할 일과 관련해 사소한 기술적인 조언을 건넸습니다. 선수의 표정은 분명히 편안해 보였습니다. 과정에 대한 이야기는 각성 수준을 낮춰주기 때문이죠. 우리도 선수들에게 그렇게 대합니다. 행복하고 기분 좋은 상태에 있는 선수는 긴장하고 심각한 상태의 선수를 늘 넘어섭니다."

특정한 행동을 수행하거나 특정한 느낌을 갖도록 만들어주는 신호를 선택하자. 어떤 신호를 반복할 때마다 자신이 충분하며 정말 '부자'라고 위안받는다면 도움이 되는 신호를 제대로 선택한 것이다.

2단계: 몸으로 숨 쉬기

강력한 표현을 선택하고 거기에서 용기를 받았다면 편안하게 심호흡해 그 느낌이 몸 전체에 고루 퍼지도록 하자. 예전에 어머니나 할머니들은 뭔가를 시작하기 전에 "숨을 크게 쉬어라"라고 말씀하셨다. 그 말씀은 틀리지 않다. 하지만 그게 왜 좋은 생각인지, 효과적인 호흡은 정확히 어떻게 하는지는 아마도 모르셨을 것이다. 우리는 호흡을 그저 당연한 것으로 생각한다. 그리고 효과적인 호흡이 성과를 높이는 기술이 될 수 있다는 사실을 이해하는 사람은 많지 않다. 효과적으로 호흡하는 방법을 배우고 이를 자신의 정기적인 훈련에 통합하려는 사람은 더 적다. 이제 효과적인 호흡이 가져다주는 몇 가지 장점을 사전 루틴의 두 번째 단계에서 살펴보자.

호흡은 지금 이 순간에 집중하게 만든다. 의식적이고 올바르게 호흡할 때 우리는 과거와 미래에서 벗어나 '지금 이 순간'에 존재하게 된다.

호흡은 부정적인 생각과 자기 의심을 떨치게 만든다. 올바른 호흡은 과거의 실패나 인간의 불완전함에 따른 사건의 기억을 '날리게' 한다.

호흡은 신체 에너지 수준을 끌어올린다. 심호흡은 산소가 혈류로 들어오게 하며 젖산을 누적시키는 이산화탄소를 배출한다.

호흡은 경쟁적인 생각이 수없이 뒤섞인 마음을 단일한 목표에 집중하게 한다.

호흡은 다양한 상황에서 개인의 통제력을 높인다. 의식적이고 올바르게 호흡할 때 우리는 점수나 상대, 경기 상황이 아니라 자신의 마음 상태를 통제할 수 있다.

이 모든 장점으로도 스크럼 라인에 다가가고, 출발선에 자리 잡고, 협상장으로 들어설 때 올바른 호흡의 중요성을 다시 한 번 생각하기에 충분하지 않다면 가라테 마스터 츠토무 오시마가 한 말에 주의를 기울여보자. "호흡은 의식과 무의식을 결합하는 접착제이다." 이 말은 과학적인 차원에서도 타당하다. 호흡은 우리가 의식적으로 통제할 수 있는 동시에 무의식적인 상태에서도 문제없이 작동하는 유일한 활동이다. 호흡에 관여하는 근육에 이중 통제 장치가 있기 때문이다. 그중 하나는 수의 신경계voluntary nervous system에서 비롯하는 것으로, 이는 우리가 치즈버거나 베지버거를 선택할 때 활용하는 신경계이다. 다른 하나는 자율 신경계autonomic nervous system에서 비롯하는 것으로, 버거를 먹을 때 그 음식에서 영양소를 추출하고 소화시키기 위해 자동적으로 작동하는 신경계이다. 여기에는 중요한 의미가 담겨 있다. 우리는 의식적인 호흡을 통해 혈압이나 심박 수처럼 자율적이고 비자발적인 기능에 영향을 미칠 수 있다. 또 호흡은 자신의 성과에 대한 의식적인(분석적인, 기계적인, 판단적인, 자기 비판적인) 통제에서 무의식적인(자율적인, 수용적인, 신뢰하는) 통제로 이전하는 데 영향을 미칠 수 있다. 그렇기 때문에 무의식, 즉 '마음에서 벗어나 감각에 집중할 때' 다가설 수 있는 방대한 역량의 창고에 있는 자신의 능력과 기술, 마법을 활용하고자 한다면 올바른 호흡은 활동에 관계없이 취해야 할 중요한 단계이다. 벨리사 브래니치Belisa Vranich는 자신의 훌륭한 책 『전사를 위한 호흡법』Breathing for Warriors에 이렇게 썼다. "호흡에 집중한다는 것은 두뇌의 방해를 받지 않고서 내 몸이 알고 있고 훈련해온 것을 활용한다는 의미이다."

우리는 공기를 들이마시고 폐 밖으로 내보내기 위해 두 가지 강력한 근육을 조합해 활용한다. 그렇다. 근육이다! **호흡은 근육의 활동이다!** 일반적인 생각과 달리 폐는 스스로 호흡하거나 호흡 과정을 통제하지 않는다. 폐는 두 개의 거대한 '주머니'일 뿐이다. 이 주머니는 호흡에 관여하는 근육이 가하는 압력에 따라 팽창하거나 수축한다. 공기를 들이마시는 폐의 팽창은 **들숨 근육**, 즉 폐와 위 사이에 자리해 흉강과 복강을 구분하는 횡격막과 갈비뼈 사이에 자리한 늑간

근이 수축해 이뤄진다. 이 근육들이 수축하면서 위와 창자를 내리눌러 흉강을 확장하고(횡경막), 갈비뼈를 바깥쪽 방향으로 들어 올린다 (늑간근). 정확하고 효과적인 들숨은 우리가 흔히 알고 있는 것처럼 어깨를 들어 올리는, '위를 향하는' 느낌이 아니라 배를 부풀어 오르게 만드는, '아래와 바깥쪽'의 느낌이다. 다음으로 공기를 밖으로 내보내는 폐의 수축은 **날숨 근육**, 즉 전면과 측면에 자리한 복근과 사복근에 의해 이뤄진다. 이 근육들이 수축하면서(그리고 들숨 근육이 이완되면서) 위와 창자를 위쪽과 안쪽으로 밀고, 갈비뼈를 안쪽으로 밀어내 흉강을 줄어들게 만든다. 올바르고 효과적인 날숨은 복근을 조이고 배를 수축시키는 '위와 안으로'의 느낌이다. 이처럼 두 근육이 부드럽게 협력할 때 폐가 최적한 형태로 팽창하고 수축하며 공기가 들고 나게 된다.

지금 의자에 앉거나 편안하게 선 자세로 시작해보자. 먼저 복근과 사복근을 척추 방향으로 조이면서 공기가 밖으로 나가게 하자. 그런 다음 복근을 이완하고 횡경막을 수축하며 숨을 들이쉬자. 공기가 들어올 때 배가 바깥쪽으로 부풀어 오르고 아래쪽 갈비뼈가 위로 올라가는 것을 느껴보자. 이 과정 전체를 서너 번 편안하게 반복하자. 그리고 그 과정에서 편안함을 느껴보자. 이제 우리는 들숨과 날숨에 관여하는 근육들을 활용해 에너지와 기분을 통제해봤으며, 무의식적인 가능성을 열었다. 이 훈련은 인간의 놀라운 호흡 장치를 활용하는 가장 기본적인 단계이다. 주말 골퍼에서 엘리트 군사 전략가에 이르기까지 누구나 호흡 근육을 다른 근육처럼 신중하고 지속적으로 단련함으로써 많은 도움을 얻을 수 있다. 이 근육들과 그 작동 방식을 이해하자. 그러면 힘과 내구력, 집중력이 크게 향상될 것이다.

두세 번 완전히 호흡하고 강력하고 편안한 날숨으로 마무리하면서 1단계의 확언을 따랐다면 지금 이 순간에 대한 통제력을 높일 수 있다. 당신은 1단계 목록으로 돌아가 "알고 있는 것처럼 해라" 혹은 "벽이 되자"고 결정했다. 이때 의식적인 호흡은 그런 확신이 몸 전체로 퍼져나가도록 돕는다.

3단계: 주의 집중하기

이제 루틴을 완성해야 할 시간이 왔다. 우리는 확신에 대한 신호를 보내고, 호흡을 통해 현재에 집중함으로써 '마음에서 벗어났다'. 이 두 가지 의식적인 행동을 통해 마음속 잡담과 주의 분산을 치웠다. 이제 주의를 가장 중요한 대상에 놓아 '감각에 집중'해야 한다. 가령 테니스 경기에서 상대방이 서브하려 들고 있는 공, 악기를 들고 서 있을 때 노래 전주의 마지막 음표, 의사 결정에 필요한 데이터가 들어 있는, 눈앞에 놓인 스프레드시트가 그 대상이다. 주의를 이런 '목표물'에 놓아두는 것은 우리가 항상 자신감 있게 과제를 수행하게 하는 사전 루틴의 마지막 단계이다.

'주의를 집중한다'라는 표현이 공식적인 연구를 필요로 하는 복잡한 심리학적 과제처럼 들린다면 절대 그렇지 않으니 안심하자. 이 말은 그저 자신이 해야 할 일에 대해 스스로 매혹된 상태로 내버려둔다는 뜻이다. 다시 말해 자기 앞이나 주변에 놓여 있는 것, 자신이 수행하고 있는 활동이 몹시 궁금하고 흥미로워 온 감각이 거기에 완전히 쏠려 있다는 의미이다. 잠시나마 멈춰 서서 아름다운 석양을 바라본 적 있다면 스스로 무언가에 매혹되도록 내버려둔다라는 말의 의미를 이해할 것이다. 이런 매혹은 '마음에서 벗어나는' 전환의 과정을 완성하고, 성과를 올려야 할 바로 이곳으로 자신을 완전하게 데려온다.

타이거 우즈는 2004년 공식 발매된 DVD 컬렉션에서 자신의 샷에 완전히 '몰두하고 집중할 때' 주변 소음과 내면의 생각이 모두 사라지는 경험에 대해 솔직하게 말했다. "마치 제가 자리에서 물러나고 무의식이 그 자리를 차지하는 느낌이 듭니다." 이는 판단과 자기비판이 일어나는 마음의 일부가 '사라지고' 무의식적인 존재가 모습을 드러내는 과정에 대한 증언이다. DVD 컬렉션을 제작하기 위해 당시 인터뷰가 진행될 때, 타이거 우즈는 골프 세계 챔피언으로서 새로운 기록을 수립하고 있었다(연속 264주 1위).

테니스 서브를 받아야 할 순간인가? 상대가 공을 던져 올릴 때 그 공에 스스로 매혹되자. 강의에서 다음 부분으로 넘어가려 하는가? 거기서 해야 하는 모든 말에 스스로 매혹되자. 경주에서 속도가 느려지면서 뒤처지기 시작하는가? 보폭의 꾸준한 리듬과 어깨의 흔들림 혹은 모든 중요한 호흡 근육의 움직임에 스스로 매혹되자.

목표 대상에 매혹을 느끼는 다양한 사례 중 미국 올림픽 봅슬레이 선수 더그 샤프Doug Sharp의 경우를 빼놓을 수 없을 것이다. 첫 만남에서 강렬한 인상을 주는 사람이 있다. 더그 샤프는 바로 그런 사람이다. 177센티미터 키에 93킬로그램 몸무게, 진한 푸른색 눈동자, 그리고 근육으로 다져진 몸매는 살아 있는 슈퍼히어로라는 인상을 준다. 더그 샤프를 비롯해 미 육군 월드클래스 스포츠 프로그램 봅슬레이 그룹 회원들에게 내가 누군지, 무슨 일을 어떤 방식으로 하는지 설명하고 나자 그는 나를 뚫어지게 바라보며 이렇게 말했다. "저희에게 시간을 얼마나 할애해주실 수 있나요?" 나는 곧 샤피(더그 샤프의 별명)가 대학 시절 전국 순위에 이름을 올린 장대높이뛰기 선수였으며, 올림픽 대표팀 선발전에서 평정심을 잃고 실력을 제대로 발휘하지 못한 전력이 있다는 사실을 알게 되었다. 당시 그는 마음이 자신에게서 달아나도록 방치해 기회를 놓쳤다. 그러나 이제 스포츠 심리학으로부터 도움받을 수 있는 기회가 찾아왔다는 사실을 깨달았다.

나는 이후 14개월 동안 더그 샤프와 그의 동료이자 현 올림픽 봅슬레이 프로그램 수석 코치 마이크 콘Mike Kohn, 자신의 네 번째 올림픽팀을 위해 훈련 중인 브라이언 쉬머Brian Shimer와 많은 시간을 보냈다. 그들은 어려움이 많은데도 자신에게서 최고의 모습을 발견하고 인상적인 심리적 계좌를 구축하는 법을 배웠다. 그리고 2001년 12월 샤프와 콘, 쉬머 그리고 댄 스틸로 구성된 팀은 미국 올림픽 봅슬레이팀들 중 두 번째 자리를 차지했다.

그리고 두 달 뒤 제19회 동계올림픽이 열렸다. 첫날 2차 시기까지 마친 뒤 샤프팀은 5위를 기록했다. 메달권에 들 것이라 기대받지 못한 팀으로서는 꽤 좋은 성적이었다. 그들 바로 뒤인 6위에는 메달 유망주인 강력한 독일 1위 팀이 자리하고 있었다.

두 번째이자 마지막 시합일 아침 나는 더그 샤프와 유타주 솔트레이크시티 올림픽 빌리지 근처에 있는 팬케이크 레스토랑으로 식사하러 갔다. 그날 저녁 더그와 그의 팀은 두 번 경주하게 될 것이었다. 그건 메달을 따기 위한 두 번의 기회였다. 아직까지 미국 봅슬레이 팀은 46년의 세월 동안 한 번도 메달을 따지 못했지만 더그는 분명하게도 자신의 팀이 메달을 딸 수 있다고 대단히 진지하게 생각하고 있었다. 그의 정신적 필터는 자신의 팀이 독일 1위 팀을 앞서고 있으며, 4위 스위스팀과의 격차는 0.01초에 불과하다는 사실을 완전히 받아들였다. 종업원이 음식을 가져왔을 때 나는 샤프에게 이렇게 말했다. "샤프, 이제 여기까지 왔군요." 더그는 아무도 듣고 있지 않다는 사실을 확인하려는 듯 주위를 둘러보더니 와플과 오믈렛 쪽으로 몸을 기울였다. 그의 눈은 더 밝게 빛났다. 그는 나직하고도 흥분된 목소리로 이렇게 말했다. "박사님, 우린 지금 그토록 원했던 곳에 와 있어요. 기분이 최고입니다. 그리고 행운이 약간 따라준다면 우리는 메달을 딸 겁니다!" 그때 나는 더그가 첫 번째 승리를 거뒀다는 사실을 알았다.

몇 시간 뒤 더그 샤프와 그의 미국 봅슬레이 팀원들은 그들이 그토록 원했던 기회를 잡았다. 6위 독일팀 드라이버가 다리에 부상을 입으면서 기권하겠다고 발표했기 때문이다. 가능성의 문은 더욱 활짝 열렸고, 미국 봅슬레이팀은 그 안으로 과감하게 뛰어들었다. 그날 저녁 전 세계가 지켜보는 가운데 더그 팀은 두 번의 최고 질주를 보였다. 출발이 대단히 좋았고 드라이버인 브라이언 쉬머는 봅슬레이를 미친 듯이 몰았다. 그들은 독일팀이 포기해 열린 작은 기회의 문을 충분히 활용했고, 첫날 2위와 4위를 차지했던 두 스위스팀을 따라잡았다. 결국 더그 팀은 동메달을 따면서 미국 봅슬레이 역사상 46년간의 메달 가뭄을 끝냈고, 가망 없다고 푸념했던 평론가들이 입 다물게 만들었다.

팬케이크 레스토랑에서 샤프와 이야기를 나눈 이후 나는 '조금의 행운이라도 모색하는' 방법을 모든 정신적인 준비와 정신적인 강인함 훈련의 일부로 권하고 있다. 조금의 행운이라도 모색하는 방법은 C-B-A 사전 루틴에서 'A'에 해당한다. 이는 두 가지 중요한 방식으로 도움을 준다. 첫째, 조금의 행운이라도 모색한다는 말은 그 정의상 자신의 주의를 외부로 향하게 하고 있다는 점을 뜻한다. 즉, 외부 세상을 둘러보면서 도움이 될 만한 모든 것을 찾고 있다는 뜻이다. 둘째, 조금의 행운이라도 모색한다는 말은 일단 발견했을 때 자신에게 유리하게 활용할 수 있는 '행운'이 외부 세상에 존재한다는 확신을 어느 정도 갖고 움직인다는 의미이다. 이렇게 생각해보자. 뭔가가 세상에 존재하지 않거나 절대 발견할 수 없다고 생각할 때, 우리는 그것을 찾으려 애쓰지 않을 것이다. 우리가 뭔가를 찾고 있다는 사실은 사소하고도 중요한 낙관주의의 표현으로, "나는 운이 없어" 혹은 "오늘은 재수가 없어"처럼 대단히 일반적인 느낌과는 분명히 대조된다. 승리와 패배, 성공과 실패를 구분하는 차이가 종종 어처구니없을 정도로 미미하다는 사실을 감안할 때, 아주 작은 행운이나 작은 기회라도 얼마든지 엄청난 차이를 만들어낼 수 있다. 그러나 샤프가 그랬던 것처럼 행운을 적극적으로 찾고 달려들려고 하지 않는다면 그런 행운을 활용하는 것은 고사하고 발견할 수조차 없을 것이다.

독일 봅슬레이 선수의 다리 부상에 해당하는 사건을 당신이 활동하는 세상에서 찾을 수 있을까? 어떤 작은 변화가 '약간의 행운'으로 작용할 수 있을까? 잠재 고객의 미묘한 끄덕임? 스프레드시트에서 보이는 데이터 흐름? 당신이 가장 잘 이해한 장에서 역사 선생님이 기말고사 문제를 냈다는 사실? 당신은 지금 이런 '사소한 행운'을 찾고 있는가? 어떤 거대한 행운이 갑자기 자신을 찾아오기를 기다리지 말자. 작은 행운을 모색하고 발견했을 때 적극적으로 잡자.

주의와 집중을 통제하는 일은 힘들고 복잡하다는 생각은 흔한 오해에 지나지 않는다. 주의를 가장 중요한 대상에 집중하는 능력, 즉 그런 대상에 매혹되는 능력은 인간의 자연스러운 특성이다. 우리가 이미 갖고 있으며, 활용할 때마다 계속해서 강화되는 능력이다. 소셜 미디어와 온라인 뉴스가 매일 24시간 정보의 폭격을 가하는 끊임없는 주의 분산 시대는 우리가 주의를 제대로 통제할 수 없다고 인식하도록 만들었다. 하지만 자신의 생각과 주의를 통제하는 과제는 첫 번째 승리를 거두기 위한 핵심이다. 우리는 주변에서 무슨 일이 벌어지든 통제력을 회복할 수 있다. 행동의 결과에 주의를 놓아둘 것인지, 아니면 행동을 하는 과정에 놓아둘 것인지는 매 순간 우리의 선택에 달렸다. 우리는 특정 시점에서 가장 중요한 대상이나 도움이 될 만한 대상에 주의를 집중하고 자신이 선택한 대상에 감각을 집중시킬 수 있다. 훈련 기술을 실행하기 전에, 수영 대회 예선을 치르기 전에, 회의실에 들어서기 전에 자신만의 C-B-A 버전을 실행함으로써 언제나 첫 번째 승리를 거둘 수 있다.

성과를 올리기 위한 대부분 활동은 회복과 준비로 구분된 일련의 순간으로 구성된다. 풋볼이 대표적 사례이다. 풋볼 경기는 5초간의 격렬한 움직임과 이후 이어지는 25초간(때로는 몇 분간)의 숙고와 준비 단계, 그리고 다시 5초의 격렬한 움직임으로 이어지는 스포츠이다. 이는 일련의 시작과 멈춤으로 구성된다. 승리를 위해 터치다운을 노리는 공격수가 할 일은 마지막 플레이에서 무슨 일이 벌어졌든, 이전 공격에서 당신의 팀에 무슨 일이 벌어졌든, 지금 상대팀과 마지막 경기를 치렀을 때 무슨 일이 벌어졌든 간에 공을 잡기 전에 첫 번째 승리를 거두는 것이다. 경기 전반에 걸쳐 '프리스냅'presnap 루틴, 즉 사전 루틴을 60회 실행함으로써 자신이 원하는 확신의 상태를 유지할 수 있다. 여기서 수년간 풋볼 선수 수십 명에게 가르쳐 온 '준비-읽기-반응'Ready-Read-React 루틴을 소개하고자 한다. 이 **지속적인 정신적 도구**는 확신을 구축하기 위한 '준비'와 확신을 강화하는 '호흡', 그리고 공을 잡기 전에 올바른 목표물에 감각을 집중하는 '주목'으로 구성된다.

　　작전 회의에서－준비

　　　　쿼터백이 플레이를 외치는 소리 듣기

　　　　내가 맡은 상대 선수를 '바라보기'

　　　　경기의 마지막 결과를 '바라보기'(나아간 거리 혹은 첫 번째 다운)

　　　　"제자리에!"에서 손뼉 치기

　　　　'대가를 치르게 해주겠어'라는 마음으로 라인에 들어서기

　　라인에서－읽기

　　　　다리를 벌리고, 센터의 콜을 듣고, 자세를 잡으면서 숨 내쉬기

　　　　숨을 들이쉬면서 상대 라인맨과 라인배커 위치 파악하기

　　　　숨을 내쉬면서 블로킹 콜을 하고, 가드에 귀 기울이고, 콜 확인하기

　　　　시야를 주변으로 넓히기

　　　　'그가 내 시야에 들어오게 하기'(내가 맡은 상대 선수에게 집중한다)

　　　　카운트 듣기

스냅 카운트에서—반응

쿼터백의 목소리에 맞춰 폭발적으로 움직이기

하키 또한 시작과 멈춤 그리고 휴식 시간으로 구분되는 다양한 '활동'으로 이뤄지는 경기이다. 우리가 6장에서 만나본 NHL 베테랑 다니엘 브리에르는 벤치에 앉아 있는 90초로 구분되는 45초간의 시프트로 경기에서 총 15~20분을 뛴다. 그 90초 동안 브리에르는 '시프트 사이' 루틴을 따르며, 이는 개인적인 C-B-A로 끝난다. 브리에르가 시프트에서 벤치로 돌아왔을 때 사용하는 **지속적인 정신적 도구**, 즉 그의 루틴은 다음과 같다.

1단계: 10초, 마지막 시프트에 관해 코치에게서 이야기를 듣는다.

2단계: 10초, 실수를 '털고' 성공에 '주목한다'.

3단계: 30초, 3~5회 길고 느리게 호흡하며 재충전한다.

4단계: 30초, 경기에 집중하고, 퍽을 주시하고, 경기 상황을 파악한다.

5단계: 10초, 열정을 불어넣는다!

확신에 대한 신호: '싸우자!'

호흡하면서 이완하기

주의를 얼음 위에 놓기—'외부 바라보기'

대니 브리에르는 '싸움'에 대한 확신을 다지고, 호흡법을 통해 몸에 활력을 불어넣는 동시에 이완시키고, 감각은 얼음에 집중하면서 확신에 가득 찬 상태로 다음 시프트를 시작한다.

신경외과 의사 맥러플린 박사 역시 수술할 때 멈춤과 재시작을 반복한다. 이 일련의 단계는 모두 확신과 에너지의 재확인을 요구한다. 풋볼 경기가 4쿼터, 체스 게임이 시작과 중간, 마무리로 나뉘어 있듯 외과 수술 역시 여러 단계로 나뉘어 있다. 맥러플린 박사는 각 단계를 거치면서 자신의 C-B-A를 따른다. 잠시 숨을 고르고 자신이 전체 과정 중 어디에 와 있는지 확인한 다음 자신이 말하는 "인식적 지배"cognitive dominance를 의식적으로 재확인한다. 이는 수술의 다음 단계로 이동하는 일에 대한 개인적인 확실성 인식을 말한다. 그리고 '지배'는 각 단계에서 긍정적인 생각C으로 시작된다. 다음으로 완전한 호흡B이 이어지고, 다시 수술 전반에 걸쳐 해부 및 장비에 대한 의식적인 집중A으로 이어진다. 종종 그러듯(그의 최장 수술 기록은 열여덟 시간이다) 한 번에 몇 시간에 걸쳐 수술을 진행할 때 맥러플린은 이처럼 짧은 단계를 통해 규칙적으로 C-B-A를 실행함으로써 각성과 집중 그리고 확신을 유지한다.

압박하에서 루틴 유지하기

C-B-A는 간단하지만 힘든 순간의 열기와 압박감 아래서도 효과를 발휘한다. 이를 위해 무엇보다 중요한 것은 진실의 순간을 직면했을 때 내릴 수 있는 모든 선택 중 자신 있는 마음과 이완되고 활력 넘치는 신체, 집중된 감각을 기반으로 한 선택이야말로 언제나 최고의 성공 가능성을 선사한다는 사실을 이해하는 것이다. 성과가 중요할수록 걱정과 의심, 두려움 그리고 최고의 모습을 보여주지 못하도록 방해하는 모든 것에서 벗어나려는 노력이 중요하다. 흔히 중요한 과제일수록 실행하는 동안 더욱 경계하고, 신중하고, '많이 생각'해야 한다고 오해한다. 하지만 이 장 전반에 걸쳐 살펴봤듯 높은 성과를 주제로 한 객관적인 신경과학, 그리고 성과의 중요한 순간에 뛰어든 사람들의 주관적인 경험은 모두 많은 생각이 아니라 정보에 기반을 둔 본능의 과제 집중적 상태에 손을 들어준다. 우리는 충분히 훈련했기 때문에 이런 상태에서 무엇을 하는지 잘 이해하며, 비교적 자동적이고 무의식적으로 과제를 수행하게 된다.

대부분 사람이 자신이 원하는, 정보에 기반을 둔 본능의 상태에서 이탈하는 요인은 '압박'에 대한 오해이다. 우리는 모두 이런 말을 듣는다. "압력이 다이아몬드를 만든다." "우리를 죽이지 못하는 것은 우리를 더 강하게 만든다." "물에 빠진 사람이 공기를 갈망하듯 성공을 갈망할 때 비로소 성공한다." 당신은 (승리와 승진, 성공을) "갈망해야 한다"는 말을 얼마나 자주 듣는가? 또 무언가 자신에게 정말 중요하다면 반드시 그것을 성취하는 방법을 찾을 것이라는 이야기를 얼마나 자주 듣는가? 우리가 살아가는 성공 중심의 세상은 우리에게 명시적이고 암묵적으로 자신을 더 밀어붙이라고, 더 많이 '갈망하라고', 개인적으로 급박하고 중요한 목표를 일상적인 과제와 핵심적인 성과 속으로 집어넣으라고 끊임없이 재촉한다.

나는 이와 상반되는 관점을 제시하고자 한다. 실제로 압력은 "다이아몬드를 만든다." 그리고 다이아몬드가 완성되고 아름답게 빛을 발하기 시작하면 당신은 그것을 아주 조심스럽게 다루고, 아름다움을 감상할 수 있는 장소에 놓아둔다. 그러나 그것을 더 압착할 수는 없다. 그저 아름답게 빛나도록 내버려둘 수밖에 없다. 고된 훈련은 실제로 우리는 더욱 강하게 만든다. 하지만 그런 강함을 드러내야 할 때 우리는 압박감으로 지치거나 혼란을 느끼고 실력을 제대로 발휘하지 못하길 원치 않는다. 물에 빠진 사람은 분명히 공기를 갈망할 테지만 일단 물 밖으로 고개를 내밀어 숨 쉬게 되면 그렇게 힘들여 공기를 들이마시지 않아도 된다. 만약 그 사람이 물가로 나온 뒤에도 계속해서 오랫동안 크게 숨을 들이마신다면 혈중 이산화탄소 수치가 떨어지면서 결국 뇌로 이어지는 혈관이 수축되어 기절하고 말 것이다. 그래서 우리에게는 다른 관점이 필요하다. '압박'은 우리가 스포츠 종목이나 전문 분야에서 더 잘할 수 있도록 돕는다. 하지만 올바른 시점과 장소에 적용했을 때만 그렇다. 그 시점과 장소는 바로 훈련과 연습이다. 훈련과 연습을 하는 동안 우리는 자신을 충분히 강하게 밀어붙이고, 역량을 개발하기 위해 목표를 진심으로 "갈망해야 한다." 하지만 준비 기간이 지나고 실력을 발휘해야 할 시간이 찾아왔을 때 자신을 압박하는 것, 지금의 과제를 잘해내는 것이 얼마나 중요한지에 사로잡혀 있는 것, 목표를 지독히 "갈망하는 것"은 오히려 자신에게 불리하게 작용한다. 왜일까? (1) 자신의 정신적 대역폭을 갉아먹음으로써 성과를 위한 경기장에서 실제로 무슨 일이 벌어지고 있는지 알아차리지 못하게 하고 (2) 걱정으로 이어지는 문을 열어놓고('만약에 하지 못하면…') (3) 감정을 과잉 상태로 몰아가 근육에 불필요한 긴장을 유발하기 때문이다. 자율신경계는 우리에게 자연스럽게 관여함으로써 우리가 필요로 하는 모든 에너지와 집중을 만들어낸다. 그래서 우리는 성과에 집착하지 않으면서 자신을 성공 주기로 밀어 넣어 첫 번째 승리를 거둘 수 있다. '이것은 중요하다/정말 중요하다/지금이 아니면 안 된다/여기서 완벽해야 한다'라는 생각보다 '멋지게 실력을 발휘하고/중요한 게임을 승리로 이끌고/중요한 고객을 유치하고/즐거운 시간을 보낼 기회가 왔다'라는 생각이 실질적으로 더 많이 도움 된다.

해야 할 일의 중요성을 지나치게 과장하거나 부풀려서 말할 때, 각성은 몸이 자연스럽게 형성하는 정도를 넘어서 위험한 수준까지 오른다. 이런 상태는 긴장을 유발하며, 긴장은 실력 발휘를 방해한다. 첫 번째 승리 중 가장 중요한 것은 자신이 하는 일을 지나치게 중요하게 바라보려는 유혹, 즉 중요한 순간에 실력 발휘를 방해할 정도로 결과에 과도하게 집착하려는 유혹에 대한 승리일 것이다. 그렇다. 경기는 중요하다. 그렇다. 인터뷰, 회의, 협상, 공연, 수술 모두 중요하다. 하지만 중요한 과제에서 성공하기 위한 비결은 중요함에 대한 인식을 적절한 수준으로 유지하는 일이다. 이는 실제로 성과의 중요성을 오히려 **낮추는** 일이다. '이건 내가 그동안 열심히 연구한, 많은 것을 희생해야만 했던 일이야'라는 생각에서 한 발짝 물러나 **자신에 대한 압박감을 덜어내는 일**이다. 레슬링 선수 헬렌 마룰리스는 이런 개념을 보그닷컴 영상 '올림픽 레슬링 선수 헬렌 마룰리스가 소녀처럼 싸우다'에서 아름답게 표현했다. 그녀는 이렇게 말했다. "가장 자유로운 상태에서 레슬링하기 위해 시합 전 거의 모든 꿈을 포기합니다." 그녀는 시합 전에 종종 '가장 긍정적이고 행복한 노래를 흥얼거린다'. 신경외과 의사 맥러플린은 그의 스승이자 신경외과계 거물인 피터 사네타가 가장 복잡하고 위험한 수술 단계에서 계속해서 노래를 흥얼거렸다는 사실을 떠올리며 힘들고 오랜 수술 시간 동안 효과적으로 움직였다. 그리고 명예의 전당에 입성한 야구 감독 케이시 스텐걸Casey Stengel은 루에 주자가 가득 찼을 때처럼 긴장된 상황에서 타임아웃을 요청하고는 마운드로 올라가 투수의 긴장을 풀어주기 위해 이런 말을 건넸다. "중국의 5억 인구는 지금 여기서 무슨 일이 벌어지는지 아무 관심도 없을 거야." 이 이야기가 실화이든 전설이든 간에 우리는 그 의미에 주목할 필요가 있다. 지고 이

기고, 성공하고 실패하는 데 지나치게 집착해 생긴 긴장감이 자신의 능력치를 최고로 발휘하지 못하게 가로막고 있지는 않은가? 긴장하고 걱정했던 스텡걸의 투수들은 언제나 쉼 버튼을 누르고, '메커니즘을 잊고', 호흡하고 안정을 취함으로써 다시 포수 미트에 집중할 수 있었다. 우리도 마찬가지이다. 수년간 하루에 몇 시간씩 노력했으며, 자신의 성과가 자신은 물론 가족에게 대단히 중요하다 해도 우리는 그 중요성을 얼마든지 균형 있게 바라볼 수 있다. 그런데 어떻게 그럴 수 있을까? 먼저 사안의 중요성을 균형 있게 바라봄으로써 자신에게 최고의 가능성을 선사할 수 있다는 사실을 이해해야 한다.

그래도 당신에게 정말 중요한 일이라면

성과가 중요할수록 걱정과 의심, 두려움, 그리고 최고의 기량을 발휘하지 못하게 가로막는 모든 것으로부터 자신을 벗어나게 만들도록 노력해야 한다. 그럴 때면 결과에 대한 생각에서 **실제로** 한 발짝 물러나야 한다. 결과에 집착할수록 주의는 분산되고, 순간에 쏟아야 할 에너지는 위축되기 때문이다. 그렇기 때문에 구급차 운전자, 경찰관, 소방관, 군인은 물론 세계적인 프로 선수들은 C-B-A와 같은 정신적 루틴을 내면화함으로써 심리적 계좌를 확인하고 확신을 발견하려 노력해야 한다. 여러 차례 이야기했듯 흔히 '중요한' 일일수록 더 신중하고, 조심스럽고, '숙고해야' 한다고 말한다. 그것은 오해이다. 이 장에서 살펴봤듯 높은 성과에 관한 객관적인 신경과학과 높은 성과의 순간에 뛰어든 사람들의 주관적인 경험은 모두 사고 과잉이 아니라 정보에 기반을 둔(자신이 하는 일을 충분히 이해하는) 본능(과제를 수행하는 동안 상대적으로 '자동적이며 무의식적인' 상태)의 과제 중심적 상태에 손을 들어준다. 신중하고, 주의 깊고, '숙고적인' 시간은 준비 단계를 위해 남겨두고, 실행 과정에서는 걱정에서 자유롭고, 단호하며, 적절히 '생각 없는' 상태를 유지하자.

결론

1장을 시작하면서 우리는 지니 스티븐스를 만나봤다. 마지막 순간에 상사의 지시를 받고 기업 부사장들로 가득한 회의실에서 프레젠테이션해야 했던 중견 간부 스티븐스가 당시 C-B-A 루틴으로 무장되어 있었다면 예상치 못한 상황에 더 침착하게 대처할 수 있었을 것이다. 스티븐스의 C-B-A는 어떤 모습이었을까?

> 확신의 신호 보내기
> : '나는 이 제품을 아주 잘 알고 있다. 침착하고 확고한 모습을 보이자.'
> 몸으로 숨 쉬기

: '복근을 조여 숨을 내쉬고 갈비뼈를 벌려 숨을 들이쉬자. 숨을 내쉬면서 어깨를 떨어뜨리고 들이쉬면서 감사하는 마음을 떠올리자. 숨을 내쉬면서…'

주의 집중하기

: '방을 둘러보고, 미소 짓고, 사람들 눈을 쳐다보자.'

최근 지니 스티븐스는 업무를 위해 다양한 C-B-A를 활용하며 한 과제에서 다른 과제로 넘어갈 때마다 의식적으로 작은 첫 번째 승리를 거둔다. 누구든 그렇게 할 수 있다. 자연스런 인간의 능력을 활용해 자신을 인식하고 통제할 수 있다. 최고 성과를 가능하게 하는 올바른 마음 상태에 있는지 인식하고, 첫 번째 승리를 더 많이 거두기 위한 생각과 감정, 감각을 통제할 수 있다.

9장
경기는 계속된다

1,000마일 여행에서 999마일은 절반일 뿐이다.

　─츠토무 오시마

끝났다.

마지막 휘슬이 울렸다. 게임이 끝나고 당신은 경기장을 떠난다.

박수 소리가 잦아든다. 공연이 끝나고 당신은 무대를 내려온다.

하루 일과가 끝나고 당신은 사무실을 나선다.

잠깐… 여기서 끝이 아니다. 아직 하지 않은 일이 남았다. 첫 번째 승리를 쟁취하고 다음 기회에서 제대로 실력을 발휘하고자 한다면 중요한 일이다. 이는 준비, 그리고 지금 막 끝낸 성과에 대한 솔직한 평가로, 군사 용어로는 AAR(After Action Review, 사후 검토)라 한다.

우리가 자신만의 AAR를 실행해 막 끝낸 경기나 공연 혹은 업무에서 이끌어낼 수 있는 교훈을 얻을 때까지 경기와 공연, 업무는 정말 끝난 게 아니다. 이 장에서는 효과적인 AAR 단계를 살펴보면서 당신이 지난 성과에서 최고의 가치를 이끌어내고 최고의 확신으로 다음 기회에 나설 수 있도록 돕고자 한다. 그러나 걱정은 말자. 이는 절대 어려운 과정이 아니다. 또 유니폼을 갈아입거나 집에 도착할 때까지 미뤄놓을 수도 있다. 당신은 아마도 AAR를 수행했다는 사실에 만족할 것이다. 자신을 솔직하게 성찰하며 심리적 계좌를 위해 다음 예금 자원을 발견할 수 있기 때문이다.

효과적인 AAR는 세 가지 질문을 중심으로 하는 세 단계에 따라 이뤄진다. (1) **무엇?** 성과에서 실제로 벌어진 일 (2) **그래서?** 벌어진 일에서 이끌어낼 수 있는 결론 (3) **이제?** 다음번 성과를 위해 유지하고, 새롭게 시작하거나 중단해야 할 것. 그러나 많은 이가 이 단계를 간과하고 그냥 건너뛴다. 사회는 너무 빨리 돌아간다. 경기나 시험 혹은 협상이 끝나면 한 일에 대해, 그 일에서 배울 수 있는 교훈에 대해, 다르게 할 수 있었던 일에 대한 반성 없이 다음 단계로 곧장 넘어간다. 나는 사관학교 생도 수백 명에게 논문과 프로젝트, 중간/기말고사를 준비하고, 실행하고, 평가하는 간단한 과정을 따르도록 조언했다. 생도들은 어느 단계를 가장 많이 건너뛰었을까? 그렇다. 평가 단계, 즉 AAR 단계였다. 그러나 이 단계에서 그들은 시험이나 프로젝트 중 어디서 점수를 얻고 잃었는지, 그리고 그 시험이 자신의 공부 습관에 대해 어떤 이야기를 들려주는지 신중하게 살펴볼 수 있었다. 그러니 평가 단계를 절대 건너뛰지 말자. 이를 통해 심리적 계좌와 그에 따른 확신으로부터 만족감을 얻을 수 있다.

1단계: 무슨 일이 벌어졌는가?

개인(그리고 팀)을 위해 효과적인 AAR은 실제로 벌어진 일을 공평하고 솔직하게 판단하면서 시작된다. 다시 말해, 보편적인 요소(실행과 확신에 대한 전반적인 평가)와 구체적인 요소(최고의 모습과 최악의 모습을 보인 순간)를 판단하며 시작된다. 쉽고 간단하게 들릴지 모르나 이 판단에는 실제로 많은 사람이 약간 머뭇거리는 수준의 솔직함이 필요하다. 여기서 우리는 자신의 가장 날카로운 비판자이자 가장 친한 친구가 된다. 이 두 가지는 서로 다르면서도 중요한 방식에서 유용하다.

다음은 내가 한 고객과 함께 AAR 중 **무엇?** 단계를 진행하면서 활용한 질문이다. 이를 자신에게 던지는 질문의 지침으로 활용하고, 자신의 종목이나 직업 혹은 영역에 적용함으로써 무슨 일이 일어났는지 확인해보자.

결과가 무엇인가? 자신이 받은 점수나 등급 혹은 결과는 무엇인가?

"이기는 것만 중요하다"라는 주장을 인정하지는 않지만(그 말을 했으며 승리의 중요성과 관련해 오해받았던 빈스 롬바르디 역시 그랬다) 결과가 중요하다는 사실을 충분히 이해한다.

얼마나 잘했는가? 자신의 '실행 과정'을 있는 그대로 되돌아보자. 중립적인 관찰자나 카메라는 무엇을 기록했는가?

올바른 마음 상태를 얼마나 잘 유지했는가? 전반적으로 확신, 차분함과 다급함을 올바르게 조합했는가? 전반적으로 첫 번째 승리를 거뒀는가?

과제를 수행하는 동안 C-B-A 루틴을 얼마나 잘 따랐는가? 작은 첫 번째 승리를 얼마나 많이 거뒀는가? 얼마나 자주 현재에 완전히 몰두하고 정보에 기반을 둔 본능에서 움직였는가?

확신 상태에서 벗어난 지점이 어디인가? 벗어났을 때 즉각 회복했는가, 아니면 그대로 스스로 방치했는가?

성과를 실행하는 과정에서 자신이 정말 '지대'에 있다고 느꼈는가?

하이라이트는 어디인가? 비디오카메라로 성과를 실행하는 과정 전체를 촬영했다면 ESPN 스타일의 '하이라이트 영상'에 어떤 순간을 편집해 집어넣겠는가? 심리적 필터로 성과를 걸러내고, 그중 중요한 '순간'을 선택하자. 이를 통해 심리적 계좌를 구축한다!

되돌리고 싶은 순간은 언제인가? 완전히 망친 플레이나 눈에 띄는 실수의 순간이 될 것이다. 그 순간을 객관적으로 바라보고, 인정하며, 인간이자 불완전한 존재인 자신을 용서하자. 실수한 순간에서 교훈을 얻었다면 실수는 더 이상 영향력이 없다. 그 기억은 자연스럽게 사라질 것이다.

AAR에서 이 단계를 진행할 때는 균형을 잡기 위한 행동이 필요하다. 즉, 자기 칭찬과 자기비판 사이에서 균형을 잡는 행동이 필요하다. 그 균형점은 결코 50 대 50이 아니다. 균형점은 상황에 따라 항상 조금씩 달라진다. 가령 패배나 나쁜 성적 혹은 낮은 성과를 검토하고 있다면 균형점은 자기 칭찬 쪽으로 이동한다. 자기 칭찬이 가장 필요한 시점에 우리는 일반적으로 자신을 가장 적게 칭찬한다. 실수와 결함을 무시하라는 뜻은 아니다. 전혀 그렇지 않다. 실패를 바라보되 거기에만 집착하지 말고 그동안 일어났던 작은 성공을 곰곰이 회상하는 데 시간을 '더 많이' 할애하라는 뜻이다. 우리는 쉽게 발견할 수 있는 '쓰레기'보다 이처럼 선택적으로 발견한 '보석'을 중요하게 다뤄야 한다. 숫자로 표현하자면 전체 회상 시간 중 80퍼센트는 '보석'을, 나머지 20퍼센트는 '쓰레기'를 검토하는 데 사용해야 한다. 20퍼센트가 '쓰레기'를 검토하는 데 '충분한' 시간이 아니라고 생각하지 말자. 그 정도면 충분하다. 우리는 심리적 필터를 가동해 그 순간 자신의 심리적 계좌를 보호해야 한다. 이 책 전반에 걸쳐 강조했듯 스스로 기피하거나 두려워하는 것이 아니라 더 많이 원하는 바에 대한 생각과 기억에 지속적으로 주목하는 것은 확신을 구축하고 유지하기 위해 필수적인 과제이다. 그러나 안타깝게도 우리는 특히 좋지 않은 상황이나 실패한 이후 자기비판적이 되는 성향이 강하다. 그리고 이런 성향은 일반적으로 상황을 더 나쁘게 몰아간다.

승리나 전반적으로 성공적인 성과를 검토할 때는 반대로 해야 한다. 승리한 뒤 "이긴 다음 모자의 턱끈을 조인다"라는 사무라이 격언을 상기할 필요가 있다. 승리 이후에는 자연스럽게 긍정적인 감정 상태에 있을 것이다. 그러므로 개인적인 회상의 균형점을 살짝 옮겨 실패한 뒤 자기비판에 할애한 20퍼센트의 시간을 40퍼센트로 늘리는 것이 좋다. 승리한 뒤에는 한동안 그 희열을 누릴 것이다. 하지만 지나치게 긴장이 풀어지는 너무도 인간적인 경향을 경계하는 노력 또한 중요하다.

놀라운 승리를 들여다보든 가슴 아픈 패배를 들여다보든 간에 AAR에서 '무엇이 일어났는가?' 단계는 언제나 좋은 순간과 하이라이트 영상, 노력의 순간과 성공, 심리적 계좌를 구축하는 과정을 기억 속에 집어넣는 일로 마무리해야 한다. 이를 위해서는 원칙이 필요하다! 2장에서 살펴본 '필터링' 기술이 여기서 많은 도움이 될 것이다. 목적과 힘을 새롭게 인식하며 '무엇이 일어났는가?' 단계를 끝내지 않았다면 '경험'은 더 이상 발전하는 데 도움 되지 않을 것이다. 우리의 소중하고 인간적인 자유 의지를 통해 긍정적인 순간을 발견하고 그것을 자랑스럽게 여김으로써 모든 경험에서 뭔가를 얻어내자. 그리고 심리적 계좌를 구축하자!

2단계: 그 일들은 무슨 이야기를 들려주는가?

소크라테스는 이렇게 말했다. "성찰하지 않는 삶은 살아갈 가치가 없다." 이제 더 깊은 자기 성찰의 단계로 넘어갈 시간이다. 여기서는 1단계에서 확인한 모든 사실과 사건을 한층 깊이 들여다본다. 우리는 이제 경기장이나 수술실 혹은 사무실을 떠나 집에 왔다. 그리고 자신의 성취와 실패를 솔직한 마음으로 바라본다. 모든 데이터를 좀 더 신중하게 들여다보자.

> 정보는 지금 성과자로서 우리 자신에게 어떤 이야기를 들려주는가?
> 이번 성과는 어떤 강점과 약점을 드러냈는가?
> 마지막 경기나 공연 혹은 프레젠테이션을 마치고 무엇을 새롭게 깨달았는가?
> 그리고 내가 좋아하는 두 가지 질문, **마지막 성과가 전해주는 교훈은 무엇인가? 이번 성과에서 무엇을 배웠는가?**

이 질문에 대한 대답은 대단히 중요하다. 우리는 그 대답을 통해 자신의 '경기'에서 안정적이고 신뢰할 수 있는 부분은 물론, 자신의 '경기'에서 주의가 필요한 부분을 확인할 수 있다. 예를 들어 쿼터백은 마지막 경기를 돌이켜보며 이런 이야기를 들려줄 수 있을 것이다. "어떻게 되돌아와야 하는지 알고 있습니다. 2점 차는 얼마든지 극복할 수 있습니다. 수비 장면을 돌이켜보면 공을 좀더 빨리 넘겼어야 한다는 생각이 듭니다." 골퍼는 마지막 토너먼트를 돌아보며 이렇게 말할 것이다. "대부분 그린을 정확하게 읽을 수 있습니다. 지금도 바람이 심한 날에 경기하는 걸 좋아하지 않습니다. 웨지 플레이는 경기에서 가장 약한 부분입니다." 2020년 코로나19 바이러스로 격리하는 동안 자신의 성과를 되돌아보는 경영자는 이렇게 말할 것이다. "네트워크 문제와 관련해 초기의 혼란을 해결했습니다. 우리는 원격업무를 통해서도 고객들에게 여전히 좋은 서비스를 제공할 수 있습니다. 저 자신을 좀더 보살펴야 한다고 생각합니다."

이런 깨달음은 성과자로서 우리가 성장하도록 힘을 실어주는 재료이다. 이를 통해 우리는 **유지**해야 할 것을 떠올리고, **새롭게 시작**해야 할 것에 대해 생각하고, **중단**해야 할 것을 확인한다. 또 다음 경기나 프레젠테이션 혹은 업무 과제를 앞두고 개선하거나 준비해야 할 것과 관련해 자신에게 솔직해질 수 있다. 확인한 약점을 해결하기 위해 다음 경기 전에 연습해야 할 기술이 있는가? 다음 프레젠테이션이나 회의 전에 연구하고 공부해야 할 주제가 있는가? 확신을 강화하기 위해 좀더 열심히 훈련해야 할 기술이 있는가? 이런 통찰력으로 무장했다면 3단계는 어렵지 않다.

3단계: 이제 무엇을 해야 하는가?

우리는 지난 성과에서 무슨 일이 일어났는지 알고 있고 그로부터 교훈을 얻었다. 그렇다면 이제 자신이 배운 것과 관련해 무엇을 해야할 것인가? 세 가지가 있겠다.

첫째, 2단계에서 얻은 새로운 깨달음을 모두 3장에서 살펴본 일인칭, 현재 시제 그리고 긍정적인 표현 지침에 따라 문장으로 풀어보자. 가령 쿼터백은 이렇게 할 수 있다. "나는 어떻게 돌아오는지 언제나 알고 있다. 승리를 위해 모든 어려움을 극복한다. 어떤 수비와 맞닥뜨리더라도 정확한 시점에 공을 패스한다." 골프 선수라면 이렇게 할 것이다. "모든 그린을 정확하게 읽는다. 바람이 심한 날씨에도 끝까지 맞선다. 내 웨지 플레이는 매주 나아진다." 회사 임원이라면 이럴 것이다. "나는 사무실 네트워크 문제에 잘 대처한다. 우리는 어떤 환경에서도 고객에게 서비스를 제공할 수 있다. 다른 이들을 챙기기 위해 먼저 나 자신을 보살핀다." 이는 오늘의 확언이자 심리적 계좌를 구축하기 위해 자기 자신에 대해 스스로 들려줄 수 있는 이야기이다.

둘째, 자신에 대한 연구를 시작하자. 역량을 발휘하고, 읽어야 할 자료를 읽고, 다음 성과를 위해 공부해야 할 부분을 들여다보자. 다음 경기를 위해 준비할 시간이 일주일 남았든 다음 과제 준비를 하룻밤 사이에 마쳐야 하든 간에 가장 중요한 것을 위해 그 시간을 활용하자. 현실적으로 투자할 수 있는 노력을 바탕으로 2장에서 살펴본 즉각적인 발전 검토^{IPR} 과정을 활용하자. 다시 말해 각각의 기술을 최고로 실행했던 기억을 확인하고, 최근에 얻은 느낌을 떠올리고, 자신이 연구하는 기사와 장 혹은 보고서에서 힘을 얻자. 투입하는 노력도 중요하지만 그런 노력으로부터 무엇을 얻을 수 있는지, 그런 노력을 통해 자신에 대해 어떻게 느끼는지도 대단히 중요하다! 계속해서 심리적 계좌를 구축해나가자.

셋째, 향후 자신이 스포트라이트를 받는 성공의 순간을 떠올려보자. 개인적인 AAR에서 마지막 단계는 성공에 대한 다짐이다. 다음 날이나 다음 주 혹은 슈퍼볼이나 올림픽에 해당하는 자신만의 경기에서 이룩할 성공을 다짐하자. 지금까지 삶에서 성공과 만족감을 더 많이 얻기 위해 **무엇?, 그래서?, 이제?**에 대답해보았다. 이제 4장에서 만든 자신만의 개인적인 공간으로 돌아가 잠시 성공을 경험하는 자신의 모습을 바라보고, 듣고, 느껴보자. 다음 경기를 이기고, 다음 게임에서 승리하고, 다음 고객을 얻고, 까다로운 논의나 협상에서 성공을 거두는 자신의 모습을 떠올려보자. 이를 통해 더욱 높아진 목적의식, 더욱 단단해진 의지, 그리고 즐거운 '집중'을 확보할 수 있다. 이것은 대단히 소중한 첫 번째 승리이다.

세 가지 의지

버스 기사

버지니아 대학교 박사과정이 막바지에 이르렀을 무렵, 나는 루이지애나 뉴올리언스에서 열린 전국 컨퍼런스 행사에 참석하게 되었다. 대부분 대학원생이 그러듯 나 역시 학술 프레젠테이션을 듣고, 다른 학생들과 교류하고, 졸업 후 취직을 희망하며 이력서를 돌리기 위해 컨퍼런스에 참석한다. 또 대부분 대학원생처럼 당시 나는 돈이 별로 없어 컨퍼런스 행사가 열리는 멋진 컨벤션센터에 묵을 수 없었다. 다행스럽게도 내게는 이틀 동안 나를 재워줄 뉴올리언스 친구가 있었다. 덕분에 프레젠테이션을 보고, 교류하고, 이력서를 돌리는 활동에 더해 현지 가이드와 뉴올리언스 음식을 맛보고 밤 문화를 즐기는 사치까지 누릴 수 있었다.

그러나 그 여행 이후 30년 동안이나 잊을 수 없는 가장 인상적인 기억은 컨퍼런스도, 친구와 즐겼던 잠발라야와 버번도 아니었다. 그것은 친구가 살던 동네에서 컨퍼런스 행사장까지 가는 버스, 좀더 구체적으로 말해 버스 기사에 관한 경험이다. 컨퍼런스가 있던 날 아침, 나는 특별하거나 인상적인 일이 일어날 것이라고는 전혀 예상하지 않은 채 행사장으로 가는 버스를 기다리고 있었다. 내가 버스에 올라섰을 때 기사는 마치 오랫동안 보지 못한 친구를 만난 듯 넉넉하게 미소 지으며 큰 소리로 인사했다. "안녕하세요! 오늘 기분은 어때요? 만나서 반가워요!" 남부 지방 사람들의 친절함은 익히 들어 알고 있었지만 뉴올리언스에서조차 그런 친근함은 다소 지나쳐 보였다. 나는 자리를 잡고 성적을 매겨야 할 기말 보고서가 들어 있는 폴더를 꺼냈다. 3분 뒤 다음 정류장에서 승객 두 명이 탔고, 기사는 똑같이 쾌활한 목소리로 인사했다. "안녕하세요! 기분은 어떤가요? 만나서 반가워요!" 다시 3분 뒤 다음 정류장에서도 똑같은 상황이 벌어졌다. "안녕하세요! 오늘 기분은 어때요? 만나서 반가워요!" 오늘 아침 커피를 좀 많이 마신 걸까? 나중에 학생 세 명이 버스에 탔을 때도 기사는 똑같이 따뜻하게 인사하고는 엄숙한 목소리로 이렇게 물었다. "숙제는 다 했지? 숙제 안 했으면 버스에 타지 마." 아이들은 웃으면서 고개를 끄덕였다. 그런 인사에 익숙해 보였다.

버스 기사의 인사만큼 유쾌하고 기억할 만한 순간은 버스가 대로

로 나서면서 속도를 올릴 때 찾아왔다. 기사는 매 정류장에서처럼 함박웃음을 지은 채 백미러로 승객들을 바라보며 모두 들을 수 있게 이렇게 안내 방송 했다. "여러분, 안녕하세요! 뉴올리언스의 아름다운 아침입니다! 모두들 좋은 하루 보내길 바랍니다. 안 좋은 일이 있다면 '마음을 바꿔서' 좋게 보내세요!"

그때 '마음을 바꾸다'라는 단순한 메시지가 내 마음에 와닿았다. 버스 기사는 성과와 관련된 심리학으로 박사과정을 밟고 있던 대학원생인 내게 교재나 학술지에서 얻은 것만큼 소중한 뭔가를 가르쳐주었다. 안 좋은 일이 있다면 '마음을 바꿔서' 좋은 하루를 만들어라! 그 목소리와 메시지는 30년이 지난 지금도 여전히 내 심장을 울린다.

당신이 얼마나 자주 "마음을 바꾸다"라는 표현을 사용하는지, 그리고 그 말이 실제로 무슨 의미인지 한번 생각해보자. 누군가 "나는 마음을 바꿨다"라고 하는 말을 얼마나 자주 듣는가? 당신은 얼마나 자주 '마음을 바꾸는가?' 예를 들어 점심 메뉴로 처음 생각했던 샌드위치 대신 샐러드를 주문하곤 하는가? 아니면 처음 생각했던 신발이 아니라 다른 신발을 신고 나가곤 하는가? 사실 우리는 매일 수백 번까지는 아니어도 수십 번씩 '마음을 바꾼다.' 하지만 버스 기사가 말한 것처럼 마음을 바꾸는가? 가령 '할 일이 너무 많고, 너무 힘들어'라는 생각에서 '내가 얼마나 많은 일을 할 수 있는지 확인해보겠어'라거나 '모든 과제를 단숨에 처리하겠어'라는 생각으로 바꾸는가? '이들을 상대로 점수를 올리기는 어렵겠군'이라는 생각에서 '성공할 때까지 도전해보자'라는 생각으로 바꾸는가? 버스 기사가 말한 대로 '마음을 바꿀 때', 우리는 생각—성과 상호작용의 하수구 주기에서 벗어나 성공 주기로 곧바로 올라선다. 그리고 첫 번째 승리를 거둔다.

나는 당황스럽게도 그 버스 기사가 확신과 성공 심리학에 관해 나보다 많이 알고 있다고, 그리고 나보다 사람들을 많이 돕고 있다는 사실을 인정해야 했다. 그러고 나서 '마음을 바꿨다.' 나는 뉴올리언스 버스 승객들이 매일 유쾌한 인사를 받는다는 것이 얼마나 대단한 일인지, 학생들에게 숙제해야 한다는 사실을 매일 상기시켜주는 것이 얼마나 대단한 일인지에 대해 생각해봤다. 그리고 그를 만난 지 15년이 흘러 2005년 허리케인 카트리나가 뉴올리언스를 강타했을 때, 이름은 모르지만 표정과 목소리는 결코 잊을 수 없는 그 버스 기사가 이웃들을 도왔을 것이라 생각했다. 응급 대피소로 바뀐 슈퍼돔 건물에서 사람들에게 생수병을 나눠주고 부상자를 구급차로 안전하게 옮기면서 사람들이 마음을 절망에서 희망으로 바꾸도록, 가장 힘든 상황에서 첫 번째 승리를 거두도록 돕는 그의 모습을 상상했다. 이 이야기의 교훈은 다음과 같다. 첫 번째 승리를 거두기 위해 굳이 심리학 학위를 받을 필요는 없다. '마음을 바꿀' 의지만 있으면 된다.

대장

사관학교에서 일하는 동안 나는 미 육군 장성 열두 명을 만나 이야기를 나누고, 그들에게 공식적인 정보를 브리핑하는 특권을 누렸다. 모두 대단한 인물이었다. 장군이 되기 위해서는 통솔력과 현명함, 비전 그리고 그것을 모두 전달할 수 있는 능력이 필요하다. 이와 관련해 내가 만난 장군들 중 특별히 떠오르는 사람이 있다. 지금은 퇴역한 로버트 브라운 장군General Robert B. Brown이다. 이름 앞에 'General'이 붙는 데는 대단히 특별한 의미가 있다. 그것은 그 사람이 미 육군에서 가장 높은 계급인 4성 장군이라는 뜻이다. 육군에는 많은 준장과 소장, 중장이 있다. 하지만 육군 전체를 통틀어 4성 장군인 대장은 열두 명밖에 없다. 이 4성 장군 열두 명이 100만 명 넘는 현역과 예비역, 주방위군을 지휘한다. 브라운은 미국 역사상 212번째 대장이었다. 첫 번째 대장은 바로 조지 워싱턴이다. 군인으로서 국가의 초대 대통령과 똑같은 지위를 갖는다는 것은 최고 엘리트 집단의 일원이라는 뜻이다.

나는 2003년 봄 브라운 대장을 처음 만났다. 그는 나와 내 동료 그렉 버벨로를 워싱턴 포트루이스에 초대했다. 거기서 우리는 브라운이 통솔하는 제25보병사단의 새로운 신속배치여단 장교와 하사관을 대상으로 성과 심리학을 교육하게 되었다. 육군 전술 조직을 대상으로 하는 첫 번째 성과 심리학 훈련이었다. 하지만 로버트 브라운이 스포츠 심리학을 접한 것은 그때가 처음이 아니었다. 미시간 지역 고등학교에서 스타 농구선수로 활약한 경력이 있는 브라운은 시각화와 목표 세우기의 신봉자였다. 사관학교의 전설적인 코치, 마이크 크르지제브스키Mike Krzyzewski 감독 아래서 선수로 뛰는 동안 브라운은 믿음과 끈기, 회복력이 코트에서의 성과뿐 아니라 한 사람의 일상적인 존재 자체를 얼마나 분명하게 바꿔놓을 수 있는지 배웠다. 1988년 대위 계급으로 군사교육부에서 강의하기 위해 사관학교로 돌아왔을 때, 그는 사관학교에서 새롭게 창설된 미국 최초의 스포츠 심리학 훈련소인 성과개선연구소Performance Enhancement Center 트레이너로 즉각 영입되었다. 거기서 브라운은 리더십을 위한 정신 기술Mental Skills for Leadership이라는 과목을 설계하는 과정에 참여했다. 그리고 좀더 도전적이고 중요한 리더의 자리에서 경력을 이어나가기 위해 다시 사관학교를 떠나며 그 교과 과정도 함께 가져갔다. 브라운은 38년 군 생활을 돌이키며 이렇게 말했다. "정신적 강인함과 관련해 사관학교에서 배운 것을 매일, 모든 임무, 그리고 제가 배치된 모든 곳에서 활용했습니다."

이 책을 쓰기 위해 브라운 대장을 만났을 때, 나는 그에게 '가장 확신에 찼던 순간', 자신의 확신이 도전을 맞이했던 순간, 즉, 첫 번째 승리를 거둬야 했던 순간에 대해 물었다. 브라운은 이라크에 두 번이나 파병되었기 때문에 나는 그 역시 톰 헨드릭스와 롭 스워트우드, 스토니 포티스처럼 '전쟁 이야기'를 들려줄 것이라 기대했다. 하지만 그는 그런 '순간'이 아니라 좀더 크고, 광범위하고, 중요한 이야기를 들려줬다.

2004년 12월이었다. 이라크 모술에서는 '사건'이 매주 300건 이상 벌어지고 있었다. 자동차 폭발, 사제 폭발물, 자살폭탄 테러가 매일 시민들의 목숨을 앗아가고 있었다. 당시 대령이었던 브라운과 부하들은 이라크 최초의 민주적인 선거를 성공적으로 치르도록 돕는 임무를 맡았다. 알카에다가 이끄는 거대한 폭동의 한가운데에서 그것은 결코 쉬운 과제가 아니었다. 브라운 대령은 이라크 군과 긴밀하게 협조하고, 교란 작전과 더불어 지역 전반에 걸친 광범위한 협력을 포함하는 포괄적인 계획을 수행했다. 이런 노력의 결과, 인구 80퍼센트가 투표하는 과정에서 투표소 단 한 곳에서도 '사고'가 발생하지 않았다. 이처럼 성공적인 결과에 앞서 알카에다는 이라크와 미국의 군대에 타격을 입히기 위해 수단과 방법을 가리지 않았고, 사우디아라비아에서 자살폭탄 테러를 감행할 지원자를 모집해 이라크 군대에 투입시키기까지 했다. 그리고 2004년 12월 21일, 미국과 이라크 군인들로 가득한 한 군부대 식당에서 테러범이 조끼 안에 숨겨놓은 폭탄을 폭발시키는 사건이 벌어졌다. 스물두 명이 목숨을 잃었고 100명 이상이 부상을 입었다. 당시 테러범으로부터 6미터가량 떨어져 있었던 브라운은 다행히 목숨을 건졌다. 하지만 테러범이 폭발 전에 일어섰더라면 브라운 역시 목숨을 부지하기 어려웠을 것이다. 사망자 스물두 명 중 여섯 명은 미국인으로, 모두 브라운 통솔

하에 있던 군인이었다. 브라운은 그날이 "생애 최악의 날"이었다고 말했다.

끔찍한 테러에도 브라운 대령과 병사들은 그날 밤부터 새로운 임무를 수행해야 했다. 그리고 이후 몇 달에 걸쳐 가장 복잡하고 어려운 임무를 이어나가야 했다. 브라운은 그 기간 동안 마음을 다잡고자 의식적이고 지속적으로 노력하며 한 번에 하나씩 작은 첫 번째 승리를 거둬나갔다. 그는 폭탄 테러 이후의 날들을 회상하면서 이렇게 말했다. "확신을 가지려면 훈련이 필요합니다. 첫 번째 단계를 밟고, 한 번에 하나의 임무를 완수하는 장면을 떠올려야 합니다. 우리는 그런 방식으로 모술에서 일어난 사건 사고 수를 일주일에 300건에서 일주일에 두 건으로 줄였습니다."

실제로 '확신'을 가지려면 '훈련'이 필요하다. 자신이나 팀에 대한 믿음이 만화영화 속 요정 대모의 축복처럼 순식간에 기적적으로 생길 것이라는 기대는 그저 위안되는 착각일 뿐이다. 그렇게 생각한다면 그저 마법의 순간을 기다리면서 왜 상황이 그렇게 돌아가지 않는지 궁금해할 것이다. 그러나 브라운이 지적했듯 믿음이나 확신은 훈련 그리고 더 많은 훈련을 요구하는 장기 과정의 결과물이다. 세상이 자신을 속일지라도, 마음 한편에 당장 포기하고 집으로 돌아가고픈 마음이 굴뚝같을 때도 훈련을 이어나가야 한다. 브라운의 이야기가 들려주는 교훈은 첫 번째 승리는 장기적인 과제라는 사실이다. 그것은 우리가 계속해서 키워가고, '생애 최악의 날'에도 훈련해야 할 습관이다.

당신!

결정할 시간이다. 당신은 버스 기사의 조언대로 '마음을 바꿀' 의지가 있는가? 그리고 브라운 대장의 조언대로 매일 혹은 매 시간 그렇게 할 의지가 있는가? 그렇다면 관심을 기울이는 삶의 모든 분야에서 어느 때보다 높은 확신을 가질 수 있을 것이다. 그리고 무슨 상황이 펼쳐져도 매일 확신을 더 많이 얻을 것이다. 당신에게 필요한 전부는 의지와 이 책에서 소개한 도구들이다.

> 승리하는 전사는 첫 번째 승리를 거둔 뒤 전쟁터로 나간다.
> 반면 패배하는 전사는 전쟁터에 나가 승리를 구한다.
> — 손자, 『손자병법』

어떤 "전사"가 될 것인가?
선택은 당신 몫이다.

부록 1

성과 상상 대본

세계 정상급 육상선수 알레산드라 로스를 위한 대본

일러두기: 이 대본은 두 부분으로 구성된다. 하나는 확신을 구축하는 상상, 다른 하나는 구체적인 사건 대비 및 실행을 위한 상상이다. 이것은 한 선수가 올림픽 육상 대표팀 선발전에서 첫 번째 승리를 거두기 위해 작성하고 활용한 것이다. 그러나 모든 성과자 및 상황에 맞게 얼마든지 수정할 수 있다.

나는 해냈다. 선발전이 있기 몇 달 전 해냈다. 겨우내 충분히 훈련했고, 800미터와 1,000미터에서 놀라운 기록을 달성했다. 나는 줄곧 최선을 다했고 지금 여기에 이르렀다. 이제 내 꿈을 좇을 준비가 되었다. 올림픽 참가자로서 시드니로 향해 세계 최고 선수들과 어깨를 나란히 할 준비가 되었다. 나는 새크라멘토 최종전을 통과할 것이다. 올해는 나의 것이다.

이를 위해 정신적 강인함이 필요하다. 태도와 사고방식은 성공의 열쇠이다. 바로 지금, 여기에서 나는 챔피언처럼 생각하고 느낄 것이다. 그리고 1:56의 기록을 전적으로 믿을 것이다.

세계 정상급은 다를 것이며, 내가 만나게 될 모든 선수는 훌륭하다는 사실을 안다. 하지만 그런 사실은 **내가** 얼마나 뛰어난지, 기회가 찾아왔을 때 **내가** 무엇을 할 수 있는지에 대해 나를 더욱 흥분시킬 뿐이다. 나는 이 나라의 모두를 이길 수 있다. 애틀랜타를 떠올리자. 결승전에서 적어도 두 선수는 치고 나아가 승리를 거머쥘 만큼 강하지 않았다. 나는 그날 충분히 강했다.

지금부터 나를 여기로 이끌어온 정신과 열정, 동기, 욕망을 한 단계 끌어올릴 것이다. 내 습관을 당연하게 여겨서는 안 된다. 그리고 목적의식을 갖고 매일 훈련에 임해야 한다. 여기서 열기를 높이지 못하면 식어갈 것이다.

지금부터 달리기에 대해 생각할 때마다 세계 최고의 선수들 역시 실수한다는 사실을 인정해야 한다. 하지만 그들은 실수에 크게 신경 쓰지 않는다. 최고의 선수는 실수를 잘 넘겨야 승리할 수 있다는 사실을 안다. 중요한 것은 완벽이 아니다. 실수하더라도 훌륭한 레이스를 펼치는 것이 관건이다. 실수에 과잉 반응할 때 문제가 생긴다.

나는 나쁜 상황에도 잘 대처해왔고, 그런 면에서 1년 전보다 훨씬 발전했다. 나는 모든 경기, 훈련, 구간에서 좋은 태도를 유지하면서 고개를 들 것이다.

지금부터 나는 절대적으로 전력을 다하겠다고 결심하지 않고서는 어떤 트랙에도 올라서지 않을 것이다. 트랙에 발을 디딜 때마다 최선을 다하고 내게 절대적으로 집중할 것이다. 완전한 확신과 집중 그리고 명료함. 몸을 풀면서, 경기 전에 최고의 마음가짐과 최고의 태도를 유지하면서 세계 정상급 대회를 뛰는 즐거움과 기회, 도전 그리고 흥분에 빠져들 것이다.

나는 페이스를 유지할 수 있다는 것을 **안다.** 이길 수 있다는 것을 **안다.**

지금부터 나는 더 많이 압박하는 것이 아니라 스스로 압박감을 떨쳐버림으로써 좋은 레이스를 더 쉽게 펼칠 수 있다는 사실을 받아들인다. '반드시 ~해야만 한다'라는 표현은 쓰지 않을 것이다. 대신 '지금 최고의 레이스를 펼칠 것이다'라고 생각할 것이다. 어느 것도 나를 가로막을 수 없다. 훌륭한 레이스를 위해 반드시 완벽하게 훈련해야 하는 것은 아니라는 사실을 안다. 실제로 나는 대단히 훌륭한 선수라 2주일간 앓고 난 뒤에도 여전히 좋은 기록을 올릴 수 있다.

지금부터 나는 나쁜 성과와 나쁜 날씨 혹은 그 모든 것이 얼마나 불공평한지에 대해 말하려는 친구들은 물론 그 누구와도 거리를 둘 것이다. 나는 레이스와 세계 정상급 대회에 도전하는 일을 즐긴다.

지금부터 나는 영리한 레이스를 펼친다. 상황이 어떻든 다음 경기 우승에 집중한다. 트랙을 달리는 동안 생각을 통제하고, 페이스를 유지할 수 있다고 자신을 믿는다. 영리한 레이스란 경기를 단순하게 유지한다는 것이다.

지금부터 나는 매일 확신을 구축한다. 확신은 생각하고, 행동하고, 트랙에 올라서는 방식으로 결정된다. 이는 곧 에너지와 낙관주의, 열정을 만들어내는 생각과 기억에 의식적으로 집중해야 한다는 뜻이다. 모두를 따라잡고 결국 전국 우승을 차지했던 노스캐롤라이나 주니어 올림픽 계주 때처럼, 빌라노바 출신 소녀를 따라잡았던 '빅이스트' 대회처럼, 제임스 메디슨 출신의 선수를 제쳤던 때처럼. 고등학교 시절 다섯 개주 챔피언십 대회를 떠올린다. 햄스트링 부상에도 어떻게 제이미 더글라스를 물리쳤는지 떠올린다. 보스턴에서 열린 400미터 대회에서 미셸을 따라잡았던 일을 생각한다. 내게는 훌륭한 훈련 기반과 강한 끈기가 있다. 그리고 누구라도 따라잡을 수 있을 만큼 빠르다. 내가 해야 할 일은 나를 믿는 것이다. 이런 장점과 자질에 집중할수록 나는 강함을 느끼고, 나가서 모든 선수를 이길 준비를 갖춘다.

이 모든 것의 결과로, 나는 다음번 주요 경기에서 1:56을 기록할 기회를 앞두고 **어느 때보다 흥분해 있다.** 최선을 다함으로써 **내 장점과 강인함을 믿듯 내 페이스도 믿을 것이다.**

적어도 경기가 시작되기 90분 전에 도착한다. 항상 그렇듯 눈앞에 펼쳐진 경기장 풍경을 즐긴다. 다양한 색상의 유니폼을 입은 선수들, 스트레칭하거나 걷는 이들, 목소리와 소음의 특유한 뒤섞임. 언제나 그렇듯 시합 당일 배와 가슴 그리고 다리에서 아드레날린이 치솟는 것을 느낀다. 이 느낌은 내 몸이 완전히 새로운 차원의 생화학적 단계에 들어섰다는 사실을 말해주는 신호이다. 나는 미소 짓는다. 힘이 온몸에 퍼지면서 내 몸을 또 다른 차원으로 끌어올리려 준비한다. 다른 선수들 역시 긴장하고 있다. 그들은 긴장감이 사라지길 바란다. 하지만 나는 아니다. 긴장은 힘이 샘솟는 신호라는 것을 나는 안다. 나는 그 느낌을 기다리고 기대한다. 이제 그 느낌이 오고 있다. 나는 그 느낌을 사랑한다. 오늘 내 목표는 완전히 자유롭게 달리는 것이다. 내가 두려움을 던지고 지금까지 해왔으며 앞으로 해나갈 모든 훈련의 힘을 신뢰하지 못하도록 막을 것은 없다. 훈련할 때마다 그 훈련이 어디에서 끝났든 나는 승자라는 사실을 안다.

번호표를 받고, 출전 명단을 확인하고, 경쟁자들을 살펴본다. 낯익은 이름들이다. 나는 어떤 전략으로 그들을 이길지 생각하고 한 번 더 명심한다. 대기실을 나서면서 모든 의심을 하나씩 지워나간다. 내가 이길 것이라는 사실을 **안다.**

이제 스트레칭 구역에서 가볍게 몸을 풀기 시작한다. 신발을 벗고 햄스트링과 엉덩이, 등 근육을 푼다. 나는 미소 지으며 친구와 훈련 파트너 들이 오갈 때 그들과 이야기를 나눈다. 다른 선수들도 지나간다. 그들에게 편안하고 친근하게 대한다. 그들 역시 나처럼 달리고 이기는 일을 사랑한다. 만만하게 볼 상대는 없다.

경기가 시작되기 한 시간 전 천천히 달리기를 시작한다. 10~15분간 아주 느리게, 땀이 나고 긴장이 풀릴 정도로 충분하게 편안히 달리는 동안 마음속으로 레이스를 그려본다. 내 다리는 편안하고 따뜻해지며 승리를 위해 폭발할 준비가 되었다.

경기 40분 전 조용한 장소를 찾아 진정하게 집중하고 몰입하며 나만의 작은 세상으로 들어간다. 레이스가 얼마나 즐거울지, 내가 여기 있고 이번 기회를 잡을 수 있어 얼마나 다행인지 생각한다. 심호흡하는 동안 모든 근육이 이완된다. 전략을 실행하는 모습을 마음속으로 그려본다, 완벽한 자세로 마지막 200미터를 질주하면서 마지막 구간에서 모두를 따돌리는 장면을.

이제 25분 남았다. 길고 깊게 호흡하면서 흥분감이 차오르는 것을 느낀다. 버트킥과 하이니, 니리프트를 시작한다. 스트레칭 구역 끝까지 달리면서 집중력이 강해지는 것을 느낀다. 어깨가 굳어 있으면 풀어준다. 민첩함과 강인함이 느껴진다.

이제 15분 남았다. 운동화를 신어야 할 시간이다. 끈을 조이면서 심박 수는 올라가고 집중력은 더 강해진다. 선수 명부를 확인하고 번호표를 붙인다. 큰 보폭으로 걷기 시작한다. 걸으면서 부드러운 자세를, 편안하면서도 강한 느낌을 느껴본다. 이 느낌이 좋다. 마음속으로 경쟁자들을 한 명씩 따돌린다. 마지막 200미터에서는 나를 따를 자가 없다.

이제 10분 남았다. 무릎을 빠른 속도로 들어 올린다. 어느 때보다 좋고, 강하고, 빠르고, 잘할 준비가 되어 있다. 조금만 기다리면 된다. 이제 5분 동안 걸으면서 이완하고, 어디에 서야 할지 생각해보며 내 이름이 불리길 기다린다.

대기 장소에서 몸을 풀어본다. 모든 준비는 끝났다. 내가 있어야 할 곳은 여기다. 아버지께 어서 빨리 전화해 내가 얼마나 잘했는지 이야기하고 싶다. 줄곧 입고 있던 스웨터를 트랙에 들어서기 직전 벗는다. 발이 트랙 표면에 닿을 때 이렇게 생각한다. '그래! 이것이야 말로 내가 사랑하는 일이다!' 마지막 안내 방송이 나올 때까지 이리 저리 걸어 다닌다. "800미터 마지막 안내 방송입니다. 모든 선수는 출발선으로 오세요." 이제 시작이다. 마음껏 즐기자! 열망과 흥분, 확신만 느낀다. 지정 레인에 들어서서 그 위를 걸어 다니며 내가 달릴 레인을 바라본다. 나는 생각한다. '빨리 나가자!' 그리고 이 레인에서 내가 멋지게 출발하는 모습을 그려본다. 나는 열망으로 가득하고, 준비되었고, 더없이 행복하다. "선수들 제자리에." 오른발을 디디면서 마음을 비운다. "탕!"

나는 힘차게 시동을 걸어 완벽하게 출발한다. 선두가 바로 앞에 있다. 이제 자리를 잡고 호흡을 조절하면서 이완한다. 앞 선수 등 한가운데에 구멍을 뚫고 그 지점을 향해 달려간다. 숨 쉬고, 달리고, 이완하고, 숨 쉬고, 달리고, 이완하고. 숨 쉬고, 달리고, 이완하고. 첫 200미터 기록은 29:30이다. '좋아, 해냈어.' 이 속도로 영원히 달릴 수 있다. 선두가 최선을 다해 달리고, 달리고, 또 달리도록 내버려둔다. 크게 숨 쉬고, 팔에 힘을 빼고, 이완하면서 그 과정을 즐긴다. 400미터 기록은 58초다. 이번에도 목표에 도달했다. 시합은 지금부터 시작이다. 다른 선수들의 속도가 느려지는 것이 느껴진다. 나는 선두의 어깨 가운데에 뚫어놓은 구멍에만 집중한다. 눈을 앞으로, 머리는 고정하고, 힘을 폭발시킨다. 선두가 나아가는 대로 따라가면서 간격을 유지한다. 이것은 내가 사랑하는 일이다. 내가 추구하는 목표다. 속도와 힘을 느껴볼 기회다. 600미터까지 1:27을 기록한다. 어느 때보다 살아 있고 활력이 넘친다. 내가 원하는 자리를 지키고 있다. 150미터 남겨둔 지점에서 선두를 따라잡고 결승선을 향해 달린다. 부드럽고 빠른 역전. 팔에 힘을 빼고 힘차게 숨 쉰다. 속도에 몸을 맡긴 채 어느 때보다 빨리 달려 나간다. 기쁨과 속도가 나를 지배한다. 마치 허공을 달리는 듯하다. 마지막 힘을 다해 테이프를 끊는다. 그리고 1:56에 들어온다. 그래! 해냈어!

이것은 내가 선택한 일이며, 내가 사랑하는 일이다. 최고의 경쟁에서 오는 압박감을 느끼며 최고를 향해 나아가고 지배하기 위한 도전. 정말 사랑한다면 상황이 뜻대로 돌아가지 않을 때도 그 모든 것을 사랑해야 할 것이다. 때로 힘들게 느껴질 것이다. 하지만 힘들지 않다면 누구든 할 수 있다. 힘들 때마다 일을 사랑한다는 사실을 상기한다. 선발전이 다가왔을 때, 나는 모든 것에서 벗어나 내 속도에 몸을 맡기도록 완전히 준비되어 있을 것이다. 내가 가고자 하면 아무도 막지 못한다! 올해는 나의 해다!

사후 검토^AAR 연습

1단계: 무슨 일이 일어났는가?

결과는 무엇인가? 당신의 점수나 등급 혹은 성과는 무엇인가?

얼마나 잘했는가? 자신의 '실행 과정'을 아무런 판단 없이 되돌아 보자. 중립적인 관찰자나 카메라라면 무엇을 기록했겠는가?

올바른 마음 상태를 얼마나 잘 유지했는가? 전반적으로 확신을 갖고, 차분함과 급박함을 올바르게 조합해 임했는가? 전체적으로 첫 번째 승리를 거뒀는가?

과정이 진행되는 동안 C-B-A 루틴을 얼마나 충실히 따랐는가? 작은 첫 번째 승리를 얼마나 많이 거뒀는가? 얼마나 자주 현재에 완전히 몰입하고 정보에 기반을 둔 본능에 따라 움직였는가?

언제 집중과 확신의 상태를 잃었는가? 그때 집중과 확신을 곧바로 되찾았는가? 아니면 그 상태를 방치했는가?

실행 과정 중 어디에서 자신이 정말 '지대' 안에 있다고 느꼈는가?

자신의 하이라이트는 어디였는가? 비디오카메라로 이번 성과의 모든 과정을 촬영했다면 어떤 순간을 ESPN 스타일의 '하이라이트 영상'에 포함시킬 것인가?

되돌리고 싶은 순간은 언제인가? 잘못했던 플레이나 가장 두드러진 실수는 무엇이었는가? 그 실수를 객관적으로 바라보고, 인정하며, 인간이자 불완전한 존재인 자신을 용서하자.

2단계: 그래서 이 모든 것은 무슨 이야기를 들려주는가?

그 정보는 지금 성과자로서 자신에 대해 무슨 이야기를 들려주는가? 이번 성과는 어떤 강점과 약점을 보여주는가?

마지막 경기, 마지막 공연, 마지막 프레젠테이션을 하고 나서 무엇을 알게 되었는가?

마지막 성과가 자신에게 가르쳐주고자 하는 교훈은 무엇인가? 이번 성과에서 무엇을 배웠는가?

3단계: 이제 무엇을 할 것인가?

2단계에서 언급한 각각의 교훈을 3장에서 소개한 일인칭, 현재 시제, 긍정적인 표현 지침에 따라 문장으로 작성해보자.

1.
2.
3.
4.
5.

시작하자! 다음 성과를 준비하기 위해 가장 필요한 행동 목록을 세 가지 작성해보자. 현실적으로 생각하자. 남은 시간 동안 무엇을 할 수 있는가?

1.
2.
3.

다음 성과를 위한 노력과 준비를 적어 넣은 것처럼 최고의 기억 또한 떠올리자(E-S-P). 자신의 심리적 계좌를 구축하자.

향후 자신이 스포트라이트를 받을 성공의 순간을 상상하자. 개인적인 공간으로 돌아가 그 성공을 바라보고, 소리를 듣고, 순간을 느껴보는 좋은 시간을 갖자.

옮긴이 **박세연**

고려대학교 철학과를 졸업하고 글로벌 IT기업에서 마케터와 브랜드 매니저로 일했다. 현재 파주출판단지 번역가 모임 '번역인' 공동대표를 맡고 있다. 『고객이 찾아오는 브랜드는 무엇이 다른가』 『공부하고 있다는 착각』 『죽음이란 무엇인가』 『아이디어가 팔리는 순간』 『건강의 뇌과학』 『슈퍼 해빗』 『행동경제학』 외 여러 책을 우리말로 옮겼다.

확신의 심리학
세상의 성공한 멘토들이 사용하는 실전 마인드셋

초판 1쇄 인쇄 2024년 3월 27일
초판 1쇄 발행 2024년 4월 9일

지은이 네이트 진서
옮긴이 박세연
펴낸이 최동혁

영업본부장 최후신
기획편집 장보금 이현진
디자인팀 유지혜 김진희
마케팅팀 김영훈 김유현 심우정
미디어팀 김예진 박정호 정지애
재무회계 권은미 서가영
인사경영 조현희
물류제작 김두홍
판매관리 양희조

펴낸곳 ㈜세계사컨텐츠그룹
주소 06168 서울 강남구 테헤란로 507 WeWork빌딩 8층
이메일 plan@segyesa.co.kr
홈페이지 www.segyesa.co.kr
출판등록 1988년 12월 7일(제406-2004-003호)
인쇄·제본 예림

ISBN 978-89-338-7238-3 (03180)